我是AI书，更是科研书！

——人工智能融入科研实训教程

I AM BOTH AN ARTIFICIAL INTELLIGENCE BOOK AND A RESEARCH BOOK!

赵海乐 /著

北京大学出版社
PEKING UNIVERSITY PRESS

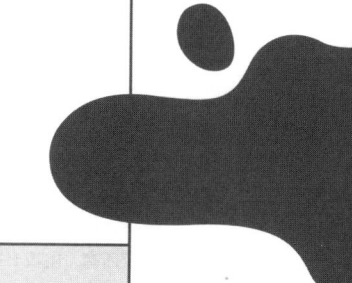
爬树鱼

图书在版编目(CIP)数据

我是 AI 书，更是科研书！：人工智能融入科研实训教程 / 赵海乐著. -- 北京：北京大学出版社，2025.8. -- ISBN 978-7-301-36383-6

Ⅰ. D9-39

中国国家版本馆 CIP 数据核字第 20251Z0K33 号

书　　　名	我是 AI 书，更是科研书！ ——人工智能融入科研实训教程 WOSHI AI SHU, GENGSHI KEYAN SHU! ——RENGONG ZHINENG RONGRU KEYAN SHIXUN JIAOCHENG
著作责任者	赵海乐　著
责任编辑	孙　辉
标准书号	ISBN 978-7-301-36383-6
出版发行	北京大学出版社
地　　址	北京市海淀区成府路 205 号　100871
网　　址	http://www.pup.cn　http://www.yandayuanzhao.com
电子邮箱	编辑部 yandayuanzhao@pup.cn　总编室 zpup@pup.cn
新浪微博	@北京大学出版社　@北大出版社燕大元照法律图书
电　　话	邮购部 010-62752015　发行部 010-62750672 编辑部 010-62117788
印　刷　者	大厂回族自治县彩虹印刷有限公司
经　销　者	新华书店 880 毫米×1230 毫米　A5　12.875 印张　467 千字 2025 年 8 月第 1 版　2025 年 11 月第 2 次印刷
定　　价	69.00 元

未经许可，不得以任何方式复制或抄袭本书之部分或全部内容。
版权所有，侵权必究
举报电话：010-62752024　电子邮箱：fd@pup.cn
图书如有印装质量问题，请与出版部联系，电话：010-62756370

前　言

读者朋友们好,很高兴在此和大家相见!本书的问世,对我而言是一件相当不可思议的事情。我,一个纯文科研究人员,计算机技术充其量是二级水准,居然能写一本书来教别人使用人工智能!人工智能,难道真就这么没有"门槛"吗?

我写这本书的动因,其实源自两件小事。

第一件事,是对AI的"神化"。我曾经参加了一个数字法学学术会议,并见到了大量极为专业、具有复合背景的高端数字人才。其中一位大神在闭幕式上当场演示了人工智能如何被精准用于诸如红绿灯间隔划分等社会调控,让我叹为观止,同时对自己的人工智能素养的欠缺也有了清晰的认识。彼时,人工智能辅助科研尚未深入人心,所以我不可避免地产生了自我怀疑:这么高大上的工具,我"配"吗?

第二件事,则是对AI的"妖魔化",即人工智能应用在高校当中引发的广泛质疑。我曾不止一次听到导师们对自己的研究生讲:"不许用AI生成论文,然后把文字垃圾提交给我!"此种现象的出现,不仅仅源于导师们对新技术的不信任,而且还在于,对AI的宣传有引人误入歧途之嫌。人工智能辅助科研,极有可能在实践中变成"淘宝 300 元写论文"的免费升级版——"人工智能无偿代写论文"。我在大量的公众号推文和网络教程中看到了各种抓人眼球的标题,如"一天完成博士论文!""5 分钟生成一篇毕业论文!"等。而教程的内容,也足以让我眼前一黑。那些教程基本上是这样的:

输入一个关键词,请 AI 帮你生成 10 个论文方向;

选择一个你感兴趣的论文方向,请 AI 帮你写个摘要;

摘要写完后,请 AI 帮你写个提纲;

请 AI 帮你填充提纲第一部分;

……

甚至还有高级一点的教程,内容是"请 AI 总结现有研究的缺陷""请 AI 提出全新的研究方向"。

负责任地讲,上面那些教程,我真的都实操过,且以我的专业知识判断过那些 AI 生成的内容的学术水准。结论是:编辑看了摇头,导师看了吐血,学术含量为零。

如果说对 AI 的"神化"充其量让我自惭形秽,那么,对 AI 的"妖魔化"就极有可能让 AI 无法发挥出自己应有的功能。然而,AI 本身就是个工具,既不是可望而不可即的神,也不是无恶不作的妖魔。用一位资深编辑的话讲,AI 是棍子,你是用它打树上的果子,还是用它打人,善恶全在你的选择。那么,究竟如何使用 AI,才能够兼顾科研效率与学术道德? 这,便是我写作的初衷——结合自己的科研经历,写我的 AI 使用经验。

于是,就有了本书。

按照前言写作的惯例,我需要在此介绍本书的主要特点。

第一,贴合论文写作实践。本书中介绍的每一个技巧,都是我在科研工作中曾经用过的。甚至本书中的相当一部分实例,是从我和 AI 的聊天记录当中翻出来的。所以,本书中不会介绍太多 AI 原理层面的内容,而是从实践入手,保证书中的每一项内容在科研中都能"有用"且"拿来就能用",甚至,其中提供的 AI 使用思路即便"换个场景"也能用。我对此无比确信,不只是因为我是书中所有技巧的第一个试验者,而且为了保证本书的普适性,我在硕博士生群体中征集了十名"小白鼠",以"AI 辅助写作培训班"的方式对书中的技巧进行了测试。测试结果:合格![1]

第二,保证符合学术道德且(对本硕博小朋友而言)符合导师对学术的一般理解。在写作本书之前,我在朋友圈征求过导师们和学生群体的意见,结果如下:有些导师比较担心本书的不良影响,问我,此书是否会导致学生们的选题高度相似、论文内容高度雷同、论文缺乏任何创新性,甚至会导致大量学生把 AI 用 5 分钟写成的论文提交给导师;而学生中也有人跟我开玩笑说:"老师,教我们用 AI'降重'吧!"对于导师们的担忧,我通常回复:"放心,不会哒";而对于学生们的玩笑,我通常回复:"不教!"总之,作为

---

[1] 在此感谢蔡亚岑、董昕钰、贾怀愉、刘轶男、罗思蒙、秦诗宇、徐佳宇、杨蕊萌、郑琪谕、周智琦 10 位同学为本书靠谱性做出的贡献!(按姓氏拼音排序)

本书的作者,我可以向读者朋友们保证,根据本书内容进行的人工智能辅助论文写作工作,完全符合包括中国科学院科研道德委员会颁布的《关于在科研活动中规范使用人工智能技术的诚信提醒》在内的学术规范;且写就的论文只会让导师们点赞而非骂人。请大家放心阅读、大胆使用!也请看到此书的导师们放心,我以同行的身份保证,书中的每个技巧,我都教给过我的全体在读研究生。我是绝不会给自己挖坑的!

第三,本书是 AI 教学书,更是科研指导书。读者朋友们完全可以"看一本书,学两项技能"。本书足有十几万字,可绝不是无脑建议大家"复制这行指令给 AI 就行了"!而是,对包括文献阅读、文献整理、论文选题、大纲架构等论文写作方方面面的讲授。只不过,在讲授论文写作的一般方法的同时会实时解说,"这一步可以用 AI 完成"!本书共分为七讲,其中,每一讲的内容又可以大致分为如下三部分:科研怎么做;AI 能做啥;别让 AI 做。因此,对于读者朋友们而言,还请在关注 AI 使用技巧的同时,关注 AI 所服务的科研具体流程。毕竟,咱们学习 AI 使用不是目的,让 AI 更好地服务于论文写作全流程才是最终目的。事实上,这也恰恰是我作为一名法学教师,却胆敢下笔写有关 AI 书的底气所在。论 AI 原理,我肯定是门外汉;但我的长处恰恰在于,我有十几年的论文写作与发表经验,我懂科研全流程,也能够用我的专业知识去判断在科研当中这样使用 AI,真的能够兼顾学术道德与科研效率,能够保证 AI 所说的每一句话的真实性与学术性。从这一角度来讲,我的角色其实不是"厨子",而是像一个"探店主播"——亲们,我发现这种AI使用方法安全、可靠,符合科研规律,你导师看了都会点赞(或者他根本发现不了你用了AI,只会感觉你的科研效率大幅度提升了),速来!

最后,还需对本书的使用方法进行说明。本书第二讲"让AI替你做琐事"是本书的"热身章",主要目的在于让读者朋友们熟悉与AI互动的小技巧。第三讲至第六讲是按照科研一般顺序撰写的,读者朋友们如无特别需求,尽量按顺序阅读。此外,本书还附有精简版笔记和AI使用技巧卡片,供读者朋友们读完正文后快速检索。

本书针对的读者群体,既包含本硕博阶段的学生朋友,也包含已经走上工作岗位、存在科研需求或文字处理需求的"青椒"(青年教师)朋友们,且不局限于笔者所处的法学学科。毕竟,科研规律很大程度上具有共通性,读者完全可以对AI使用方法举一反三。

预祝大家阅读愉快,科研更上一层楼!

赵海乐

2025年3月26日

本书人物

鱼老师:某大学法学院博士生导师

芋头(男):博士一年级生,踏实勤快但貌似不大聪明

花椒(女):博士二年级生,脑子灵活但做事略毛躁

目 录

第一讲　AI 辅助论文写作，到底靠谱不？ …………………… 001

第二讲　让 AI 替你做琐事 ………………………………… 012
 第一幕　AI 辅助文字识别，比打字员还快…………………… 014
 第二幕　AI 分分钟给你画个表 ………………………………… 017
 第三幕　参考文献格式乱糟糟？扔给 AI 就行 ………… 025
 第四幕　不会写 Excel 公式？AI 会啊 ……………………… 032
 第五幕　论文校对累花眼？没事，AI 不嫌累………………… 043
 第六幕　正文格式整理真无聊，让 AI 干 …………… 047
 第七幕　办公自动化也能外包？AI 替你编程序！…… 051
 本部分的 AI 辅助科研功能清单 …………………… 061

第三讲　AI 辅助文献阅读 ………………………………… 063
 第一幕　AI 辅助文献阅读，短板究竟在何处？………… 063
 第二幕　英文读不懂，AI 来帮你……………………………… 071
 第三幕　帮你理顺资料内部逻辑，AI 没问题的！……… 082
 第四幕　案例阅读，AI 智能但有限…………………………… 102
 第五幕　用 AI 做比较研究 ……………………………………… 113

第六幕　AI 能替我选择文献吗？……………… 126
　　第七幕　让 AI 读论文（一）：从逻辑入手！………… 134
　　第八幕　让 AI 读论文（二）：从文献中拎点儿资料 …… 143
　　第九幕　让 AI 读论文（三）：AI 能否发现学术新
　　　　　　动态？……………………………… 154
　　第十幕　长文档！……………………………… 158
　　第十一幕　好多文献！（一）：AI 可以帮我提炼、
　　　　　　　归类、整理 ………………………… 164
　　第十二幕　好多文献！（二）：AI 可以帮我对比文献 …… 178
　　第十三幕　文献综述的技巧和 AI 的功能 …………… 183
　　本部分的 AI 辅助科研功能清单 ……………………… 191

第四讲　AI 辅助论文选题 ………………………… 193

　　第一幕　AI 能帮我找到学术空白吗？……………… 193
　　第二幕　选题到底该咋做？…………………… 201
　　第三幕　AI 辅助选题（一）：提供思考问题的角度 …… 211
　　第四幕　AI 辅助选题（二）：帮助提炼核心观点 ……… 217
　　本部分的 AI 辅助科研功能清单 ……………………… 229

第五讲　AI 辅助论证框架建构 …………………… 230

　　第一幕　"AI 不靠谱"之一：它能把议论文替你
　　　　　　写成说明文 ………………………… 230
　　第二幕　"AI 不靠谱"之二：入题太慢啦 …………… 235
　　第三幕　AI 辅助框架建构：细节处理…………… 244

本部分的 AI 辅助科研功能清单 ················ 257

第六讲　AI 辅助论文内容撰写 ················ 258

　　第一幕　AI 写出来的东西为啥有"AI 味"？ ········ 258
　　第二幕　AI 反向告诉你，论文咋写更紧凑 ········ 263
　　第三幕　论文主体如何增加信息量 ············ 269
　　第四幕　人工增强学术性 ···················· 273
　　第五幕　告诉 AI，立场不对，写了白费！ ········ 282
　　第六幕　AI 在句式优化方面本领不高 ·········· 287
　　第七幕　我为什么不建议你们用 AI"降重" ······ 294
　　本部分的 AI 辅助科研功能清单 ················ 298

第七讲　和 AI 相关的杂七杂八 ················ 299

　　第一幕　学外语不？AI 教你！ ················ 299
　　第二幕　AI 会做 PPT 吗？ ···················· 311
　　第三幕　AI 起论文标题：帮你打开思路 ········ 321
　　第四幕　AI 能搞理论分析吗？ ················ 329
　　第五幕　AI 能帮我写发言稿吗？ ·············· 343
　　第六幕　AI 能帮我申报项目吗？ ·············· 354
　　第七幕　咱们聊聊 AI 辅助科研的学术道德问题 ···· 362
　　第八幕　从学术道德角度讲，科研活动中能使用
　　　　　　AI 吗？ ···························· 368
　　第九幕　作为老师，你会让自己的学生用 AI 写
　　　　　　论文吗？ ·························· 372

第十幕　AI更新换代太快，我有点慌！……………………… 375
最后一幕　DeepSeek+个人知识库的联动效果 ………… 384
本部分的AI辅助科研功能清单 …………………………… 390

后　记 ………………………………………………… 393

第一讲
AI 辅助论文写作,到底靠谱不?

鱼老师 同学们好,我们现在正式开始探讨 AI 辅助论文写作的具体技巧。在上课之前,我想先问问你俩,你们对于"AI 辅助论文写作"这事儿是怎么看的?你们觉得,AI 究竟能不能辅助论文写作?

芋 头 老师,我觉得能,不然您也不会专门开个培训班来教我们。但坦率地讲,我对此是有疑虑的。

鱼老师 什么疑虑?是你曾经用过 AI 但感觉不好用吗?

芋 头 不是!我接受现代科技比较慢,所以根本没用过 AI。但我和几个朋友讨论过这个问题,他们对于我来参加的这个 AI 辅助论文写作培训班都很感兴趣。有个朋友直接问我,是不是要去学习"用 AI 30 分钟生成一篇万字论文"的技巧。

鱼老师 30分钟用AI写一万字？你是在哪儿听说这种技巧的？

芋 头 微信公众号啊！好多帖子都是以"教你5分钟生成一篇小论文"这样的题目开头的。

鱼老师 回去告诉你朋友，我不教这种技巧；恰恰相反，我还要跟你们讲为什么这种做法完全不靠谱。你学到后续的课程就理解了。

芋 头 好的，老师！

鱼老师 你的朋友对于AI辅助论文写作还有哪些疑惑？

芋 头 我还有个朋友想知道，AI辅助论文写作会不会导致大家写出来的东西丝毫没有创新性，都是网上那些陈词滥调？

鱼老师 你朋友为啥这么觉得？

芋 头 因为我这个朋友在某次写课程小论文时想偷个懒，于是就把老师给的题目扔给了 AI,让 AI 去写这篇小论文。但写出来的论文简直没法看,其中的内容都是尽人皆知的。具体来讲,这个朋友的选题是"从国际法的角度分析美国对中国的芯片管制措施"。然后,AI 是这么给他写的:

第一部分,什么是芯片

第二部分,芯片对于数字经济的重要意义

第三部分,美国对中国的芯片管制措施

……

花　椒　然后呢,你的朋友最后有没有把这篇 AI 写的论文提交给老师?

芋　头　他哪敢啊!他跟我说,假设把这么烂的论文交上去,老师或者怀疑他的学术道德,或者怀疑他的学术水平。

鱼老师　的确,AI 辅助论文写作,其中一大问题就是创新性。论文写作必须有创新点,我相信你们的博导应该都无数次强调过这事儿。但 AI 的长处在于对烦琐工作的简单化,而非从已知推导未知。你们可能会在网上看到,AI 可以预测蛋白质结构。但严格来讲,这并不是一种"从已知推导未知"。我问过理工科的朋友,他们表示,这是因为蛋白质结构本身就是可以根据若干基础规律去推知的,且基础规律仍需要科学家教给 AI。这个过程绝不是咱们普通人所想的那样,简简单单敲进去:AI,我需要一种高端蛋白质,AI 就可以无师自通地把蛋白质端给你看。

所以,如果只是简单地把题目扔给 AI,让它写作而不给它任何更进一步的指导,那么,AI 就只可能还给你最大众的答案。但如果你能积极指导 AI 写作,那么,AI 可能会给你一些惊喜。但无论如何,我的理念一直是,只有人才能实现创新,AI 不能。咱们后续课程也要专门讲这件事。那么,你的朋友还有其他疑惑吗?

芋 头 有!我还有个同学想托我问问您,AI 能不能帮忙给论文"降重",然后顺便加上脚注?

鱼老师 你帮我告诉他,这个技巧我绝对不教。事实上,我从来不觉得论文"降重"是个应该掌握的技能。你如果不信,可以问问你身边的博士生导师们,他们发表在《法学研究》上的论文究竟有没有经历过"降重"这个环节。

芋 头 没有?

鱼老师 我没有在《法学研究》上发表过论文,但我绝对相信他们没有"降重"这个环节。因为从我写第一篇论文至今已经 15 年,但我都没学会"降重"这个技能。至于你同学想学习的如何让 AI"给写完的论文加脚注",我个人的建议是,请他在写论文之初就做好资料管理,这样往往比让 AI 给你的论文加脚注靠谱得多。所以,我总结一

下,芋头同学,你对 AI 辅助论文写作的疑虑主要体现在如下三个方面:

> AI 能不能彻底代替人类进行论文写作?
> AI 辅助论文写作究竟能不能实现创新?
> AI 能不能用来规避学术不端检测?

对吧?

芋　头　对!然后,您的答案分别是:

> AI 只能辅助而不能替代人进行论文写作;
> AI 可以实现的创新非常有限;
> AI 理论上可以但最好别用来规避学术不端检测。

对不?

鱼老师　对!不过,对于最后那个问题,你是怎么知道"AI 理论上能用来规避学术不端检测"的?

芋　头　因为老师您说了啊,这个技巧您不教;而不是说,这件事不可能实现。

鱼老师　的确如此。那么,花椒同学,你对 AI 辅助论文写作这件事有啥看法?

花　椒　老师,我还真的用过若干 AI,免费的和收费的都用过,但整体感受不好。我觉得 AI 没有我想象得那么智能。除了芋头同学刚才提到的那些问题,哪怕不要求 AI 实现创新,而仅仅让它处理现有的问题,AI 的功能也十分有限。我举个例子,某一次我让 AI 搜集资料,帮我整理下《国际贸易术语解释通则 2020》(Incoterms 2020)项下贸易术语;然后,它告诉我,在 D 组术语项下,卖方都不负责卸货!这明显是错的啊!

鱼老师 好,也就是说,你觉得 AI 整理资料不靠谱,对吗?

花　椒 对!它不靠谱!我真有个同学,曾经让 AI 帮着整理资料,然后他将根据这些资料写就的一篇小论文交给了导师。他导师看后笑眯眯地在其中一处画了条线并表示,这个内容需要再核对一下。

鱼老师 那么,你有没有试过喂给 AI 特定的文献,并限制 AI 只在该文献范围内帮你整理资料?

花　椒 我试过了啊!效果还行。可是,如果只是单独的一篇文献,我自己读不就行了吗……我还是希望 AI 能从浩如烟海的网络资料中,自动把案例等信息给我搜索出来。

鱼老师 明白了,你是觉得 AI 有用但效果有限,不能完美实现你的需求,对吗?

花　椒 对!老师,这个问题您能解决吗?

鱼老师 能,但也只算是部分解决。咱们后续还会学到这个问题的解决技巧。那么,花椒同学,你对于 AI 还有什么期望?

花　椒　我已经不期待 AI 替我写论文了！只期待 AI 能帮我解决一些重复劳动的问题。比如，帮我挑挑论文里的错别字，或者替我整理下论文当中的参考文献格式。这活儿我自己当然会干，但真的很烦！没啥创造性，非常枯燥，干久了还会眼睛疼。

鱼老师　可以啊！这还真就是咱们课程第一部分要学的内容。

花　椒　好耶！所以，老师，咱们这个课程的大体结构是啥样的？或者说，我们会在这个课程中学到什么？

鱼老师　我们课程的内容大致可分为三部分。第一部分，"让 AI 替你做琐事"，也就是本书的第二讲内容。这一部分，我们会初步涉及与 AI 的对话技巧，并在此基础上发掘 AI 在论文写作环节中进行无任何技术含量的重复性劳动的功能。第二部分可以概括为"让 AI 辅助既有知识的整理"，具体内容包括本书的第三讲内容，即 AI 辅助文献阅读;第四讲内容,即 AI 辅助论文选题。第三部分可以概括为"让 AI 辅助新知识的创造",具体内容包括本书第五讲、第六讲内容,即论文大纲的敲定和论文内容的写作。除此三部分之外,本书第七讲还对一些服务于科研但未必直接服务于论文写作的零散知识进行了阐述。

芋　头　老师,我有一个问题,请问"重复性劳动"和"整理既有知识"的区别是什么?

鱼老师　前者完全没有学术含量,后者有一定的学术含量。我举个例子,咱们学校北门有一排小打印社,你知道吗?

芋　头　我知道啊!我的硕士学位论文就是其中一家打印社帮着排版的。只要把学院的格式要求拿给老板,老板就可以帮我排得相当规整。老板将参考文献格式整理得尤其到位!收费也不高……

鱼老师　这就是重复性劳动。你觉得打印社老板学术造诣怎么样?

芋　头　打印社老板应该没做过学术。至少我去过的那家打印社老板表示,自己 20 年前初中毕业,没考上高中就出去打工了,前年年底才回来开店。哦,我懂了,所谓能够"让 AI 做的琐事"就是指"只要掌握了规则,懂不懂学术都能做的工作",对吧?

鱼老师　对。那么,对于旧知识的整理,你觉得需不需要学术底蕴?

芋　头　需要！我有个同学是法理学专业的，有一天我发现他在做文献综述，桌子上堆了十几篇论文，于是就去看看他到底在干啥。结果，我发现，我完全看不懂那些论文之间有啥关系，感觉每篇说得都很对。这要是让我做综述，我很可能做成"张三写了啥，李四写了啥"。这是流水账不是综述。所以，老师您觉得，AI 也可以假装自己有一定学术底蕴，然后去替我整理文献？

鱼老师　可以，但需要你指引它完成，而非直接把十几篇论文喂给它，然后要求它生成一篇连你的导师都拍案叫绝的文献综述。

那么，你俩对于咱们这个课程还有什么问题吗？

花　椒　老师，我有两个问题。第一个问题是，AI 更新迭代那么快，咱们学到的技巧是否会迅速过时？我举个例子，我爸爸的单位从前有个职位叫"描图员"，工作内容是专门把用铅笔画出的图描在硫酸纸上。但，随着计算机辅助制图的普及，这个职位已经不存在了！

鱼老师　你说的这个问题我也考虑过。毕竟，我也不想教你们马上要过时的知识。我思考的结果是，AI 会迭代，技术会更新，但技术背后的底层逻辑不会变。所以，我不仅会和你俩一起探讨具体"怎么用 AI"，还会探讨 AI 技术与论文写作的交集。换言之，咱们讲授的 AI 技术，绝不是

"用 AI 取代人类劳动",而是"用 AI 减轻科研活动中的负担"。所以,哪怕未来的确会有新技术问世,但只要学术的一般规律不变,AI 的功能与边界就同样不会变。

花　椒　好的,老师,这样我就放心了!

鱼老师　那么,第二个问题是?

花　椒　老师,您打算按照什么顺序来教我们? 我之前看过很多和 AI 辅助论文写作相关的书,书的顺序大概都是这样的:AI 辅助论文选题;AI 辅助文献综述;AI 辅助论文框架生成;AI 辅助论文结论生成。

鱼老师　哈,我看到的也大多是这种教程。我还看见过最夸张的 AI 辅助论文写作书,其所写的顺序是这样的:AI 辅助标题撰写;AI 辅助摘要撰写;AI 辅助关键词撰写;AI 辅助研究方法选择……

　　花椒,你觉得这种方式有啥错误?

花　椒　我倒不敢贸然地说别人"错",但我总感觉,这个顺序不是科研的自然顺序。就算我把咱们法学界顶级大佬请来,人家也不可能先定下论文标题,再写摘要,然后再选研究方法。这不符合科研的一般规律啊。我们真有个师弟,他从前头铁地跟导师说,"老师,我摘要、开头都写完了,现在该列提纲了",然后被导师骂了一顿:"从没听说过论文定稿之前敢先写摘要的,也没听说过没列提纲就敢写开头的。"

鱼老师　你的想法十分正确。AI 辅助科研,核心是"辅助",即你将在科研的过程中遇到的问题扔给 AI,让它给你解决,而不是让"AI 替你做科研"。换句话讲,做科研的主体是你,AI 要听你的话并融入科研,成为科研一般规律的一部分,而不是突破科研规律另起炉灶。我也绝对不会教你们另搞一套完全颠覆传统科研方法的"AI 科研神术"。

花　椒　好的,老师!那么我们接下来学什么?

鱼老师　第一部分——"让 AI 替你做琐事"。

第二讲
让 AI 替你做琐事

鱼老师 说到"让 AI 做琐事",我想先问你俩几个问题。第一个问题:你们觉得,AI 适不适合做琐事?

花　椒 适合!因为 AI 本质上就是个非常聪明的程序,从理论上讲,所有能够通过编程实现的功能,AI 都能实现。

芋　头 应该适合吧,毕竟人工智能是不会累的。

鱼老师 对。这也是 AI 最能配合咱们做科研的地方。那么,请你俩思考一下,平时科研中可能有哪些琐事需要 AI 帮你们做?先不用去思考"AI 能不能做",只思考"我想让 AI 做"就行。

芋　头 我想让 AI 替我把打印的文字识别成电子文档。有的时候我在书里读到一段话,感觉写得很好,想要在论文中进行引用,但一个字一个字地敲进去太累啦。

花　椒　你手机里没有 OCR 软件？就是能自动进行文字识别的软件？

鱼老师　芋头同学举的例子很好。咱们现在讨论的不是"只有 AI 才能做到的事"，而是"用 AI 就能做到的事"。毕竟，现在各个城市都开始推广"政务大厅"，也就是让老百姓"只跑一个地方就能办所有的事"。如果 AI 能实现此前需要 10 个软件联动才能做到的事，那不是更方便吗？

花　椒　好的！那么"用 AI 进行文字识别"算一个需求。我还有一个需求，是"用 AI 进行手写笔记识别"。举个例子，我听了一场讲座，记了两页笔记，想将其整理成电子文档以便保存，但靠人工敲进电脑太累了。

鱼老师　好，"用 AI 进行手写笔记整理"也算一个需求。还有吗？

芋　头　有！我想让 AI 替我设计表格！有时候，我在论文里需要放几个表格，但我天生不擅长设计表格，感觉这个工作很烦。我能不能给 AI 一段文字让它帮我做表格？

鱼老师　好。"用 AI 辅助表格设计"。

花　椒　我还想让 AI 替我校对稿件，比如，挑出其中的错别字；让 AI 替我替换稿件中的某些词汇，比如，把"个人信息"替换成"个人数据"。

芋 头 老师,我还想让 AI 帮我整理参考文献,这个行不?

鱼老师 你们刚才提到的需求都没问题,咱们一项一项地来实现。

第一幕 AI 辅助文字识别,比打字员还快

鱼老师 咱们首先来做最简单的,即让 AI 帮你们识别打印体文字。从技术上来讲,这应该一点都不难,因为打印体本身非常规整。芋头,我知道你从前没用过 AI,那么,你能不能设想下,怎么让 AI 帮你做文字识别?

芋 头 我打开某人工智能网页,发现里面有一个"百度"那样的搜索框。下面提示我可以上传图片。所以,我应该给书页拍个照片并上传;然后在搜索框里敲进去:请帮我整理图片上的文字。

鱼老师 好,你试试。不过,拍照的时候需要注意一点,把书摊平,否则越到书脊的位置,文字会越扭曲。扭曲的文字可不好识别!

芋 头 好!

(5 分钟后)

鱼老师 咋样,AI 识别出文字没?

芋 头 老师,没啊……您看,我上传的图片是这样的:

> 语当中关于进出口报关、清关的规定即可。
> Incoterms 2010 当中共包含 11 个术语,每个术语均由 3 个英文字母组成,代表一种交易方式。字母后的括号当中的地名,视术语的差异其含义也有所差异。如"FCA(上海)"的含义即为"货交承运人(指定交货地点为上海)"。而"CIP(上海)"的含义则是"运费保险费付至(指定目的地为上海)"。对于这 11 个术语,目前主要有两种分类方式:
> 第一种方式,是按照运输方式不同加以分类。其中 7 个术语可适用于各种运输方式,这些术语包括 EXW、FCA、CPT、CIP、DAT、DAP、DDP。另外四个术语则只适用于水运类,这些术语包括 FAS、FOB、CFR、CIF。

鱼老师 嗯,拍得还行。虽然有点儿斜。

芋　头 我输入的指令是:

请帮我整理图片上的内容。

然后,它整理出来的是这样的:

Incoterms 2010 中的 11 个术语由三个英文字母组成,每个术语后通常跟随一个括号内的地名,这个地名的含义取决于具体的术语。例如,"FCA(上海)"意味着"货交承运人(指定交货地点为上海)",而"CIP(上海)"则表示"运费保险费付至(指定目的地为上海)"。

Incoterms 2010 的分类

Incoterms 2010 的术语主要有两种分类方式:

按运输方式分类:

1. 适用于各种运输方式的术语:EXW、FCA、CPT、CIP、DAT、DAP、DDP。

2. 仅适用于水运的术语:FAS、FOB、CFR、CIF。

老师，我没让 AI 帮我加工啊！您能看出来不？AI 整理出来的东西和原文明显不一样！

花　椒　哈哈，人工智能聪明过头了！

鱼老师　这个例子恰好反映了 AI 辅助科研的第一个必备技巧，即指令必须无比清晰。

芋　头　我觉得我说得很明白啦！

鱼老师　还不够。你是让 AI 帮你"整理"，对吧？

芋　头　对！您的意思是，"整理"这个词还是模糊。所以 AI 就理解成了"我给你二次加工下"？

鱼老师　对！所以，你怎么说才会让 AI 理解你的意思？

芋　头　请帮我识别图片中的文字。请注意，我要求你识别文字即可，逐字逐句地输出就行。一定不要改动文字中的任何一处表述。

鱼老师　可以了。你再试试！

芋　头　哈哈，好啦！这次我拿到的是纯文字！耶！老师，我懂了，我给 AI 下指令的要点是，必须无比清晰、没有任何歧义，啰唆一点也没关系。

鱼老师　对！

花　椒　老师，那么我试试让 AI 识别下我的手写笔记？

鱼老师　好啊。

花　椒　老师,识别失败……

鱼老师　我看看你的笔记!哈,这个不怪 AI,你的笔记我都不认识写的是啥。

花　椒　好吧,那我拿一个写得清楚点儿的笔记试试。

　　　　哈,这个可以!但准确率实在感人!错别字一堆啊!

鱼老师　的确。让"AI 识别手写笔记"有点难,即便是专业的笔记软件也难以完美完成。实际上 AI 识别印刷体也不是完全没问题。我举个简单的例子,I 和 1、O 和 0,有些情况下 AI 就可能识别错误。但这并不必然是 AI 的"锅"。有时候,即便是 OCR 软件也会有这个问题。

芋　头　好的,老师,我未来注意!

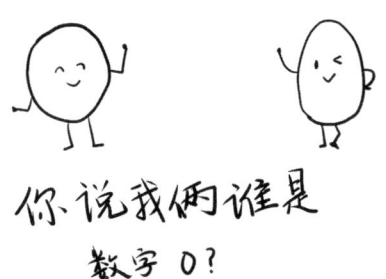

第二幕　AI 分分钟给你画个表

鱼老师　咱们来进行新内容:用 AI 辅助设计表格。芋头,你先说,你为什么需要 AI 替你制表啊?

芋　头　老师,因为我想象力差!做表格需要设计出每一行放什么内容、每一列放什么内容,但我想不出来!就算想出来了,设计出来的表格也很丑。

鱼老师　所以,你的需求可以描述为:有了文字版的数据,需要生成表格。对吧?

芋　头　对!如果能生成折线图或者饼图就更好了。

鱼老师　你的论文里放这些内容?

芋　头　对啊!比如,案件数量示意图,用折线图和柱状图都成;但显示某类案件占比的话,饼图更直观一些。

鱼老师　好,那咱们先研究最基本的内容——AI生成表格。我先给你一串数据,你试试。

> 2021年,共发生了三起投资争议仲裁案,其中一起为发展中国家投资者诉发达国家,另两起均为发达国家投资者诉发达国家。2022年仅有一起投资争议仲裁案,为发展中国家投资者诉发达国家。

这些数据是我杜撰的哈,你别当真。

芋　头　好的,老师,我把这串数据放到AI里试试:

请你阅读这段话,帮我生成表格。

我这么发布指令,行不?

鱼老师　花椒,你觉得呢?

花　椒　老师,我觉得应该行吧,毕竟这串数据挺简单的。

鱼老师　芋头你试试。

芋　头　老师你看！表格！

年份	案件数量	发展中国家投资者诉发达国家	发达国家投资者诉发达国家
2021	3	1	2
2022	1	1	0

　　这个表格总结了2021年和2022年的投资争议仲裁案情况,包括案件数量及案件类型。

　　哇！AI真聪明！

鱼老师　那么,这段文字,你让AI帮你生成表格试试？

　　初步核算,全年国内生产总值1260582亿元,比上年增长5.2%。其中,第一产业增加值89755亿元,比上年增长4.1%;第二产业增加值482589亿元,增长4.7%;第三产业增加值688238亿元,增长5.8%。第一产业增加值占国内生产总值比重为7.1%,第二产业增加值比重为38.3%,第三产业增加值比重为54.6%。最终消费支出拉动国内生产总值增长4.3个百分点,资本形成总额拉动国内生产总值增长1.5个百分点,货物和服务净出口向下拉动国内生产总值0.6个百分点。分季度看,一季度国内生产总值同比增长4.5%,二季度增长6.3%,三季度增长4.9%,四季度增长5.2%。全年人均国内生产总值 89358 元，比上年增长 5.4%。国民总收入 1251297 亿元，比上年增长 5.6%。全员劳动生产率为 161615 元/人，比上年提高 5.7%。①

花　椒　老师，这些数据是哪来的？

鱼老师　国家统计局发布的数据。花椒，你要不要试试让 AI 把上面的数据生成表格？

花　椒　老师，我觉得，简单地把数据扔给 AI，然后输入"请帮我生成表格"，这样很可能有问题。

您看啊，上面这段数据其实挺乱的，有三大产业增加值、有季度增加值，还有国内生产总值和人均国内生产总值。我认为，一个表格应该不能涵盖上面所有内容。AI 应该也会很晕。

鱼老师　你先试试？

花　椒　好的。啊！

根据您提供的数据，以下是 AI 制作的表格：

指标	数值（亿元）	增长率	占国内生产总值比重	拉动国内生产总值增长（百分点）
国内生产总值	1260582	5.2%	—	—

---

① 《中华人民共和国 2023 年国民经济和社会发展统计公报》，国家统计局 2024 年 2 月 29 日，https://www.stats.gov.cn/sj/zxfb/2024 02/t20240228_1947915.html，最后访问日期：2025 年 3 月 3 日。

（续表）

指标	数值（亿元）	增长率	占国内生产总值比重	拉动国内生产总值增长（百分点）
第一产业增加值	89755	4.1%	7.1%	—
第二产业增加值	482589	4.7%	38.3%	—
第三产业增加值	688238	5.8%	54.6%	—
最终消费支出	—	—	—	4.3%
资本形成总额	—	—	—	1.5%
货物和服务净出口	—	—	—	-0.6%
一季度 GDP	—	4.5%	—	—
二季度 GDP	—	6.3%	—	—
三季度 GDP	—	4.9%	—	—
四季度 GDP	—	5.2%	—	—
人均国内生产总值	—	5.4%	—	—
国民总收入	1251297	5.6%	—	—
全员劳动生产率	—	—	—	5.7%

鱼老师 你有啥感想？

花　椒 老师，我没想到 AI 真的能用一张表把所有数据全涵盖了。

鱼老师 你这话是在夸 AI 吗？

花　椒 不是。我要是真的把这个表格放论文里，估计我的导师得骂我"是不是想水字数"。这个表格是全面，但它没用啊！您看其中大量的横线，这就表明其实并没有这一方面的数据。如果是我做表格,很可能只需要其中一部分的数据。

鱼老师 所以呢?

花　椒 我或者事前筛选下数据,只喂给 AI 一部分数据;或者,等 AI 做完表格后自己手动整理下,把无关的内容删掉。

鱼老师 其实还有第三种做法:给 AI 的指令再清晰点。比如,不是简单地告诉 AI"帮我做个表格",而是告诉它:

> 请帮我根据上述数据制作表格。我需要表格体现出第一至第三产业在全年国内生产总值增长中的贡献数值和比例。其他的内容都不需要。

花　椒 我试试!哈,生成的表格会变!

产业类别	增加值(亿元)	增长率	占国内生产总值比重	对国内生产总值增长的贡献(亿元)
第一产业	89755	4.1%	7.1%	(4.1% * 89755)/5.2%
第二产业	482589	4.7%	38.3%	(4.7% * 482589)/5.2%
第三产业	688238	5.8%	54.6%	(5.8% * 688238)/5.2%

可是,老师,这个表格不对劲!刚才的指示明明是,"我需要表格体现出第一至第三产业在全年国内生产总值增长中的贡献数值和比例"。我理解的"贡献数值"就是"增加值"。我没让它真的去计算"对国内生产总值增长

的贡献(亿元)"。

鱼老师 所以,你要么把这一栏删掉,要么……

花 椒 懂了,我需要更清晰地下指令给AI。您看这样如何?

> 请帮我设计表格,内容是:第一至第三产业增加值是多少;比上一年增长了多少,体现这两个数字就行,别的不需要。

鱼老师 你先试试。

花 椒 AI给了我这个表格:

产业类别	增加值(亿元)	比上年增长量(亿元)
第一产业	89755	89755* 4.1%
第二产业	482589	482589* 4.7%
第三产业	688238	688238* 5.8%

老师,不对!我想要的"与上年相比的增长量"其实应该是"与上年相比的增长百分比"!刚才的指令下得还是不清楚,所以 AI 也糊涂了。它原本可以直接从表格里读出来数字的,但现在居然不伦不类地把"增加值"和"增加的百分比"相乘了。

我再换个指令。

> 请帮我设计表格,内容是:第一至第三产业增加值是多少,比上一年增长了多少个百分点。体现这两个数

字就行,别的不需要。

这下行了!

产业类别	增加值(亿元)	增长率(%)
第一产业	89755	4.1
第二产业	482589	4.7
第三产业	688238	5.8

鱼老师 好!芋头,你能不能概括下,让 AI 整理复杂数据需要注意什么?

芋 头 第一,需要非常清晰地说出需要哪些数据。否则,AI 会根据所有的已有数据设计出一个详细但啰唆的表格。

第二,指令必须无比清晰,比如,"做出哪些贡献"这种描述词很容易出错,但"增长百分比"就不可能出错了。

第三,指令不需要那么书面。比如,花椒师姐刚才的指令就是"与上一年相比增长了多少百分点",但表格中输出的仍然是"增长率",而没有真的把"与上一年相比增长了多少百分点"作为列标题。

鱼老师 很好!

芋 头 老师,我还有最后一个问题,刚才咱们还讨论了这个问题,就是 AI 能不能帮我生成折线图、饼图、柱状图?

鱼老师 要么这样,你问问 AI 它能不能生成?

芋　头　啊？这也行？好，我在对话框当中敲进去：

> 我有一个表格，你能帮我生成折线图吗？

AI 回答我了！它说，它可以基于 Mermaid 格式生成各种图表！所以，我来试试，让 AI 用 Mermaid 格式，将上面那个表格生成柱状图。

老师，AI 给我写了一段代码，我看不懂！

鱼老师　好吧，那么这个功能适合更加专业的人士使用。不过，有的 AI 是专业制作图表的，你完全可以使用专业工具啊。

第三幕　参考文献格式乱糟糟？扔给 AI 就行

鱼老师　我们接下来探讨 AI 的另一个功能——辅助整理参考文献格式。对你们而言，这其实是帮助最大的一个功能。毕竟，你们可能不在论文中放表格或者图表，但一定会在论文中放参考文献。

芋　头　老师，这里的"参考文献"也包括脚注，对不？

鱼老师　当然！那么，你们在论文写作过程中究竟会面临哪些涉及文献格式的问题？

花　椒　法学论文格式和知网论文默认格式不一样。

我举个例子，咱们学校毕业论文的注释体例是这样的：

> 苏永钦:《私法自治中的国家强制——从功能法的角度看民事规范的类型与立法释法方向》,载《中外法学》2001年第1期,第1—10页。

但,知网上能复制下来的默认格式是这样的:

> 蒋大兴. 私法自治与国家强制——闭锁性股权收购中的定价困境[J]. 法制与社会发展,2005,(02):91-100.

这俩格式不一样啊!我硕士毕业那年,光是整理注释格式就花了一整天!

老师,AI能帮我调整格式不?

鱼老师 能。我一般这样给AI下指令:

> 请帮我调整脚注格式。我希望的格式是这样的:苏永钦:《私法自治中的国家强制——从功能法的角度看民事规范的类型与立法释法方向》,载《中外法学》2001年第1期,第1—10页。请注意脚注中各要素的位置在哪,标点是什么。

花　椒 然后呢?

鱼老师 然后,你把你想调整格式的文献放进去就行啦。比如,将刚才说的蒋大兴老师的那篇文献整体放进去,AI的输出就是这样的:

> 蒋大兴:《私法自治与国家强制——闭锁性股权收

购中的定价困境》,载《法制与社会发展》2005 年第 2 期,第 91—100 页。

芋　头　老师,居然这么简单！可是,我有一点不明白。您为啥在指令中强调"请注意脚注当中各要素的位置在哪,标点是什么"？

鱼老师　因为,我如果只告诉 AI 模仿"苏永钦"那篇文献来调整其他文献的格式,AI 很可能会理解为:只需要改改书名号就行,别的不用管。

芋　头　懂了！也就是说,如果我第一次下指令之后发现 AI 不太理解我的指令,我还得继续告诉它:请注意,文章名字前后加书名号,或者目标格式中标点是全角而非半角。对吗？

鱼老师　对！

花　椒　新技能 get！这就方便多啦。

鱼老师　其实 AI 整理参考文献格式不只具有上述这一个功能。我举个例子,假设你从知网复制了这样一堆文献：

> [1]薄燕娜. 公司立法理念的选择——以中西法律传统比较为视角[J]. 比较法研究,2006,(03):107-115.
> [2]胡智勇. 私法自治与国家强制——法律强制性规范与无效民事法律行为关系之分析与构建[J]. 重庆工学院学报,2005,(06):54-62.

> [3]蒋大兴．私法自治与国家强制——闭锁性股权收购中的定价困境[J]．法制与社会发展,2005,(02):91-100.
>
> [4]曹兴权．商法的强制性与私法自治:基于法技术视角的考察[J]．四川省政法管理干部学院学报,2004,(03):37-42.

芋头,你知道这一堆文献是怎么复制的,是吗?

芋 头 知道! 知网搜索出一堆文献,全选—导出与分析,就可以看到这些文献被集体列成参考文献了。当然,我也可以不"全选",只选出我想要的几篇,再点"导出与分析"也有这个效果。

鱼老师 没错。但这样复制的参考文献肯定不能直接放到脚注中,对不?

芋 头 对! 我首先需要把方括号里的编号删掉;还要把它们整理成一整段。

鱼老师 所以?

芋 头 我这么跟 AI 讲行不行?

> 请帮我整理上述文献。首先去掉人名前面的方括号和方括号里面的数字。然后,帮我按照上述'苏永钦'那个脚注的格式整理。

哈,可以! 生成的结果是这样的:

薄燕娜:《公司立法理念的选择——以中西法律传统比较为视角》,载《比较法研究》2006年第3期,第107—115页。

胡智勇:《私法自治与国家强制——法律强制性规范与无效民事法律行为关系之分析与构建》,载《重庆工学院学报》2005年第6期,第54—62页。

蒋大兴:《私法自治与国家强制——闭锁性股权收购中的定价困境》,载《法制与社会发展》2005年第2期,第91—100页。

曹兴权:《商法的强制性与私法自治:基于法技术视角的考察》,载《四川省政法管理干部学院学报》2004年第3期,第37—42页。

前面的编号去掉了,文献格式也整理好了。

花　椒　我觉得还应该在指令中多说一句:

请把四个文献整合成一整段。不要分这么多段。

我再试试。还成! 生成结果是这样的:

薄燕娜:《公司立法理念的选择——以中西法律传统比较为视角》,载《比较法研究》2006年第3期,第107—115页;胡智勇:《私法自治与国家强制——法律强制性规范与无效民事法律行为关系之分析与构建》,载《重庆工学院学报》2005年第6期,第54—62页;蒋大兴:《私法自治与国家强制——闭锁性股权收购中的定价困境》,载《法制与社会发展》2005年第2期,第91—100页;曹兴权:《商法的强制性与私法自治:基于法技术视角的考察》,载《四川省政法管理干部学院学报》2004年第3期,第37—42页。

鱼老师 不错!不仅合成了一段,而且两个文献之间是用分号连接的,完全符合脚注引证的习惯。

芋　头 老师,我还有个需求,毕业论文最后面的"参考文献"是要求排序的。我能让AI替我排序不?

鱼老师 可以,你试试给它下指令。

芋　头 好的,我试试。

请帮我把这些文献按照作者姓氏的拼音进行排序。

还成!排出来是这样的:

曹兴权:《商法的强制性与私法自治:基于法技术视角的考察》,载《四川省政法管理干部学院学报》2004年第3期,第37—42页。

胡智勇:《私法自治与国家强制——法律强制性规范与无效民事法律行为关系之分析与构建》,载《重庆工学院学报》2005年第6期,第54—62页。

蒋大兴:《私法自治与国家强制——闭锁性股权收购中的定价困境》,载《法制与社会发展》2005年第2期,第91—100页。

  薄燕娜：《公司立法理念的选择——以中西法律传统比较为视角》，载《比较法研究》2006年第3期，第107—115页。

鱼老师 你觉得没问题,是吗？

芋 头 不对,有问题！姓薄的这名作者被排在了最后！老师,这是为啥啊？我觉得我给出的指令没问题。

鱼老师 问题并没有出在你的指令上。AI 也会犯错,所以请永远不要迷信或者盲从 AI 给你生成的结果。如果你觉得不对,还可以再次细化你的指令,比如这样：

  请帮我给上面的文献排序,按照作者的姓氏的拼音首字母排序。比如,A 在最前面,B 在 A 后面,C 在 B 后面,以此类推。请先列出每名作者的拼音首字母,然后再给上面的文献排序。

芋 头 老师,这是不是有点啰唆？

鱼老师 没事的,AI 不嫌烦。随后生成的答案是这样的：

  按照作者姓氏的拼音首字母排序,以下是整理后的文献列表：

  薄燕娜：《公司立法理念的选择——以中西法律传统比较为视角》，载《比较法研究》2006年第3期，第107—115页。

  曹兴权：《商法的强制性与私法自治：基于法技术视

角的考察》,载《四川省政法管理干部学院学报》2004年第3期,第37—42页。

胡智勇:《私法自治与国家强制——法律强制性规范与无效民事法律行为关系之分析与构建》,载《重庆工学院学报》2005年第6期,第54—62页。

蒋大兴:《私法自治与国家强制——闭锁性股权收购中的定价困境》,载《法制与社会发展》2005年第2期,第91—100页。

这样的排序是根据姓氏的拼音首字母顺序:B(薄)、C(曹)、H(胡)、J(蒋)。

咱们只要将生成的内容复制粘贴到参考文献中就行啦!对了,需要说明一下,目前的AI几乎都接受长文本,所以在实践中你们完全可以把很长的参考文献喂给AI,让它帮忙排序。但最好在提示语中加一句,"请注意某些字在姓氏中的发音和日常发音不同,在按照作者姓氏进行文献排序时请考虑到这一点"。

花　椒　对哦!

第四幕　不会写 Excel 公式? AI 会啊

鱼老师　咱们今天讲点高端技巧,用 AI 辅助编辑 Excel 公式。我工作的时候使用这个技巧多一点,但论文写作时也会在统计数据的时候用上。你们都知道 Excel 中的公式是什么,对吧?

花　椒　知道! 我举个例子,我们有一门课,平时有三次小测验,所得分数是和期末考试一起计入总分的。所以,我的成绩很可能是这样的:

	A	B	C	D	E	F
1	姓名	第一次测验	第二次测验	第三次测验	期末成绩	总分
2	花椒	8	8	9	65	90

"总分"一栏就是前面四个成绩的总和。人工计算成绩当然也可以,但如果是在 Excel 中,就可以在"总分"一栏(F2)中写入一个公式:F2=B2+C2+D2+E2

这样就能直接生成总分啦!

鱼老师　非常好! 你从前学过 Excel,对不?

花　椒　学过,本科时学过一点,但我的 Excel 技巧真的很差。我专门买过一本"Excel 公式大全",但根本学不明白啊! 我写出来的公式总是报错。

鱼老师　没事,你只要懂得 Excel 基本原理就好。AI 可以帮你写公式的!

花　椒　耶!

鱼老师　我们先用你刚才提到的那个例子做个示范。我要向 AI 提问啦。

请帮我给 Excel 写一个公式。要求实现的是，第五个格子（例如 F2）的值是前面四个（比如 A2、B2、C2、D2）的和。

然后，AI 回答我了：

如果你想计算 A2、B2、C2、D2 这四个单元格的和，并将结果放在 F2 单元格中，你可以在 F2 单元格中输入以下公式：

=A2+B2+C2+D2

然后按下回车键，F2 单元格就会显示这四个单元格值的总和。

花　椒　哇！跟我写的公式一模一样！

芋　头　然后呢？如果我要给 F3 这个单元格也填充同样的公式，我是手动把上面的"2"换成"3"，还是再向 AI 提问一次？这次把提问中的 F2、A2、B2……当中的"2"换成"3"？

鱼老师　不用！Excel 当中是有复制公式的功能的。我举个例子，你先选中 F2，然后把鼠标放在 F2 格子的右下角，是否发现鼠标变成了实心的"十字"？

选中单元格
下鼠标会
变成这样

芋　头　发现了。

鱼老师　按左键,往下拖!公式就会自动复制到下面所有格子了。而且,你去看看,这个复制是十分智能的!第二行公式中是 A2、B2……在第三行中,公式会自动变成 A3、B3……

芋　头　哈哈,懂啦。

鱼老师　那好,咱们下面让 AI 做个有难度的题。我再给你们出道题。假设你是咱们院教务办公室的老师,需要判断 300 名大四学生中谁目前仍然有挂科的科目,据此得出其无保研资格。你想怎么做?

芋　头　这个容易,我一个数字一个数字看过去就行啦。

鱼老师　每个学生从大一到大四,至少得二十几门课。你不觉得工作量有点大吗?

芋　头　对哦。

花　椒　老师,我知道 Excel 有公式可以作这个判断,但我不会写啊。

鱼老师 没事,AI 会。你看,我再向 AI 提问:

> 请帮我编辑一个公式,内容是:在 D2 单元格里判断前面的 A2、B2、C2 中是否有低于 60 分的成绩。如果有,则在 D2 中显示"无保研资格"。如果没有,则显示"有保研资格"。

然后,AI 是这么回答我的:

> 在 Excel 中,你可以使用 IF 函数结合 OR 和 AND 函数来实现这个需求。在 D2 单元格中,你可以输入以下公式:
>
> =IF(OR(A2<60, B2<60, C2<60),"无保研资格","有保研资格")

然后,最终实现的目标是这样的:

	A	B	C	D
1	民法学	法理学	刑法学	是否有保研资格
2	90	92	76	有保研资格

芋 头 老师,我能不能再试一下公式?看看好不好使,我再故意输进去一行有不及格成绩的。

	A	B	C	D
1	民法学	法理学	刑法学	是否有保研资格
2	90	92	76	有保研资格
3	66	71	54	无保研资格
4				

哈！真厉害！这个功能在科研当中，完全可以用来快速筛选数据，判断某一行数据合格或者不合格、是否超出标准，等等。

鱼老师 我可不是在教你们怎么实现某一个功能，毕竟 Excel 函数是非常复杂的，公式的应用也千变万化。咱们现在讲的是，AI 如何辅助 Excel 公式编辑。芋头，你来说说，我们怎样才能准确地让 AI 写出符合我们需求的公式？

芋头 首先准确地描述出自己的需求！比如，如果仅仅告诉 AI，"我需要判断谁无保研资格"，那么 AI 必然一头雾水。但如果我告诉 AI，我需要判断前面三个单元格是否有数据低于 60，AI 就知道怎么办啦。

鱼老师 对！要点第一条：精确描述需求；要点第二条：用机器能够理解的语言描述自己的需求。"前面三个单元格"对于 AI 而言或许还是太笼统了，我需要更进一步告诉 AI，我要的是判断 A2、B2、C2 中任一单元格中的成绩是否小于 60 分；如果小于 60 分，则在 D2 中显示"无保研资格"。换言之，"前后左右"这种描述是不利于 AI 工作的，但 ABCD 这种描述显然是 AI 能够理解的。

我再给你们出一道更难的题，咱们练习下如何训练 AI 帮我们写公式。事先说明，我十分确定 AI 能完成这个工作，Excel 也完全可以完成这个工作。

题目如下：

这是民法学期末成绩：

学号	民法学
1	98
2	56
3	54
4	86
5	88
6	81
7	43

这是犯罪学期末成绩：

学号	犯罪学
1	83
3	34
4	76
7	36

目前可知的是，两门科目中，相同的学号对应着同一名学生，但选修了民法学的学生并不必然选修了犯罪学。现在，两门科目的老师均已提交了成绩单。你如何把两份成绩单合并，在同一个成绩单上显示所有成绩？

请你们各自设计下给 AI 的指令！

芋 头　老师，您就算给我 Excel 表格，让我写公式，我也不会啊！

鱼老师　没让你"会用 Excel"，我是让你指挥 AI。打个比方，咱们法学院院长不需要懂刑法学，也可以指挥刑法学老师们完成社区普法工作，对吧？

芋 头　可是，我总不能跟 AI 说，请帮我在两个表格中查询学号,并把学号相同的学生的成绩汇总到一张表里?

鱼老师 的确不行。对于 AI 而言,这还是太笼统了。我提示你一下,你刚才这句话里的哪些词可以细化?

芋　头 "两个表格"可以细化为"哪两个表格";"一张表"也可以细化为"哪张表"。

鱼老师 花椒,你说呢?

花　椒 老师,我觉得,"学号"可以细化到"A 列";"成绩"也可以细化为"民法学""犯罪学";我还可以告诉 AI,把合并后的成绩放到哪儿!

鱼老师 那么你试试?"民法学"我存放在 Sheet1 了,"犯罪学"我存放在 Sheet2 了。

我建议你把合并后的成绩放在"民法学"这张表里,因为这张表里面的人数明显更多。

花　椒 好。

请帮我写一个公式。内容是:把 Sheet2 中的 A 栏"学号"和 Sheet1 中的 A 栏"学号"一一对应。如果能对应,则将 Sheet2 中此学号对应的 B 栏的成绩复制到 Sheet1 中 C 栏对应的学号那一列。

然后,AI 回答我了:

以下是你可以在 Sheet1 的 C2 单元格中使用的公式:

=IFERROR(VLOOKUP(A2, Sheet2! A:B, 2, FALSE), " ")

我再试试？

Wow！

	A	B	C
1	学号	民法学	犯罪学
2	1	98	83
3	2	56	
4	3	54	34
5	4	86	76
6	5	88	
7	6	81	
8	7	43	36

可以哎！

鱼老师 当然可以。AI 写的程序可比我们用人脑写的厉害多了。当然,咱们今天练习的,仍然是如何给 AI 下命令。一句话:这个命令能多清楚就多清楚！

芋 头 老师,不仅如此吧？我还有一个感受,给 AI 下命令、让它写公式,我们需要至少具有一点对于 Excel 的基本了解。例如,我们至少需要设想一下,想用 Sheet2 去对应 Sheet1,并且,是通过"学号"去匹配,最后把匹配的结果放到哪一栏中。这个设计必须由人脑而非 AI 作出。

鱼老师 对！这实际上也是 AI 的局限性之一:它只能辅助你,但不能把你脑子中模模糊糊的一个需求转化成具有可操作性的方案。我们后续讲到的用 AI 辅助整理文献和用

AI 辅助论文创意,也都有这个特征。当然,这与其说是"AI 的局限",不如说是"所有创意类工作都有的局限"。假设你是一名画手,接了个活儿,甲方叫你画一个插画,其中的形象"活泼可爱、有亲和力",你画出来的很可能和甲方想象的不是一回事,甚至很有可能"甲方想象中的是小猪佩奇,而你画出来的是星黛露"。但如果甲方的指示是"身高 160 厘米、体重 95 斤,19 岁女性,黑色长发、圆脸、有酒窝,穿藏蓝色水手服和黑色皮鞋",那么,你画出来的形象很可能和甲方想要的差不多。

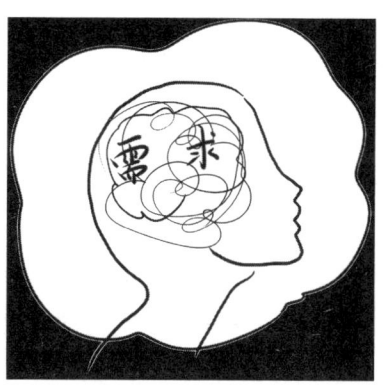

所以,我看到网上那些诸如"AI 会让人类失业"的哗众取宠的帖子从来都不会当真。你们也不用担心!科研是高度创造性的活动,AI 绝对不会取代你们!

芋 头　老师,我还有个问题哈。您看,现在这么多 AI 都有"上传文件"功能。我能不能把 Excel 表格直接上传给

AI，然后命令它帮我计算这个表格当中的某一栏的数值？

鱼老师 你这么干过没？

芋　头 没！老师，我跟您说过的，我来上您的课之前就根本不知道怎么用 AI。

鱼老师 还好你没这么干过！AI 绝对有这本事，但我还真就不敢让 AI 替我干这活儿。这其实也是我辛辛苦苦教你们用 AI 写公式，而不是直接把文件上传给 AI 的原因。原因很简单：我不信任 AI。

花　椒 老师，您是怕 AI 泄密，对吗？

鱼老师 对。AI 有几个特征让我对其非常不放心。其一，它属于在线服务，不是"单机版"。这就意味着，AI 有可能把我的文档上传到服务器并保存。其二，AI 具有很强的学习能力。所以，它可能把我的文档作为学习资料认真记忆了，并在未来我不知情的情况下输出给另一个人。

芋　头 啊！这么可怕！所以，我未来不该把毕业论文全文上传给 AI，对吧？

鱼老师 对！为了保护你的版权，再小心也都不过分。咱们后续讲解的所有 AI 技能的使用，也都要建立在"安全"的基础上，即如果你不放心把敏感资料交给 AI 处理,就一定不要上传这个资料给 AI。当然,也不仅仅是毕业论文啦。假设你未来在工作中需要处理大量学生的个人信息、处理单位的财务支出情况……应该不用我描述,这些信息被 AI 随随便便泄露出去的严重程度吧?

芋　头　懂了!我未来一定注意!

第五幕　论文校对累花眼? 没事,AI 不嫌累

鱼老师　我们已经学习了很多高难度的 AI 使用方法,咱们这一讲的最后一个任务,是让 AI 辅助你们进行论文校对。你俩先说说,论文校对难在什么地方?不包括对格式的校对,AI 现在还做不到这个。

芋　头　论文校对难在发现不了错误!我听马上要毕业的博士师兄讲过,他自己的博士学位论文足足校对了三遍,但第三遍还是能发现错别字!他都快疯了!

鱼老师　没错,这种现象非常常见。就连专业出版社出版的书籍,也不敢说其中一个错别字都没有。还有啥吗?

花　椒　累。老师您看我本来就近视,盯着电脑屏幕瞅半天,眼睛都要花了!有个老师让我打印出来校对,可是这也轻松不到哪去啊?

鱼老师　所以,论文校对的难点在于工作量大、没意思,且很可能发现不了错别字,对吧?

芋头 & 花椒　对!

鱼老师　工作量大,AI 倒是不怕。那么,你们有没有试过让 AI 帮你们校对论文?

芋　头　没。

花　椒　我试过,但效果不咋地! AI 发现不了错别字,还容易"误伤"专业术语。让 AI 校对,比我自己校对还累。

鱼老师　我理解你的感受,AI 确实没有人类聪明。不过,有些机械化劳动还是可以让 AI 完成的。我给你们举个例子,假设我给 AI 下这样的指令:

　　请帮我校对一下下面的稿子。请注意,我需要你帮我确认的事项包括:

　　所有的引号、括号和书名号都是成对出现的。

　　所有的标点符号都是全角标点和中文标点,论文里没有英文标点。

芋　头　哈,明白了！这就可以显著减少我的工作量。

鱼老师　不过,说明一下,对于标点符号究竟是全角还是半角的校对,有的 AI 可能不太准。毕竟,当你把一段文字复制给 AI 的时候,标点符号在对话框中的样式,完全可能和在你的 Word 文档中的样式不大一样。

花　椒　老师,除了标点,AI 还能帮我给论文做实质性校对吗,比如,找错别字？

鱼老师　能,但如果只是泛泛地要求 AI 去"找错别字",很可能效率不高。因为,中文这门语言实在是太博大精深了。英文单词如果拼写有误,用 Word 自带的校对功能都可以识别出来。但是,中文是以"字"和"词"为单位的,尤其是在用拼音输入法的情况下,往往需要联系上下文才会知道一个字是不是敲错了。

我给你们举个例子。

> 另一种个人信息保护相关的理发,是基于个人信息"情报"属性的国家安全防范。此种情形特殊之处在于,以上四种情形均针对个人信息本身的保护展开,"个人信息保护"本身即为立法目的。然而,此处分析的第五种情形——基于个人信息"情报"属性的国家安全方法,"个人信息保护"本身并非目的而是手

> 段。其真正的目的则在于防范个人信息出警或被外资所获得可能带来的情报风险。其中,较为典型的立法例,是至今仍未得到完整解决的 Tiktok 事件。

在这段话当中,我故意写错了几个词,然后要求 AI "进行校对"。我给 AI 的提示词就是"进行校对"这四个字。你们觉得,AI 能认出错别字吗?

芋　头　我觉得不行。我知道哪个词有问题,是因为我至少对这个领域熟悉。但 AI 不一定啊。

花　椒　我也觉得不行。第一行的"理发"肯定不对,这么严肃的一段话中怎么可能会讨论理发的事?我觉得应该是"立法"。AI 应该能识别出这个。破折号后面的"国家安全方法",我觉得不对,因为我从没见过这个表达方式。它下面的"个人信息出警"应该也是打字错误,我理解应该是"个人信息出境"。但后两个错别字,AI 应该都认不出来吧?

鱼老师　我试了下,结果是这样的:AI 成功识别出了"理发"和"出警",且提示我 TikTok 当中的第二个 T 应该大写。但,对于"国家安全方法",它完全没有报错。

花　椒　尽管这段话中第一句已经重复了一遍这个表述——"基于个人信息'情报'属性的国家安全防范",AI 也识别不出来第五行当中的"方法"其实应该是"防范"。

鱼老师　真不行!所以,大家也不要过分期待 AI 能帮你校对啦。

越是专业的论文，AI 校对的效率就越低。如果咱们再考虑到 AI 本身还有保密性和版权泄露问题，AI 无法帮你校对，这其实不是多大的损失。

第六幕　正文格式整理真无聊，让 AI 干

鱼老师　我再教你们一个我自己常用的小技能！说破了一文不值，但真的很实用。

花　椒　老师，啥技能？

鱼老师　你们写论文或者整理资料的时候，是不是有时会需要从 PDF 文件中复制下来一大段内容，但复制出来的格式就很奇怪？

花　椒　会！尤其，如果那个 PDF 文件是分两栏显示的，我复制下来的就会是很短的一行。但如果那个 PDF 文件中的一行内容特别多，那么我复制下来的"一行"，在 Word 当中显示的就是"一行半"。闹心！

鱼老师　针对这个问题，解决方法之一是直接截图让 AI 做文字识别，但如果嫌麻烦的话，也可以让 AI 整理格式。我给你举个例子，我复制出来的文字是这样的：

> India observed that, while the sources referred to by the United States appeared
> 　to indicate that shrimp trawling was a major source

> of sea turtle mortality
>
> in waters in and around the continental United States, the United States
>
> did not present any evidence indicating that shrimp trawling was the
>
> largest source of sea turtle mortality in India. Indeed, the evidence cited by the United States showed the opposite. Specifically, the study referred to by the United States stated that "[a]t Gahirmatha, although trade in turtles and eggs is not there any more, considerable number of turtles are dying due to fishing activities in this area. ①

芋　头　对！老师，我也见过这种复制出来的格式！

鱼老师　然后，我给 AI 下指令：

> 请帮我整理一下这段话的格式，把其中的分行符都去掉，上面这些文字放在一整段表达即可。

---

① 本部分引用的英文段落来源于：UNITED STATES-IMPORT PROHIBITION OF CERTAIN SHRIMP AND SHRIMP PRODUCTS REPORT OF THE PANEL, WT/DS58/R, para. 3.51. 但此处仅以此段为例描述 AI 如何辅助格式整理，因而读者不需精读段落或理解段落的具体含义。

AI 反馈给我的是：

India observed that while the sources referred to by the United States appeared to indicate that shrimp trawling was a major source of sea turtle mortality in waters in and around the continental United States, the United States did not present any evidence indicating that shrimp trawling was the largest source of sea turtle mortality in India. Indeed, the evidence cited by the United States showed the opposite. Specifically, the study referred to by the United States stated that "at Gahirmatha, although trade in turtles and eggs is not there any more, a considerable number of turtles are dying due to fishing activities in this area.

花　椒　哇！棒棒哒！比我手工整理格式快多啦！

鱼老师　这个技能其实还有个变体。有的复制下来的文字是这样的：

> India further noted that the second study115 mentioned by the United States – discussing the death of 5,000 olive ridleys in trawling nets – did not distinguish between shrimp trawls and other trawls, and concerned olive ridleys, a species which was not a direct US responsibility. India further submitted that another document produced by the United States noted that……

你们猜第一行那个"115"是啥？

花　椒　我觉得是个脚注？只不过您没把脚注复制下来。

鱼老师　对！但这东西放在正文中很烦。所以，我还可以对 AI 说：

请帮我整理这段话的格式，把疑似脚注或尾注的数字删掉。但在正文中有实际意义的数字一定要保留。

然后，AI 还给我的是这样的：

India further noted that the second study mentioned by the United States, discussing the death of 5,000 olive ridleys in trawling nets, did not distinguish between shrimp trawls and other trawls, and concerned olive ridleys, a species which was not a direct US responsibility. India further submitted that another document produced by the United States noted that……

芋　头　哈，AI 很聪明！115 被删去了，但正文当中的 5000 被保留下来了。AI 至少没把正文中数据全删掉。

鱼老师　你再看我刚才给 AI 的指令。

芋　头　懂了！您明确跟 AI 讲了，让它判断正文中的数据是"脚注"还是"有实际意义的数字"。所以，给 AI 的指令越清晰，AI 还给你的内容就越准确。

鱼老师　当然，"格式整理"还可能有很多用法，比如，删除空段、删除文字中的空格，等等；也可以"添加空段、段首增加两个空格"。只要大家的指令足够清楚,相信 AI 肯定会是你的好助理!

第七幕 办公自动化也能外包? AI 替你编程序!

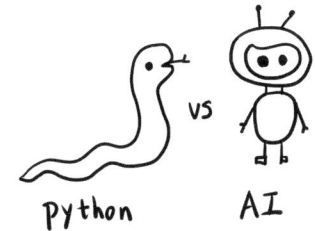

花　椒　老师,我有个问题,我觉得,上面这些新功能,有 AI 当然好;但没有 AI 也并不必然就没法做。我懂点 Python,我觉得 Python 辅助办公自动化也挺好用的。

鱼老师　的确!我在网上看到过好多 Python 辅助 Word 和 Excel 工作的帖子。不过我本人非常不擅长编程,读书那会儿学了点 VBA(Visual Basic for Applications),但写出来的程序总是报错。后续就没再学了。

花　椒　老师,我有点沮丧。您教了这么多 AI 辅助办公自动化技巧,我觉得 Python 白学了……

芋　头　师姐,没事儿,你还是可以继续用 Python 编程序的。我们用 AI 就行了。

鱼老师 芋头同学不要说风凉话，其实 Python 编程在 AI 时代也仍然用途多多。因为，AI 还有一个功能：替你编程！你下命令，它写程序，你把关就好。我其实一直想试试 AI 编程靠不靠谱，但一直找不到人帮我检查。要么咱们今天就试试？

花　椒 好的，咋试？

鱼老师 我前几天去咱们院的辅导员办公室溜达，恰好发现他们在十分费力地做一件事：给毕业年级的学生开在读证明，方便他们报名各种考试。问题是，一个毕业年级有 300 名学生啊！靠人工复制粘贴相关信息不仅特别累，还容易出错。所以，我就想着，能不能编个程序实现这个功能。

花　椒 老师，我能写这个程序。但您应该不需要我写。

鱼老师 对。我让 AI 写一个，你帮我瞅瞅对不对。

我的指令是这样的：

请帮我写一段 Python 程序。内容是：我有一个 Excel 表格，其中的字段有"姓名""年龄""身份证号""年级"。我需要调用这个表格中的字段、生成 Word 文档。Word 的内容是：在读证明 我院学生"姓名"，今年"年龄"岁，身份证号为"身份证号"，是"年级"级学生。

花　椒 老师，您先让 AI 试试。

鱼老师 好。结果这样,你看:

当然可以,以下是一个简单的 Python 程序,使用 pandas 来读取 Excel 表格,并使用 python-docx 来创建 Word 文档。

首先,确保你已经安装了 pandas 和 python-docx。如果没有安装,可以通过以下命令安装:

bash

pip install pandas python-docx openpyxl

然后,你可以使用以下 Python 代码:

Python 复制

import pandas as pdfrom docx import Document

#读取 Excel 文件 def read_excel_to_df(file_path):

return pd. read_excel(file_path)

#创建 Word 文档 def create_word_document(dataframe, output_path):

document = Document()

for index, row in dataframe. iterrows():

student_name = row['姓名']

student_age = row['年龄']

```
        student_id = row['身份证号']
        student_grade = row['年级']
        document.add_paragraph(f"在读证明\n 我院学生"{student
_name}",今年{student_age}岁,身份证号为"{student_
id}",是"{student_grade}"级学生。")
        document.add_page_break()
        #添加分页符,以便每个学生的信息在新的一页
    document.save(output_path)
#主函数 def main():
    file_path = 'your_excel_file.xlsx'
    #Excel 文件路径
    output_path = 'output_word_document.docx'
    #Word 文档输出路径
    #读取 Excel 数据
    df = read_excel_to_df(file_path)
    #创建 Word 文档
    create_word_document(df, output_path)
    print("Word 文档已创建成功!")
if __name__ == "__main__":
```

  main()

  咋样？

芋　头 不明觉厉。

花　椒 老师，您看不懂对吧？

鱼老师 看不懂！

花　椒 老师，我仅从逻辑上看，没毛病，但您运行过后估计就会发现有问题。第一，这个程序会直接生成一个超级大文档，300人在读证明都在里面放着；第二，您没指定文档输出后储存成什么格式。

鱼老师 哦！那我换个指令。这次复杂点儿。

  请帮我写一段Python程序。内容是：我有一个Excel表格，其中的字段有"姓名""年龄""身份证号""年级"。我需要调用这个表格中的字段、生成Word文档。Word的内容是：在读证明 我院学生"姓名"，今年"年龄"岁，身份证号为"身份证号"，是"年级"级学生。东江大学物理学院 某年某月某日 每个学生的在读证明单独存放成一个文档。这个文档在保存的时候，标题是"姓名"+"在读证明"四个字。这个文档中，"在读证明"四个字是居中、小三号楷体，其余为小四号宋体。东江大学物理学院和某年某月某日分别另起一行，都是右侧对齐。某年某月某日请调用系统当天的日期。

行不?

花　椒　可以,您把指令扔给 AI 吧。

鱼老师　好,现在生成的是这样的:

好的,以下是一个 Python 程序,它会读取 Excel 表格中的学生信息,并为每个学生生成一个单独的 Word 文档,文档标题为"'姓名'在读证明",文档内容按照你的要求进行排版。

首先,确保你已经安装了 pandas 和 python-docx。如果没有安装,可以通过以下命令安装:

bash

pip install pandas python-docx openpyxl

然后,你可以使用以下 Python 代码:

Python

import pandas as pdfrom docx import Documentfrom docx. shared import Ptfrom docx. enum. text import WD_PARAGRAPH_ALIGNMENTfrom datetime import datetime

#读取 Excel 文件 def read_excel_to_df(file_path):

return pd. read_excel(file_path)

#创建 Word 文档 def create_word_document (student_name, age, student_id, grade, output_path):

```python
document = Document()
#添加标题
title = document.add_paragraph()
title.add_run(student_name + "在读证明")
title.alignment = WD_PARAGRAPH_ALIGNMENT.CENTER
title.runs[0].font.size = Pt(16)
#小三号字体大小约为16pt
title.runs[0].font.name = '楷体'
#添加在读证明内容
content = document.add_paragraph()
content.add_run(f"我院学生"{student_name}",今年{age}岁,身份证号为"{student_id}",是"{grade}"级学生。")
content.alignment = WD_PARAGRAPH_ALIGNMENT.LEFT
content.runs[0].font.size = Pt(12)
#小四号字体大小约为12pt
content.runs[0].font.name = '宋体'
```

```python
#添加学院名称
college = document.add_paragraph("东江大学物理学院")
college.alignment = WD_PARAGRAPH_ALIGNMENT.RIGHT
college.runs[0].font.size = Pt(12)
college.runs[0].font.name = '宋体'
#添加日期
date = document.add_paragraph(f"{datetime.now().strftime('%Y年%m月%d日')}")
date.alignment = WD_PARAGRAPH_ALIGNMENT.RIGHT
date.runs[0].font.size = Pt(12)
date.runs[0].font.name = '宋体'
document.save(output_path)
#主函数
def main():
    file_path = 'your_excel_file.xlsx'
    #Excel文件路径
    #读取Excel数据
    df = read_excel_to_df(file_path)
```

```
for index, row in df.iterrows():
    student_name = row['姓名']
    age = row['年龄']
    student_id = row['身份证号']
    grade = row['年级']
    #构建输出文件路径
    output_path = f"{student_name}_在读证明.docx"
    #创建Word文档
    create_word_document(student_name, age, student_id, grade, output_path)
    print(f"{student_name}的在读证明已创建成功!")

if __name__ == "__main__":
    main()
```

花　椒　好多了！不过,我估计运行这个程序的时候保不齐还会出现什么奇奇怪怪的bug,您先不要把这个程序拿给辅导员办公室用啊！要不要我先把这个程序跑一遍,您再拿去？

鱼老师　不用,我只要原则上确认这个程序"能跑"就好。所以,AI真能写程序,对吧？

花　椒　对！您这个需求其实还不是科研需求,是行政需求。但只要是涉及数据筛选、整理、调用的科研需求,Python都能做。我听说许多涉及数据、模型的科研任务，其实都是编个程序去处理的。

鱼老师 所以，你的 Python 知识还是有用的。哪怕你不亲手编程，你也可以监督 AI 做，只要在必要时修改一下代码就行啦。反倒是我，假设我一点儿编程基础知识都不懂，就只能依赖你去替我调试程序啦。

芋　头 对，师姐，我有时候也做司法大数据研究。下次碰到特别烦琐的数据，还得麻烦你帮我跑程序！就算有了 AI，它也取代不了你的智慧啊！

花　椒 行，不过 Python，你就别用了，我怕你连软件都不会装。上面的功能，其实用 Office 软件中的宏也能实现。VBA 也是很有用的编程语言。你用这个咋样？甚至不需要单独装一个软件。

芋　头 太好了，谢谢师姐！耶！

（3 天后）

芋　头 老师，我觉得学一点儿编程基础知识还是很有必要的。我下课之后跟我的室友讲，AI 可以写 Python 程序，于是我的室友就让 AI 写了一个程序，然后丢给 Python 让它跑。他成功实现了让 Python 批量改文件名！一个文件夹里面的好几百个文件全都被改名啦！您看我要不要也学一点 Python 基础知识？

鱼老师 很高兴看到你对计算机感兴趣了！想学就学，知识永远不嫌多。

This book: 本部分的AI辅助科研功能清单

科研怎么做 / HOW TO DO IT

一句话，把所有琐事都扔给AI！你能不做就不做！

AI帮你做 / HELP TO DO IT

代替OCR软件，搞文字识别；拿文字给AI，让AI给你制表，准确率很高哦。

整理参考文献格式，给AI一个样本就行。

任何Excel操作都可以扔给AI。描述清楚你的需求，AI替你写公式，嗷嗷快！全程傻瓜式操作，你只要会复制粘贴公式就行啦。

对于简单的格式整理（如删除空段、删除脚注标记等），AI是一把好手。尤其是整理网络文献格式，将七零八落的文献复制进去，AI会给你输出格式完美的纯文本。

办公自动化也能外包，比如，让AI替你编程，只要不是"程序员"级的需求，AI基本没问题。

This book： 本部分的AI辅助科研功能清单

别让AI做　　　　　　　　　　　　　　　　　　　　DON'T DO IT

不要把任何敏感文件扔给AI并让它处理。此处的敏感文件包括包含个人信息的文件及还没发表的论文稿。你永远不知道，AI会把你的稿子传给谁看。

别指望AI替你挑出论文中的全部错别字。中文的断句太过复杂，AI极有可能误报、漏报。

第三讲
AI 辅助文献阅读

第一幕　AI 辅助文献阅读，短板究竟在何处？

鱼老师　从这一讲开始，我们要来讨论 AI 辅助文献阅读了。在讲具体操作规程之前，我想先问问你俩，你们觉得 AI 究竟能不能辅助文献阅读？

芋　头　能，至少 AI 能做翻译，对吧？

花　椒　光说翻译的话，不用 AI 也行。很多浏览器 10 年前就自带翻译功能了。再说，"翻译"仅仅是"辅助阅读"中最不重要的一个功能。毕竟，哪怕是中文文献，我每一个字都认识，我也还是想让 AI 帮我读文献。

鱼老师　花椒，你心目中最理想的"AI 帮我读文献"是啥样的？咱们先不负责任地幻想一下。

花　椒　我希望,输入几个关键词,AI 就能把这个领域的文献给我整理得妥妥当当。我读完 AI 整理的内容,就会对这个领域的最新发展有一个全面的了解。写论文的时候,直接从里面复制粘贴内容就行了!

鱼老师　那么你觉得这个需求现实不?

花　椒　老师,您都说了,这就是不负责任的幻想。当然不现实啊! AI 又不是我肚子里的蛔虫,怎么可能根据几个关键词就完美匹配我的所有需求呢?打个比方,哪怕我跟我男朋友讲,"明天咱们去爬山,你准备下东西",我也不会期待他把我可能需要的东西一样不落地准备好。他哪里知道,女生去户外活动可能需要防晒霜、防蚊喷雾!他能记得带两瓶水,再带点吃的就行啦。

鱼老师　你这个比喻很好。AI 可以帮咱们读文献,但绝对不能替代咱们读文献。原因之一,就是我们永远无法精准地描述出自己的需求,所以 AI 无法精准地命中你"最想要的东西"。我给你们举个例子,你们读文献的时候,有没有这么一种感觉:明明奔着白萝卜去的,但中途发现地里面还有向日葵可以摘。

芋　头　有啊!有一次,我的导师扔给我一篇文献,跟我说:"这个案例里的投资者待遇问题挺有意思。"可是,我读完案例之后却觉得,其中的投资者待遇问题固然很新鲜,但我对此没啥写论文的欲望,反倒觉得其中的条约解释问

题很有意思!

花　椒　对!我也有这种感受。第一遍读文献时,我其实并不抱着特定的目标去读。毕竟,在读文献之前,我对某个领域的认识,很可能仅仅是模糊的,如"美国和英国之间就这个问题签了个条约,我感觉很有意思",而非"这个条约中存在对第三国利益的侵犯!"所以,我才需要大量阅读相关文献,从而进一步聚焦论域。大量阅读的过程是绝对不能省略的,更不能让 AI 替代我完成。

鱼老师　好,所以说,"AI 不能替代我们读文献"的原因之一就是,"读文献"的过程极有可能和"形成论题"的过程同向而行。我们需要从文献中增进对某个领域的理解,并最终形成论文选题。这个过程需要的是广泛的阅读。AI 代替我们读文献,就会过滤掉很多可能形成灵感甚至于论题的东西。而第二个原因则是,"读文献"其实是一个螺旋式上升的过程。我们的认识其实是在不断升华的。我问你俩一个问题,你俩读文献一般读几遍?

芋 头 不一定!文献是分为精读和泛读的。有的文献可能不那么相关,读一遍就成了,但此领域的核心文献很可能得反复读。

花 椒 的确!有的时候我还会有这样的感受:啊,这篇文献我真的读过吗?作者都写得这么明白了,为什么我第一遍阅读的时候居然没发现这个要点。

鱼老师 这种现象非常正常。第一遍读文献的时候发现不了某个要点,很可能是由于你的学术水平无法支持你理解那些内容。打个比方,你们知不知道咱们学校的文苑五舍后面有榆钱?就是可以做榆钱饭的那个榆钱?

花 椒 老师,我知道文苑五舍后面有树,但啥是榆钱?

鱼老师　这就是我刚才说的现象,当你的认知无法支持你理解某个现象,你就会对那个现象视而不见。但当你通过大量阅读文献提升了自己的认知,你就可能从旧文献里发现全新的内容。一种相当常见的情况是,当你读 A 材料的时候没发现什么值得注意的内容,但当你读 B 材料的时候突然发现了一个法律问题,那么当你回头再次读 A 材料的时候就会发现:啊,原来 A 材料里面的这段论述是和 B 材料紧密相关的!

因此,重要的文献要反复读。

咱们再回到"AI 辅助文献阅读"这个问题,你觉得,AI 能否完全替你实现认知的提升?

花　椒　哈哈,AI 自己没准儿能实现认知的提升,但我肯定不能。

芋　头　所以,至少在学习阶段,最好别让 AI 替我读书?

鱼老师　差不多。存在你脑子里的东西才是你的,存在电脑里的东西不是你的。

花　椒　可是,老师,那么我们为什么要来学习 AI 辅助文献阅读呢?AI 到底有没有用?

鱼老师　有用!但你得分阶段用。咱们先来讨论一下科研的一般规律。花椒,你年级高一点,你来说说,通常来讲,你写论文的一般顺序是啥样的?

花　椒　我通常按照这样的顺序:第一步,发现一个领域"可能会产生论文"。比如,我发现欧盟通过了"供应链法案",美国通过了"云法案",虽然我不是特别懂和它相关的内容,但我会有一种感觉,这个领域应该会对国际法产生挑战。所以,可能会产生一篇论文。

鱼老师 很好。第一步是确定一个论域。然后呢?

花　椒 第二步,我广泛阅读一下这个领域的相关资料,比如,学者们对这个领域的评述、这个领域的相关案例、这个领域已经发表了的论文等,然后寻找一下这个领域的争议焦点和尚未解决的问题。

鱼老师 也就是说,第二步是"聚焦"。对不?

花　椒 对!第三步是根据我的既有知识,提出对这个"尚未解决的问题"的看法,并进一步搜集资料佐证我的观点是成立的。第四步是列提纲,汇总资料,开始写论文。

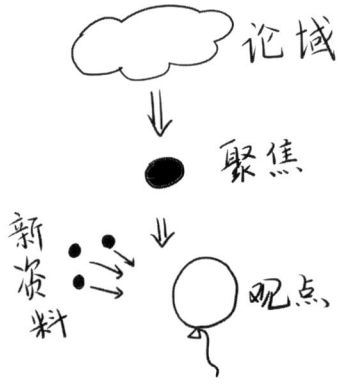

鱼老师 芋头,你呢?是不是也是这个路径?

芋　头 差不多,但不完全是。我可能从实践中发现一个领域可能写出论文;也可能在阅读文献的时候,觉得某某写的不对或者不全面,所以我需要写一篇文章去反驳一下。

在这种情况下,我写论文的路径就应该是:从资料中发现问题→提出自己的观点→阅读更多资料来佐证我的观点→列提纲,开始写论文。

鱼老师 两种方式其实差不太多。写论文之初,都是"一个模糊的感觉"+"大量阅读资料"+"有针对性地寻找资料"。对不?

花椒 & 芋头 对!

鱼老师 所以,你们觉得,这个流程中,AI 应该在啥时候介入科研?

花　椒 老师,我认为,从宏观上讲,至少应该在我对这个问题已经有了完整的认识、可以指挥 AI 替我办事的时候才行。我不能被 AI 牵着鼻子走!不能是"AI 让我读啥我就读啥",更不能是"AI 让我咋写我就咋写"。

鱼老师 说得对!人是目的,不是工具。

芋　头 老师,我觉得,从微观上讲,AI 还是可以自始至终辅助我的科研的。我举个例子哈,我的英语不是特别好,所以

经常看不明白一些英语资料。花椒,你别反驳我,我不是想让 AI 替我翻译,也不是想让 AI 替我总结。我想说的是,能不能让 AI 陪我读书?我在读硕士的时候参与过一个读书小组,就是老师带着我们十来个同学读一本英文著作。有时候,那些句子真的长啊,我们都读不懂。老师就领着我们拆解句子结构,把很难的句子解读给我们听。

鱼老师 没问题啊,这恰恰是 AI 的一个重要功能。所以,咱们总结一下,关于"AI 辅助文献阅读",在宏观上,AI 必须听你指挥,你指哪它打哪,绝对不能是它指挥你读文献;在微观上,AI 可以给你做书童,你有啥不会的都可以问它,但本质上仍然是你在读,它只是辅助你。对不?

花椒 & 芋头 对!

第二幕　英文读不懂，AI 来帮你

鱼老师　我们首先来试验 AI 辅助文献阅读的最简单形态：AI 辅助理解英文句式。

芋　头　老师，我有件事儿不理解。为啥不能让 AI 直接把英文文献翻译成中文给我读？

鱼老师　如果是德文、法文等文献，让 AI 给你翻译，这是没办法的事；但如果是英文文献，我非常反对直接由 AI 给你翻译。我提个问题哈，假设你是研究莎士比亚的中国学者，你是直接读原文，还是读中译本？

芋　头　如果我就想知道莎士比亚写过什么，我可以读中译文；但如果我是专门研究莎士比亚的，我当然要读原文啊！

鱼老师　文献阅读也是同理啊。至少对于精读文献而言，读原文是必须的。这不仅是由于翻译者可能会犯错误，把原文意思弄拧了；更是由于即便翻译者水平很高，完全不犯错误，"翻译"本身也可能会丢失信息。有些通过原文能够表达出的微妙含义，在译文中能否被表达出来就是"天知道"了。举个例子，你觉得《红楼梦》英译本能体现出曹雪芹的原意吗？

芋　头　不能！我听说"宝钗"被翻译成了"Precious Hairpin"。哈哈！

鱼老师 所以，AI 可以帮你们理解外语，但决不能直接替你们翻译，尽管它的翻译技能的确非常高超。

那么，我先来给大家做个示范，AI 究竟如何帮我们更好地理解外语。

请大家跟我看这一句：

> Nothing in this Agreement shall prevent a Party from adopting or maintaining measures on the protection of personal data and privacy, including with respect to cross-border data transfers, provided that the law of the Party provides for instruments enabling transfers under conditions of general application for the protection of the data transferred. ①

---

① WTO ELECTRONIC COMMERCE NEGOTIATIONS DRAFT CHAIR'S TEXT, 27 March 2024, https://www.bilaterals.org/IMG/pdf/jsi_ecomm_chair_text_rev2_27_march_2024.pdf, last access: Feb. 26, 2025.

第三讲 AI 辅助文献阅读 073

能看懂不？

花　椒　老师，这是哪来的？

鱼老师　民间流传的 WTO 电子商务谈判文本，2024 年 3 月 27 日版。我先让 AI 帮咱们翻译一下。

芋　头　好啊，反正英文版的我看不懂。

鱼老师　那你看看中文版的：

> 本协议的任何内容均不得阻止一方采取或维持有关个人数据和隐私保护的措施，包括与跨境数据传输有关的措施，前提是该方的法律为在普遍适用条件下的传输提供了保护所传输数据的工具。

芋　头　老师，我还是看不懂。这翻译应该没丢要件，但翻译得真难懂！

鱼老师　那么，接下来，我用三种不同的指令让 AI 帮你解读这句话。第一个指令：

> 请帮我把这句话用通俗易懂的英语写出来，并告诉我是怎么改写的。

芋　头　哈，就是传说中的 paraphrase？AI 咋回答的？

鱼老师　AI 用英文回答的。这样：

> Sure, here's a more straightforward version of the sentence:

"Nothing in this contract stops a country from making or keeping rules to protect people's personal information and privacy, even when it comes to sending data across borders. But the country's laws must have ways to allow these data transfers while still keeping the data safe."

Here's how I simplified it:

"Nothing in this Agreement" became "Nothing in this contract" to make it sound less formal and more like everyday language.

"shall prevent" was changed to "stops" for a more casual tone.

"a Party" was replaced with "a country" to clarify that it refers to a nation or state.

"adopting or maintaining measures" was simplified to "making or keeping rules" for clarity.

"on the protection of personal data and privacy" was shortened to "to protect people's personal information and privacy" to make it more accessible.

"including with respect to cross-border data transfers" was changed to "even when it comes to sending data across borders" to make it more relatable.

"provided that" was simplified to "But" to connect the two parts of the sentence more directly.

"the law of the Party" was again replaced with "the country's laws" for clarity.

"provides for instruments enabling transfers" was changed to "have ways to allow these data transfers" to make it more understandable.

"under conditions of general application" was simplified to "while still keeping the data safe" to focus on the outcome rather than the process.

"for the protection of the data transferred" was included in the previous phrase to avoid repetition and maintain the flow of the sentence.

看懂了没？

芋 头　看懂了。它转化成简单英语，我就看懂了。转化后的版本首先把一句话拆成了两句，所以我至少不需要考虑从句和主句的关系了。

然后，这个 even when 改写得也挺传神的。原文是 including with respect to，我恰好不知道这是什么表达方式！

花 椒　这不是一个词组啊，是两个。including 是"包括"；with respect to 是承接下文的跨境数据流动的，合起来是"和数据跨境流动相关"。芋头,你该不会是理解成 including with 和"respect(尊敬)"了吧?

芋　头　嗯,是!我就是断句断错了。

鱼老师　所以,AI 辅助英文阅读的第一个技巧是同义改写。在让 AI 改写的同时,你还可以让它告诉你究竟是怎么改的。这样就可以有效理解从前不理解的地方,还可以顺便学学英语。

接下来,我换第二种指令了:

请帮我把这个句子转化为一系列简单句,尽量减少从句和双重否定的使用。

然后,AI 给我的答案是这样的:

当然可以,这里是将原句转化为一系列简单句:

1. This Agreement allows a Party to adopt or maintain measures.

2. The measures are for the protection of personal data and privacy.

3. They also cover cross-border data transfers.

4. The Party's law must provide instruments for these transfers.

5. These instruments are for general application.

6. The purpose of the instruments is to protect the transferred data.

咋样？

花　椒　我觉得好懂多啦！

鱼老师　但这个转化中的逻辑有问题，和原文不完全一样，你发现了吗？

芋　头　哈，老师，我发现了！句子3和4逻辑有断层！句子3提到了跨境数据流动，但句子4突然提到缔约方法律必须提供数据跨境流动工具。这就有点儿让人摸不着头脑。前面明明说的是个人信息保护，怎么就突然说到跨境数据流动法律了？

鱼老师　所以，我应该在指令中再加一句：

请一定注意，保留原句当中的逻辑关系。

然后，AI 是这么回答我的：

当然，这里是将原句转化为一系列简单句，同时保留原文的逻辑关系：

1. The Agreement does not prevent a Party from taking actions.

2. These actions are meant to protect personal data and privacy.

3. The protection includes measures for cross-border data transfers.

4. For these measures to be valid, the Party's law must have certain provisions.

5. The law must provide instruments that enable data transfers.

6. These instruments must be applicable under general conditions.

7. The goal of these instruments is to protect the data that is being transferred.

你们看,这个咋样?

芋 头　好多了。这个版本的第 3 句提到"包含跨境数据流动措施",第 4 句当中就紧接着提到,"为了保证这些措施是有效的,缔约方的法律必须……"这个逻辑就接上了!

鱼老师　所以,"让 AI 把复杂句式拆成简单句"很可能不够,你还需要进一步强调,减少双重否定及保留原文逻辑。

其实,AI 辅助英文阅读,还可以有第三种方法,即让 AI 帮助生成提纲。还是刚才那句话,AI 给我生成了这个:

提纲:

1. 主体

- 协议（Agreement）

- 一方（Party）

2. 目的

- 保护个人数据和隐私

3. 范围

- 包括跨境数据传输

4. 条件

- 一方的法律必须提供

5. 法律要求

- 允许数据传输的工具（instruments）

- 适用于一般情况的条件（conditions of general application）

6. 结果

- 保护传输中的数据

咋样？

花　椒　我觉得挺好啊！不过，也得读过原文才能理解这个提纲说的是啥。就这么去读提纲，我很可能理解不了。

鱼老师　那么，花椒，你帮忙总结下，AI 如何才能辅助英文阅读？

花　椒　好！有三种方法：AI 把句子改写得更简单（但很可能仍

然是复杂句);AI 把复杂句改写成简单句,但指令中应当特别强调请 AI 注重逻辑关系;AI 生成提纲。

芋 头 老师,我还有个想法,我能不能进一步向 AI 提点儿要求?

鱼老师 你试试。

芋 头 好!以下是我的指令:

> 刚才那句话,请帮我用提纲的方式解释一下。我想知道的是,这个规则允许缔约国做什么?对于缔约国的此项权利,规则又进行了什么限制?

然后,AI 反馈给我的是这样的:

> 当然,以下是使用提纲来解释规则允许缔约国做什么以及对缔约国权利的限制:
>
> 提纲:
>
> 1. 允许缔约国(Party)的行动:
>
> − 采取或维持措施
>
> − 保护个人数据和隐私
>
> − 包括跨境数据传输
>
> 2. 对缔约国权利的限制:
>
> − 法律要求
>
> − 必须提供工具或机制

— 这些工具或机制必须在一般适用条件下允许数据传输

— 目的在于保护传输的数据

在这个提纲中,我们可以看到规则允许缔约国采取必要的措施来保护个人数据和隐私,特别是涉及跨境数据传输的情况。同时,规则也对缔约国的这些权利施加了限制,即必须在法律框架内提供相应的工具或机制,并且这些工具或机制必须在一般适用的条件下运作,以确保数据在传输过程中得到保护。

鱼老师 很好!能不能说说,你为啥想要下这个指令?

芋 头 因为,老师,您在给我们讲解 AI 辅助编辑 Excel 公式的时候说过,只有"心里有数",大致知道 Excel 应该怎么用,才能更好地指导 AI 写公式。所以,我想,让 AI 辅助我读英文文献,我不应该被 AI 牵着鼻子走,应该是我主动指导 AI 阅读才对。鉴于上面那句话是一个条约文本,且即便我看不大懂,也应该理解这段的内容是"缔约国有权做什么事,但这个权利是受限的"。所以,我就用我有限的理解,指挥 AI 帮我完成其他内容啦。

鱼老师 非常好!这才是 AI 辅助论文写作的精髓:你指挥 AI,而非 AI 指挥你。当然,你提出的最后一种方法:用专业化的思维方式给 AI 定制思维模板,然后让 AI 把文字表述的内容"套"进这个模板里,必须是有一定专业知识的人才能做到。但我相信,能读专业文献的人士,都应该懂得这个学科最基本的思维范式。比如,国际法领域的"条约",固定范式就是对于国家权利义务的规定;行政法领域的立法分析,固定范式就是"这个法条授予了行政机关什么权力;同时对此种权力的形式进行了何种限制"。只要掌握了一个学科最基本的思维范式,你就可以把 AI 套进去,让它替你进行高效率思考。

花　椒　哈,新技能 get!

第三幕　帮你理顺资料内部逻辑,AI 没问题的!

芋　头　老师,我还有个问题!您刚才讲的"AI 辅助理解英文句式",功能是在我看不明白英文的时候,让 AI 当我的英语老师。但有的时候,我看英文资料不是"看不明白",而是"看着密密麻麻的一大段就闹心",总感觉看起来没有中文资料快。看中文资料的话,我扫一眼就大概知道说的是啥。但英文资料就得一个字一个字地看。AI 能帮我快速阅读不?

鱼老师 能啊!我给你举个例子,你看这段:

> India observed that while the sources referred to by the United States appeared to indicate that shrimp trawling was a major source of sea turtle mortality in waters in and around the continental United States, the United States did not present any evidence indicating that shrimp trawling was the largest source of sea turtle mortality in India. Indeed, the evidence cited by the United States showed the opposite. Specifically, the study referred to by the United States stated that "at Gahirmatha, although trade in turtles and eggs is not there any more, a considerable number of turtles are dying due to fishing activities in this area. Even then, if one considers the number of nesting turtles from year to year, it is reasonable to say that the population nesting at Gahirmatha has not been adversely affected by these activities." The study actually noted that the number of olive ridleys nesting at Gahirmatha had increased substantially over the last ten years. In 1985, a total of 286,000 turtles nested in three batches

of mass nesting. By 1991, that number had increased to more than 600,000 and remained constant. Based on these facts, the report concluded that "the Gahirmatha population has attained a stability as far as the number of nesting emergences is concerned." Increase in nestings was the factor which the United States pointed to demonstrate that its conservation efforts had yielded encouraging results. Thus, the report demonstrated that the Indian sea turtle population could be sustained without the TEDs requirement contemplated by the United States. Finally, this report indicated that the olive ridley population in India had achieved stability, suggesting that India's current shrimping practices were in accordance with the concept of sustainable development. India further noted that the second study mentioned by the United States, discussing the death of 5,000 olive ridleys in trawling nets, did not distinguish between shrimp trawls and other trawls, and concerned olive ridleys, a species which was not a direct US responsibility. India further submitted that another document produced by the United States noted that the South African loggerhead population had more than doubled since the early 1960s when strong protective measures had been introduced; on the other hand, the United States indicated that only one African country, Nigeria, required TEDs. Thus, the increase in loggerhead population in South Africa was due to conservation measures other than TEDs. Regarding the United States questioning the degree of enforcement of measures currently in place in India, India noted that the effective enforcement of Indian domestic legislation was a matter for India. Moreover, India noted that the US enforcement record with respect to its TEDs programme had been questioned. A Bangkok Post article noted that the "Humane Society alleges that 41 per cent of Texas shrimpers surveyed had violated US regulation to protect sea turtles." Further, undercover investigators stated that 13 of the 32 vessels checked had disabled their TEDs. In response to claims by the Texas Shrimp Association that the report was a hoax and that the US Coast Guard had reported a 96.9 per cent compliance with the law, the article noted that shrimpers knew when Coast Guard inspectors were coming, but "the society's sleuths kept a lower profile."[①]

字数很多,读起来很烦,对吧?

---

① 本部分引用的英文段落来源于:UNITED STATES-IMPORT PROHIBITION OF CERTAIN SHRIMP AND SHRIMP PRODUCTS REPORT OF THE PANEL, WT/DS58/R, para. 3.51, last access: Feb. 26, 2025.

芋　头　对啊,我大概就只能理解到,印度提出了一系列主张。但区分各种主张就非常费劲儿。我甚至还得在这么长的一段文字中用记号笔画几条杠子,把"主张"的数量标出来。

花　椒　哈哈,这咋这么像我侄女读书呢?我侄女小学二年级,有一次的阅读作业是"段落中从几方面描述了秋天有多美?"然后,我侄女就拿着铅笔在那里标记:(1)树叶红了;(2)果子熟了;(3)大雁南飞。

鱼老师　本质上差不多!不过,这一段文字可比"树叶红了"难理解多了。所以,我们让AI来帮忙吧!

第一种帮忙的方式是这样的:

请帮我阅读上面这一段文字,概括印度的主要主张,并把主张的具体内容放在概括的小标题下。请注意,用中文"概括",然后在下面复制原文中的主张,不要翻译,放原文即可。

然后,AI的反馈是这样的:

印度的主要主张:

1. 美国证据不足以证明虾拖网是印度海龟死亡的主要原因

   – India observed that while the sources referred to by the United States appeared to indicate that shrimp trawling was a major source of sea turtle mortality in waters in and around the continental United States, the United States did not present any evidence indicating that shrimp trawling was the largest source of sea turtle mortality in India.

2. 印度海龟种群稳定,无须美国提出的 TEDs 要求

- Indeed, the evidence cited by the United States showed the opposite. Specifically, the study referred to by the United States stated that "at Gahirmatha, although trade in turtles and eggs is not there any more, a considerable number of turtles are dying due to fishing activities in this area. Even then, if one considers the number of nesting turtles from year to year, it is reasonable to say that the population nesting at Gahirmatha has not been adversely affected by these activities."

- The study actually noted that the number of olive ridleys nesting at Gahirmatha had increased substantially over the last ten years. In 1985, a total of 286,000 turtles nested in three batches of mass nesting. By 1991, that number had increased to more than 600,000 and remained constant.

- Based on these facts, the report concluded that "the Gahirmatha population has attained a stability as far as the number of nesting emergences is concerned."

- Thus, the report demonstrated that the Indian sea turtle population could be sustained without the TEDs requirement contemplated by the United States.

3. 印度当前的捕虾实践符合可持续发展概念

- Finally, this report indicated that the olive ridley population in India had achieved stability, suggesting that India's current shrimping practices were in accordance with the concept of sustainable development.

4. 美国的研究未区分虾拖网和其他拖网,且关注的不是美国直接负责的物种

- India further noted that the second study mentioned by the United States, discussing the death of 5,000 olive ridleys in trawling nets, did not distinguish between shrimp trawls and other trawls, and concerned olive ridleys, a species which was not a direct US responsibility.

5. 南非赤蠵龟种群增长归因于除 TEDs 之外的其他保护措施

- India further submitted that another document produced by the United States noted that the South African loggerhead population had more than doubled since the early 1960s when strong protective measures had been introduced; on the other hand, the United States indicated that only one African country, Nigeria, required TEDs.

6. 印度国内法律的执行力度是印度自己的事务

- Regarding the United States questioning the degree of enforcement of measures currently in place in India, India noted that the effective enforcement of Indian domestic legislation was a matter for India.

7. 美国 TEDs 计划的执行记录受到质疑

- Moreover, India noted that the US enforcement record with respect to its TEDs programme had been questioned.

- A Bangkok Post article noted that the "Humane Society alleges that 41 per cent of Texas shrimpers surveyed had violated US regulation to protect sea turtles."

- Further, undercover investigators stated that 13 of the 32 vessels checked had disabled their TEDs.

- In response to claims by the Texas Shrimp Association that the report was a hoax and that the US Coast Guard had reported a 96.9 per cent compliance with the law, the article noted that shrimpers knew when Coast Guard inspectors were coming, but "the society's sleuths kept a lower profile."

芋 头　哈,这就清楚多啦! 那么,第二种方法呢?

鱼老师　第二种方法是,请 AI 帮忙用表格的方式呈现上述内容。

这个指令也很简单:

请你帮我用表格的方式体现印度的主张。表格第二列请展示印度主张的概括(中文),第三列展示原文当中对此主张的具体阐释(英文)。

然后,我得到的反馈是这样的:

以下是以表格形式体现的印度的主张:

序号	印度主张的概括	印度主张的具体内容
1	美国证据不足以证明虾拖网是印度海龟死亡的主要原因	India observed that while the sources referred to by the United States appeared to indicate that shrimp trawling was a major source of sea turtle mortality in waters in and around the continental United States, the United States did not present any evidence indicating that shrimp trawling was the largest source of sea turtle mortality in India.
2	印度海龟种群稳定,无须美国提出的 TEDs 要求	Indeed, the evidence cited by the United States showed the opposite. Specifically, the study referred to by the United States stated that "at Gahirmatha, although trade in turtles and eggs is not there any more, a considerable number of turtles are dying due to fishing activities in this area. Even then, if one considers the number of nesting turtles from year to year, it is reasonable to say that the population nesting at Gahirmatha has not been adversely affected by these activities." The study actually noted that the number of olive ridleys nesting at Gahirmatha had increased substantially over the last ten years.

（续表）

序号	印度主张的概括	印度主张的具体内容
		In 1985, a total of 286,000 turtles nested in three batches of mass nesting. By 1991, that number had increased to more than 600,000 and remained constant. Based on these facts, the report concluded that "the Gahirmatha population has attained a stability as far as the number of nesting emergences is concerned." Thus, the report demonstrated that the Indian sea turtle population could be sustained without the TEDs requirement contemplated by the United States.
3	印度当前的捕虾实践符合可持续发展概念	Finally, this report indicated that the olive ridley population in India had achieved stability, suggesting that India's current shrimping practices were in accordance with the concept of sustainable development.
4	美国的研究未区分虾拖网和其他拖网，且关注的不是美国直接负责的物种	India further noted that the second study mentioned by the United States, discussing the death of 5,000 olive ridleys in trawling nets, did not distinguish between shrimp trawls and other trawls, and concerned olive ridleys, a species which was not a direct US responsibility.
5	南非赤蠵龟种群增长归因于除TEDs之外的其他保护措施	India further submitted that another document produced by the United States noted that the South African loggerhead population had more than doubled since the early 1960s when strong protective measures had been introduced; on the other hand, the United States indicated that only one African country, Nigeria, required TEDs.

(续表)

序号	印度主张的概括	印度主张的具体内容
6	印度国内法律的执行力度是印度自己的事务	Regarding the United States questioning the degree of enforcement of measures currently in place in India, India noted that the effective enforcement of Indian domestic legislation was a matter for India.
7	美国 TEDs 计划的执行记录受到质疑	Moreover, India noted that the US enforcement record with respect to its TEDs programme had been questioned. A Bangkok Post article noted that the "Humane Society alleges that 41 per cent of Texas shrimpers surveyed had violated US regulation to protect sea turtles." Further, undercover investigators stated that 13 of the 32 vessels checked had disabled their TEDs. In response to claims by the Texas Shrimp Association that the report was a hoax and that the US Coast Guard had reported a 96.9 per cent compliance with the law, the article noted that shrimpers knew when Coast Guard inspectors were coming, but "the society's sleuths kept a lower profile."

  我个人比较倾向于第一种方法,但也有同学更喜欢第二种方法。这就看个人喜好了。

芋　头　老师,还有第三种提取资料的方法吗?

鱼老师　有,稍微高级一点的。上面这两种方法其实不需要给 AI 下指令的人具有任何法学素养,只要命令 AI 去整理资料即可。但对于有法律素养的人而言,给 AI 的指令可以更加精确。比如,这样:

上面这段论述,是针对美国提出的"应该用 TEDs 拖网减少捕虾对于海龟的伤害"的反驳。请假设你是一名法学教授,根据上述资料帮我概括,印度的主张究竟是怎么反驳美国的?请尽量使用法律术语进行概括。整理的方式是先用中文概括,然后后面加上这个主张的具体内容(复制英文原文即可,不用翻译、不用概括)。

然后,AI 这么回复我:

1. 国内法律执行力度的主权性主张

－主张概括:印度主张其国内法律的执行力度属于国家主权范畴,其他国家无权干涉,体现了国家主权原则在法律执行中的体现。

－具体内容:Regarding the United States questioning the degree of enforcement of measures currently in place in India, India noted that the effective enforcement of Indian domestic legislation was a matter for India.

2. 对美国 TEDs 计划执行记录的合法性质疑

－主张概括:印度对美国 TEDs 计划的执行记录提出疑问,认为其执行力度和效果存在问题,这涉及到国际法中的环境保护责任和国内执行的合法性问题。

－具体内容:Moreover, India noted that the US enforcement record with respect to its TEDs programme had been questioned.

3. 美国证据不足以证明虾拖网是印度海龟死亡的主要原因

— 主张概括：印度认为美国提供的证据不足以证明虾拖网是印度海龟死亡的主要原因，这涉及证据充分性和相关性的问题。

— 具体内容：India observed that while the sources referred to by the United States appeared to indicate that shrimp trawling was a major source of sea turtle mortality in waters in and around the continental United States, the United States did not present any evidence indicating that shrimp trawling was the largest source of sea turtle mortality in India.

4. 印度海龟种群稳定，无须美国提出的 TEDs 要求

— 主张概括：印度认为其海龟种群稳定，不需要美国提出的 TEDs 要求，这涉及环境保护措施的必要性和适当性问题。

— 具体内容：Indeed, the evidence cited by the United States showed the opposite. Specifically, the study referred to by the United States stated that "at Gahirmatha, although trade in turtles and eggs is not there any more, a considerable number of turtles are dying due to fishing activities in this area. Even then, if one considers the number of nesting turtles from year to year, it is reasonable to say that the population nesting at Gahirmatha has not been adversely affected by these activities."

5. 印度当前的捕虾实践符合可持续发展概念

－主张概括：印度主张其当前的捕虾实践是符合可持续发展概念的，这涉及环境保护与经济发展的平衡问题。

－具体内容：Finally, this report indicated that the olive ridley population in India had achieved stability, suggesting that India's current shrimping practices were in accordance with the concept of sustainable development.

6. 美国的研究未区分虾拖网和其他拖网，且关注的不是美国直接负责的物种

－主张概括：印度指出美国的研究没有区分虾拖网和其他类型的拖网，且研究的物种并非美国直接负责，这涉及研究方法的科学性和责任归属问题。

－具体内容：India further noted that the second study mentioned by the United States, discussing the death of 5,000 olive ridleys in trawling nets, did not distinguish between shrimp trawls and other trawls, and concerned olive ridleys, a species which was not a direct US responsibility.

7. 南非赤蠵龟种群增长归因于除 TEDs 之外的其他保护措施

— 主张概括：印度认为南非赤蠵龟种群增长是由于除 TEDs 之外的其他保护措施，这涉及保护措施的多样性和有效性问题。

— 具体内容：India further submitted that another document produced by the United States noted that the South African loggerhead population had more than doubled since the early 1960s when strong protective measures had been introduced; on the other hand, the United States indicated that only one African country, Nigeria, required TEDs.

8. 美国保护海龟法规的执行存在问题

— 主张概括：印度提出美国在保护海龟法规的执行上存在问题，这涉及国际环境保护法规的执行和监督问题。

— 具体内容：A Bangkok Post article noted that the "Humane Society alleges that 41 per cent of Texas shrimpers surveyed had violated US regulation to protect sea turtles." Further, undercover investigators stated that 13 of the 32 vessels checked had disabled their TEDs. In response to claims by the Texas Shrimp Association that the report was a hoax and that the US Coast Guard had reported a 96.9

per cent compliance with the law, the article noted that shrimpers knew when Coast Guard inspectors were coming, but "the society's sleuths kept a lower profile."

看到区别了吗?

花　椒　看到了!果然看上去专业了一些。比如"1"中,明确提出了"国家主权"哎。

鱼老师　你觉得,这样让 AI 干活好不好?

花　椒　好!

鱼老师　但,方法三反而是我用得最少的一种方法。我通常倾向用方法一,即让 AI"说事儿"就成,不进行法律上的二次概括和提炼。

花　椒　老师,是因为您想自己概括吗?

鱼老师　对。一方面原因,的确是"我完全可以自己概括";另一方面原因,是 AI 做的毕竟是二次加工,而二次加工就可能出错。我给你举个例子,你看上面的"7"。

> 7. 南非赤蠵龟种群增长归因于除 TEDs 之外的其他保护措施
>
> － 主张概括:印度认为南非赤蠵龟种群增长是由于除 TEDs 之外的其他保护措施,这涉及保护措施的多样性和有效性问题。

> －具体内容: India further submitted that another document produced by the United States noted that the South African loggerhead population had more than doubled since the early 1960s when strong protective measures had been introduced; on the other hand, the United States indicated that only one African country, Nigeria, required TEDs.

你觉得"这涉及……"这句话对不对？

花　椒　对吗？

鱼老师　不对，或者说至少"不全对"。你们还记得这个案子的背景不？美国要求必须使用 TEDs 来保护海龟；印度主张，南非没有使用 TEDs，而是采用了其他保护措施，但海龟数量仍然增加到两倍。

你们认为，印度的主张意味着什么？

芋　头　我觉得，印度实际上想说明的是，"如果不用 TEDs 也能保护海龟，那么，美国要求必须使用 TEDs 就不合理"。这可以比作，如果我吃油菜也能获得身体所需的营养，那么我妈要求我"必须吃菠菜"就是不合理的。

花　椒　啊，所以，"这涉及保护措施的多样性和有效性问题"这句话，至少没说透彻！AI 没能再进一步多说一句：印度的主张意味着，美国仅注重一种保护海龟的手段，而无视其他手段的合理性。这种要求在贸易法语境下是歧视性的,因而不具有合理性。

鱼老师 因此,它也不是"保护动植物生命与健康所必需的措施"。

花　椒 老师,这句话为啥这么耳熟?

鱼老师 《关税与贸易总协定》第20条啊!

花　椒 所以,"让AI做法律分析"很可能不大靠谱,对不?AI很可能不会迅速联想到那个法条。

鱼老师 对。这也是我通常只会让AI概括,但不让AI抽象成法言法语的原因。毕竟AI不可能具有咱们这样的法律背景,所以未必能精准地命中你没有喂给它的东西。

花　椒 懂了!

鱼老师 我最后再教你们一个技巧,AI协助整理资料的升级版。你们看这段:

> In an answer to a question by India regarding the effectiveness of TEDs in protecting sea turtles in Indian waters, the United States indicated that it had tested the effectiveness of TEDs in all types of fishing environments and conditions. While there could be some differences in bottom conditions, such as variances in the nature and amount of natural debris, and weather conditions may vary, shrimp trawling was essentially the same throughout the world.

这是同一份 WTO 判例的第 3.61 段。你们只看第一行,能猜出这段大概要说啥吗?

芋　头　能啊,是美国反驳印度的主张。

鱼老师　好,那么,我还可以命令 AI。

参照上面对于印度的主张的分析,把下面美国的主张归类。美国的这个主张,是针对印度的哪一项主张进行的反驳?

芋　头　这也行?

鱼老师　行啊!然后,AI 是这么对我说的:

美国的主张是对印度关于 TEDs(海龟排除装置)在印度水域保护海龟的有效性质疑的回应。美国指出,TEDs 的有效性已在所有类型的捕鱼环境和条件下进行了测试。尽管海底条件可能存在差异,例如自然碎片的性质和数量的变化,以及天气条件的变化,但虾拖网捕捞在全世界本质上是相同的。

美国的这一主张是针对印度的以下主张的反驳:

印度的主张:

印度主张其海龟种群稳定,无须美国提出的 TEDs 要求,并指出美国没有提供证据表明虾拖网是印度海龟死亡的最大来源。

美国的反驳:

美国反驳称，TEDs 的有效性已经过广泛测试，并且虾拖网捕捞的方式在全球范围内是一致的，这意味着在印度水域使用 TEDs 是有益的，从而支持了 TEDs 的普遍适用性和必要性。

芋 头 所以，我可以在整理资料的时候，把"美国的反驳"直接放在"印度的主张"的相应位置了。这挺方便的！

鱼老师 提醒一句，你得注意标好引证！即，把上面那段"美国的反驳内容"插进"印度的主张"中时，请一定标注好"这个内容是来自第 3.61 段"。否则，后续在论文写作时如果需要引用这个内容，增补脚注就会特别麻烦！我在论文答辩现场，就曾经遇见过这样的对话：

> 老师问：这段话是一段历史资料，所以肯定不是你自己发明的。那么，你是从哪儿引用的啊？
>
> 学生答：老师，我肯定是引用的，但我也忘了是在哪儿引用的啦。

咱们一定要避免这种悲剧发生。

芋 头 好！

鱼老师 其实，还有个更省事儿的方法。你完全可以把上述第 3.51 段和 3.61 段同时喂给 AI 并要求 AI 做文献整理。也就是让 AI 再重复一下刚才咱们做过的流程。

芋 头 哈！好的！

第四幕　案例阅读，AI 智能但有限

鱼老师　鉴于咱们都是法学生,我来给大家讲一个法学生专用技巧:AI 辅助案例阅读。英文案例,大家读过没?

花　椒　读过啊,经常读!但说实在的,读得挺闹心的。

鱼老师　为啥?

花　椒　案子长、法律术语多,而且法官特别啰唆!尤其是在英文案例中,这些法官也太能引经据典了吧!我读过的判例往往是这么个结构:

> 这个问题有着悠久的历史。早在 1600 年,某法官就说过……
>
> 起初,这个问题是这么判的……
>
> 然后,这个问题发生过转折……
>
> 这个问题到了现代又有了新动向……
>
> 在本案中,本法官认为,前面的说法都不对!

老师,您说说啊,假设我把论文写成这样,我导师不得骂我?但在英美法中,这种判例是标准判例!

鱼老师 所以,你有没有想过什么方法,让案例阅读更容易点儿?咱们先不管 AI 的事儿,先只考虑传统的阅读方式。

花 椒 想过啊!第一个方法:做 case brief,即案例摘要。毕竟去过英美留学的学生在课堂上都学会了做这个。第二个方法:一边读案例,一边把关键词和重点句子画出来,并在旁边写上批注。否则,我肯定会很快就忘掉案子里讲了啥!

鱼老师 所以,咱们用 AI 辅助科研,是不是也应该做点儿类似的事?

花 椒 好,那么我们先用 AI 生成一个案例摘要?

鱼老师 好的。咱们试试。首先,我们选一个案例。芋头,你有啥建议吗?

芋 头 老师,Rylands v. Fletcher 这个案子咋样?这个案子是我学侵权法时读过的第一个英文案例,很具有典型性,且容易进行比较法研究。

鱼老师 好。案例全文你俩自己搜一下就成了,咱们这里就不复制过来了。案例摘要通常啥结构?

花 椒 Facts(事实)、Issue(争议法律焦点)、Holding(法院判决)、Rationale(判决理由)。

鱼老师 那么,写"事实"部分需要注意什么?

花 椒 只写和后文判决理由有关的部分。比如,假如此案是一个食品安全案件,那么,"原告是黑人"就不需要被写进去,毕竟不论原告是什么肤色,食物中毒都会发生;但如果此案是一个就业歧视案件,就需要强调"原告是黑人",因为后文会提到,他被白人老板区别对待。

鱼老师 所以,你在给 AI 下指令的时候应当注意什么?

花 椒 告诉它,"只写重要事实或者关键事实"?

芋 头 老师,我觉得不行。AI 对于判断性指令的适应性很差。你说"重要",它可未必知道什么重要。咱们要告诉 AI,什么是"重要事实"。

鱼老师 这样吧,咱们试验一次,先告诉 AI"写案例摘要的事实部分,只写关键事实"。看看它写出来啥?

花 椒 好的。AI 的反馈是这样:

案件名称:Rylands v. Fletcher [1868] UKHL 1 (17 July 1868)

事实摘要：

1. 当事人：原告 Rylands 是一块土地及其矿井的占有者。被告 Fletcher 是邻近磨坊的拥有者。

2. 水库建设：被告计划在其土地上建造一个水库，用于储存用于磨坊的水。该土地与原告的土地相邻，尽管实际上两者之间有一些土地。

3. 矿井通道：在被告的土地下，存在一些旧的废弃矿井通道和工程，包括五个被土壤和垃圾填满的垂直井。这些井的存在是未知的。

4. 与原告矿井的接触：原告的采矿活动已经逐渐接触到被告土地下的旧矿井工程。

5. 水库建设：水库由一名工程师和承包商建造，被告并未亲自参与。工程师和承包商没有对填满的垂直井采取合理的注意。

6. 水的泄漏：当水库被水填满时，水的重量导致填满的垂直井破裂，水流入水平通道，然后流入原告的矿井，造成重大损害。

鱼老师　咱们先不区分这些事实重要与否。芋头，你再尝试给 AI 下个指令。

芋　头　好！

帮我撰写 case brief 的 Facts 部分，用中文撰写。在叙述时要突出关键性事实,即对于裁判结果有直接影响的事实。与裁判结果无关的事实可以略写或者不写。并告诉我,哪些事实是非关键性事实。

然后,AI 生成的内容是这样的:

案件名称:Rylands v. Fletcher [1868] UKHL 1 (17 July 1868)

关键事实摘要:

1. 原告身份:Rylands 是矿井的占有者。

2. 被告身份:Fletcher 是邻近磨坊的拥有者。

3. 被告行为:被告计划在邻近原告矿井的土地上建造一个水库,用于储存和使用磨坊所需的水。

4. 土地情况:被告土地下存在旧的废弃矿井通道和工程,包括五个被土壤和垃圾填充的垂直井。

5. 损害发生:水库建成后,由于水的重量导致废弃的垂直井破裂,水流入原告的矿井,造成严重损害。

6. 法院判决:财政法院上诉庭最终判决原告胜诉,被告应对损害负责。

非关键性事实:

1. 建设过程:被告通过工程师和承包商建造水库,而没有亲自参与。

2. 工程师和承包商的注意义务：工程师和承包商在建造水库时没有采取合理的注意。

3. 原告的采矿活动：原告在采矿过程中已经接触到被告土地下的旧矿井工程。

这些非关键性事实虽然在案件中被提及，但对裁判结果没有决定性影响，因此在撰写 case brief 时可以略写或不写。

关键性事实说明：

- 原告身份和被告身份是关键性事实，因为它们确立了案件的当事人。

- 被告行为是关键性事实，因为它直接导致了损害的发生。

- 土地情况是关键性事实，因为它是损害发生的物理条件。

- 损害发生是关键性事实，因为它是案件争议的核心。

- 法院判决是关键性事实，因为它是案件的最终结果。

非关键性事实通常与案件的主要争议无关，或者不影响法官的判决。在本案中，工程师和承包商的具体行为细节、原告的采矿活动细节等，都不直接影响案件的法律原则和判决结果。

花　椒　Wow！AI 真聪明，能告诉我什么是关键事实，什么是非关键事实！而且说得还很对！所以，让 AI 做案例摘要，在"Facts"部分的注意事项，是要求 AI 只概括关键事实，且关键事实是"对裁判结果有直接影响的事实"。与裁判结果无关的事实可以略写或者不写。

鱼老师　好！那么，案例摘要的第二部分是什么？

花　椒　Issue，即本案中出现了什么法律问题。或者说，从事实中能抽象出什么法律问题。

我试试，AI 能不能自主寻找出法律问题。

> 请概括此案的 Issue，即本案中出现了什么法律问题。请注意，这是纯法律问题，不要提到任何案件事实。

老师，AI 的回答还可以！

> 本案的法律问题（Issue）是：
>
> 非自然使用的责任问题：土地所有者或占有者是否应对其土地上的非自然使用（如引入或积累可能造成损害的物质）承担严格责任。

鱼老师　的确还成。我曾经用这个案例给学生们上课，某次学生们概括出的法律问题是：在土地上修建水库，要不要对水库中的水泄漏带来的损害承担责任。

你们觉得这个 Issue 概括得如何？

芋　头　哈,对是对,但不够全面。咱们上面概括的案例的确是"水库漏水",但此案的法律问题可不一定关于"水"啊。我读过此案的判决,其中关键句是这样的:

> the person who, for his own purposes, brings on his land and collects and keeps there anything likely to do mischief if it escapes, must keep it in at his peril; and if he does not do so, is primâ facieanswerable for all the damage which is the natural consequence of its escape.

此外,法官还举了一系列例子,比如,牛跑掉了,蒸汽泄漏……所以,仅仅拿"水库"说事儿是不完全的。

因此,我觉得花椒师姐的指令是非常正确的!

鱼老师　很好!所以,你们觉得,给 AI 的指令有点儿像啥?

花　椒　像给学生上课讲的内容啊。我读研的时候,案例阅读课就是老师您给我们上的,所以我教给 AI 的注意事项,也就是您当年教给我们的!

鱼老师　对!学生是需要教的,AI 也是需要教的!

咱们继续哈,Issue 后面是什么?

芋　头　Holding。这个倒是不难,通常就是回答一下上面 Issue 中提出的问题。

鱼老师　那么最后一部分是?

芋　头　Rationale，即判决理由。我再让 AI 帮我写一个！Rationale 部分倒没啥需要强调的，我至多要求 AI"概括"而非逐句翻译。

AI 输出的是这样的：

1. 非自然使用原则：当土地所有者或占有者将其土地用于非自然用途，并且涉及积累可能造成损害的危险物质时，承担起防止对他人造成伤害的注意义务。

2. 严格责任原则：当土地的非自然使用导致损害时，严格责任原则适用。无论土地所有者是否疏忽，均需对损害承担责任。

3. 风险承担原则：土地所有者或占有者将本不存在于自然状态中的物质引入或积累在其土地上，如果这些物质逃逸可能造成伤害，他们需承担与此相关的风险。

4. 邻近性和可预见性原则：土地所有者或占有者在进行活动时必须考虑其土地与邻近土地的邻近性以及其活动对邻近土地可能产生的后果。

5. 控制有害物的义务：土地所有者或占有者有义务控制其土地上的有害物质，以防止这些物质对邻近财产造成损害。

6. 无须证明过错：原告无须证明被告有过错；只须证明损害是由被告土地上的逃逸物质造成的。

7. 责任抗辩：被告唯一的抗辩理由是证明逃逸是由不可抗力造成的，或原告自己的行为对损害有贡献。

老师，我咋觉得这个概括不是特别好呢？

鱼老师 问题是啥？

芋　头 啰唆！有些内容完全可以合并。比如，1 和 3 完全可以合并。1 提到了"非自然使用原则"——"当土地所有者或占有者将其土地用于非自然用途"，但没解释什么是"非自然用途"。我觉得，可以把 3 当中的"土地所有者或占有者将本不存在于自然状态中的物质引入或积累在其土地上"写进 1，将二者合并成一条。此外，2 和 6 说的也是一回事儿。2 提到了"严格责任原则"，6 提到的是"无须证明过错"。但"严格责任原则"原本也无须证明过错啊！

鱼老师 这没办法，AI 的法学素养很可能不足以识别"严格责任原则"就等于"无须证明过错"。所以，AI 概括出来的东西往往没法直接用，还需要人工校对一下。但你可以命令 AI 对其结果进行修正。比如，你可以试试命令 AI 把 1 和 3 合并，用 3 去解释什么是 1 中的"非自然使用"，2 和 6 也可以合并。

芋　头 我试试！

哈，可以！AI 是这么回答我的：

1. 非自然使用与风险承担原则：当土地所有者或占有者将其土地用于非自然用途，例如积累通常不会在该土地上出现的物质时，他们必须承担这些物质逃逸可能造成的伤害风险。这一原则规定了土地所有者有义务控制这些物质，并对其造成的任何损害承担严格责任，无论是否存在过错。

2. 严格责任与控制义务原则：法院对土地非自然使用者确立了严格责任。这意味着一旦原告证明损害是由被告土地上的逃逸物质造成的，被告即应承担责任，无须证明其有过失或故意。土地所有者有义务确保其控制的任何潜在有害物质不致对邻近财产造成损害。

3. 邻近性和可预见性原则：责任原则进一步基于土地所有者必须考虑其活动与他人接近程度以及可能产生的损害的可预见性。如果损害是土地所有者活动可合理预见的后果，他们可能会被追究责任。

4. 责任抗辩的限制原则：在此类案件中，被告可适用的抗辩理由非常有限，通常仅限于不可抗力或原告的共同过失。这一原则强调了被告避免责任的高"门槛"。

我觉得基本可以用啦。所以，老师，AI 还是需要我们去指点的，对吧？

鱼老师 当然！

第五幕 用 AI 做比较研究

鱼老师 咱们讨论一下"AI 读案例"的后续。刚才,我们分析了一个比较古老的英国案例。你们想不想研究下,这个案例的判决和中国法目前的规定有什么异同?

芋头 比较法研究倒是有必要,毕竟相当一部分论文中都会有这个部分。

花椒 是啊,其实,我觉得老师您也不一定非得教我们"比较法研究","比较研究"也行。据我所知,相当多的学科都会存在比较研究,比如"比较文学""比较经济学"。

鱼老师 你太高看我了,那些学科的比较研究我可不会。这里只讨论咱们都比较熟的比较法研究,如果你们有做比较文学等方向的同学,不妨问问他们,咱们讲过的方法在他们那儿适不适用。

花椒 好的!

鱼老师 那么,咱们先探讨一个问题:为什么要做比较法研究?我相信,绝大多数同学在硕士学位论文中都会写到,自己的研究使用的是"比较法研究的方法",但我从前还真询问了几个同学,为什么要进行比较法研究。

芋头 老师,我猜,他们的回答肯定是,因为我国需要向国外学习先进经验。

鱼老师　差不多。但这个回答通常会有一个致命的缺陷。你们猜是什么？

花　椒　老师，我知道！这个缺陷是：我国为什么要向国外学习。或者说，我国为什么要学习"这个国家"的经验，而不是"那个国家"的经验。

鱼老师　对。比较法研究当然是必要的，我也绝对没有禁止学生们在论文中做比较法研究的意思。但是，相当一部分"比较法研究"是"伪比较法研究"，比如，这样的：

> 我国出现了一个问题。
> 英国是这样规定的。
> 美国是那样规定的。
> 新加坡是这样规定的……
> 所以，我们要学习美国。
> 结论：我国应该移植美国的某某制度。

这可不是比较法研究，这是投机取巧或者说是"水"字数。毕竟，上面这种写法既没有论述为啥"美国的制度最优秀"，也没有论述"我国可以无缝移植美国的制度且不会引起排异"。随手拎过来一个类似制度就说"我国可以学习"，这无异于从海南省挖下来一棵树然后种在黑龙江的江边。这棵树可能会活下来,但大概率会死掉。

花　椒　那么,老师,我究竟应该怎么理解比较法研究的功能呢?

鱼老师　对于这个问题,学界一直是有"功能论"和"诠释论"之争。我个人比较倾向于"功能论",即比较法研究的目标是解决问题。各国的法律传统不一致,现行法律体系也不一致,但可能出现类似的社会问题。因此,各国可能在其特有的法律背景下寻求对于这个问题的解决方法。从这一角度来讲,表象不同,但功能类似的制度完全可能有借鉴价值。所以,比较法研究的一个重要方法,就是首先探寻我国需要一个"能够实现何种功能"的制度,然后去研究他国立法从哪些路径去实现类似的功能,最后探讨,哪一条路径最符合我国的实际,从而存在借鉴的价值。

芋　头　老师,那么啥是"诠释论"?您为啥不喜欢这个?

鱼老师　"诠释论"正好和"功能论"相反。"功能论"强调"解决问题",旨在寻求不同文化背景下法律制度的共性;而"诠释论"则强调"法律制度不能脱离其背后的文化背景存在",更注重探寻某一制度形成的历史文化原因。

我举一个例子,在"功能论"项下,对于"效率违约"的研究更可能注重于"我国是否应当效仿美国,接受以损害赔偿替代实际履行";而在"诠释论"项下,对同一现象的研究,更可能注重"为什么大陆法系国家相当抵触效率违约?"

至于我为什么不喜欢"诠释论",其实真不是由于后者有啥缺陷。只不过,我本人做的法学研究更加倾向于实证研究,几乎所有研究均基于实际问题而生。我更喜欢研究如何解决一个法律问题而非"它背后的社会根源"。所以,这只能说受个人研究偏好所限。

芋　头　老师,那么,我们用 AI 辅助比较法研究,既可以探讨"能否把外国法移植到我国,以实现某种制度功能",也可以探讨"外国法背后的社会根源和我国的异同"。

鱼老师　对。我们先来用"功能论"的视角练习一下。

第一步,我们先来比较,古老的 Rylands v. Fletcher 案中的理念和我国侵权法当中的理念有何异同。

芋　头　好。我来问问 AI。

啊!

AI 怎么给我输出了这个!

  1. 责任基础:Rylands v. Fletcher 案中的严格责任不以过错为前提,而《民法典》中的侵权责任通常以过错为基础。

  2. 适用范围:Rylands v. Fletcher 原则主要适用于土地使用中的非自然使用情况,而《民法典》中的侵权责任适用范围更广,包括各种民事权益的侵害。

  3. 免责条件:《民法典》中规定了一些免责条件,如不可抗力,而 Rylands v. Fletcher 原则中并没有类似的免责条件。

  4. 损害的自然后果:Rylands v. Fletcher 原则强调了对损害的自然后果承担责任,而《民法典》则更侧重于过错和因果关系。

花 椒　哈哈,师弟,你是不是真的让 AI 去替你比较"Rylands v. Fletcher 案和我国《民法典》规定的异同"了?

芋 头　是的。

花 椒　我估计你是没做过比较法研究。这么笼统的对比肯定会有问题。更正确的提问方式是:Rylands v. Fletcher 案的判决和我国无过错责任规则之间的区别。你必须给 AI 划定一个"比较的范围"以免它跑偏。

芋　头　好，但我不明白哎，为啥要把这个案子和我国的无过错责任规则相比较？这个思路是哪来的？就是因为 Rylands v. Fletcher 案中没规定"行为人就其存在过错的行为承担责任"，是吗？

花　椒　可以这么说。咱们做比较法研究，得把类似的制度进行比较。且这个"类似的制度"必须是你告诉 AI 的，不能是 AI 给你找的。在我看来，我国和 Rylands v. Fletcher 案的判决最类似的制度，就是"无过错责任规则"了。

鱼老师　花椒同学说得没错。这是比较法研究的路径之一——寻找架构最为相近的制度去研究。当然，你也可以不从制度的角度分析，从"现象"的角度分析，即我国如何处理具有高度侵权可能的物品致损的责任问题。毕竟，从这个案子中的"逃逸即会致人损害"的表述来看，咱们最容易联想到的应该是我国《民法典》中的"建筑物倒塌致损"。

当然，从"法律上的类似规定"出发，这种进路的问题也恰恰在于，有的同学或许经验不足，他很难凭借自己的法律基础，自行寻找到或者找全最相近的类似规定。如果是这样的话，我还有个建议：让 AI 替你用中国法处理一下 Rylands v. Fletcher 案，这样或许会给你一些思路。

芋　头　好的。我问了 AI：

如果在中国法的语境下，Rylands v. Fletcher 案会得到怎样的解决?

AI 回答我:

如果 Rylands v. Fletcher 案发生在中国,根据中国《民法典》的规定,处理方式可能会有所不同。中国《民法典》对于侵权行为的规定更侧重于过错责任原则,即一个人只有在有过错的情况下才承担责任。然而,中国《民法典》也规定了一些特殊情形下的无过错责任,例如,高度危险作业致人损害时,作业人应当承担侵权责任,而不考虑其是否有过错。

在 Rylands v. Fletcher 案中,如果按照中国《民法典》的规定,可能会考虑以下几个因素:

是否存在非法行为,即被告是否有权在其土地上进行水库建设,并且是否违反了相关的法律规定。

损害结果,即水库的建设是否确实导致了原告煤矿的损害。

因果关系,即水库的建设与煤矿损害之间是否存在直接的因果关系。

被告的过错,虽然中国《民法典》在某些情况下承认无过错责任,但如果能够证明被告有过错,可能会影响责任的认定和赔偿的数额。

好像……不太行。

鱼老师 可以理解。让 AI 处理一个法律问题,对 AI 来说可能太难了。咱们要不要先问一点儿基础问题,给 AI 一点儿提示?

芋 头 好。那么我这么问:

请首先告诉我,中国《民法典》哪一条或几条会适用于此案?

以下是 AI 的回答:

在中国《民法典》中,对于 Rylands v. Fletcher 案这类情况,可能会涉及以下几个条款:

第 1236 条:从事高度危险作业造成他人损害的,应当承担侵权责任。

第 1239 条:占有或者使用易燃、易爆、剧毒、高放射性、强腐蚀性、高致病性等高度危险物造成他人损害的,占有人或者使用人应当承担侵权责任;但是,能够证明损害是因受害人故意或者不可抗力造成的,不承担责任。

第 1252 条:建筑物、构筑物或者其他设施倒塌、塌陷造成他人损害的,由建设单位与施工单位承担连带责任,但是建设单位与施工单位能够证明不存在质量缺陷的除外。

第 1253 条:建筑物、构筑物或者其他设施及其搁置物、悬挂物发生脱落、坠落造成他人损害,所有人、管理人或者使用人不能证明自己没有过错的,应当承担侵权责任。

在中国《民法典》中,严格责任(无过错责任)原则主要适用于法律规定的特定情形,如高度危险作业、产品责任、环境污染、饲养动物致害等。如果 Rylands v. Fletcher 案中的行为被认定为高度危险作业或者与上述条款中的某一项相符,那么被告就可能需要承担严格责任。这意味着,即使被告没有过错,只要其行为或管理的物品造成了损害,就应当承担侵权责任,除非有法律规定的免责事由。在本案中,如果水库的建设和管理被认定为高度危险作业,或者水库的溃坝造成了损害,且被告不能证明损害是由受害人故意或不可抗力造成的,那么被告就可能需要承担侵权责任。

哈,好的!我有点儿理解了。

所以,二者之间的区别在于,Rylands v. Fletcher 案是"只要被告带到土地上的物品逸出造成他人损害",被告就应当承担责任;而我国《民法典》中,此种无过错责任只能适用于特定情形,或者说是"法定情形"。这是法律设计上的功能差异。

鱼老师 对。AI 在比较法研究上可以很智能,但仍需要你一步一步去引导。

花　椒　老师,我也试了一次！我是这么提问的:

请问 Rylands v. Fletcher 案的判决和我国《民法典》的规定是否完全一致?

然后,AI 首先给我列举了我国《民法典》对于无过错责任的规定,然后,它告诉我:

在 Rylands v. Fletcher 案中,英国法院确立了"非自然使用"原则;而在我国《民法典》下,是以过错责任为主、无过错责任范围为例外的。

我接着问 AI:

案件中的情形是否属于我国《民法典》中规定的无过错责任适用的情形?

AI 告诉我:

在 Rylands v. Fletcher 案中,被告在其土地上建造水库并积累大量水,导致水流入原告的煤矿并造成损害。这种行为可能被视为对土地的非自然使用,根据中国《民法典》的相关规定,这种行为可能被认定为污染环境或破坏生态行为,从而适用无过错责任原则。

但,我觉得不对劲儿啊！"跑水了"这事儿咋地也算不得污染环境破坏生态。所以我又问:

建造水库属于污染环境、破坏生态的行为吗?

AI 回复我:

在 Rylands v. Fletcher 案中,被告建造水库的行为本身并不是污染环境或破坏生态,而是由于水库泄漏导致原告的煤矿被淹,从而造成了原告的财产损失。在这种情况下,责任的确定更多的是基于对他人财产的损害,而不是基于环境污染或生态破坏。

所以,我懂了。Rylands v. Fletcher 案中的制度功能和我国《民法典》当中的严格责任并不完全相同。彼时的英国是概括性地让"往自己的土地上带危险物品"的人承担责任,至少推定他"带这种东西过来"本身就有错;而我国则是对严格责任制度进行了限制,仅要求在几种法定情形下方才会出现严格责任。二者在制度功能上显然有区别。Rylands v. Fletcher 案的功能是"不鼓励土地所有者或占有者没事带点危险品过来",但我国《民法典》的制度功能则是,仅对特定情形下的物主责任进行扩张,因而鼓励对土地的开发利用。

鱼老师 你的分析过程相当清楚,且这个结论的形成是水到渠成、不显牵强的。所以,我们看到,AI 的确辅助你完成了比较法分析。咱们要不要概括下,AI 究竟如何辅助比较法研究?

花　椒 我认为,AI 的功能首先在于,迅速搜集资料,防止我的思维因搜集资料而"断流",以及 AI 虽然不能直接给我答案,但至少能够在和我的对话中启发我的思路。哪怕它的答案是错的,也会反向启发我寻找谬误之处。

芋　头　老师,那么"诠释论"呢？AI 能给我答案吗？

鱼老师　你试试。

芋　头　好,我问了哈:

请帮我分析,为什么 Rylands v. Fletcher 案的判决和中国法的规定存在差异？

然后,AI 是这么回答我的:

法律体系和文化背景的差异:

中国《民法典》是基于大陆法系的传统,强调法律的系统性和逻辑性,以及法律规范的明确性和可预测性。它反映了中国特定的社会经济条件和法律文化,更侧重于过错责任原则,即第 1165 条所述的过错责任原则。

Rylands v. Fletcher 案则是英美法系中的一个重要判例,英美法系更侧重于判例法,法官在判决时会考虑个案的具体情况和公平正义,因此发展出了严格责任原则,即被告在没有过失的情况下仍然可能承担责任。

我咋觉得它开始胡说了。难道中国法就不注重公平正义？或者说,难道中国法中就没有严格责任？

鱼老师　哈,AI 也不是胡说,而是它很可能搜索不到特别贴切的答案,所以只能编造一个。事实上,咱们正在分析的 Rylands v. Fletcher 案为什么开启了普通法上严格责任的先河，这个问题我曾经听一位老师讲过。你们看，Rylands v. Fletcher 案是哪一年判决的？

花　椒　　1868 年。

鱼老师　　当时英国在干什么？

花　椒　　工业革命完成了没？

鱼老师　　还没。所以，结合时代背景，你如何理解法官在 Rylands v. Fletcher 案中这么小心？

花　椒　　懂啦！因为工业发展带来了新技术，人们不可避免地对新技术的安全性产生怀疑。而法官也必然要求使用新技术的人对自己的技术成果多加小心，尤其对使用者都不知道是否安全的东西多加小心。所以，"不知者无罪"这样一种过错责任原则当然不能适用！否则，就会有大量的"愣头青"冒冒失失地使用新技术，然后在法庭上一脸无辜地表示："我不知道会这样啊！"

芋　头　　不只如此！我还认为，法律设定严格责任，目的是让行为人对自己的行为负责，不干没把握的事儿，但这个判决也可能会反向刺激工业发展。毕竟，如果法律不要求行为人承担责任，愤怒的老百姓可能会"自助维权"，即趁着半夜捣毁机械设备，用自己的力量阻碍他们不信任的产业建在他们的土地旁边。

鱼老师　　好。你俩的推论都可能成立。你们刚刚的思维，就是比较法研究中的"诠释论"进路。在这个进程中，AI 能够帮助我们的显然十分有限。毕竟，AI 很难把案件的发生和时代背景相联系。

花　椒　除非我提醒它，但如果我提醒 AI，我就已经想出答案了啊。

鱼老师　对。因此 AI 只能做你的书童，比如，如果你不知道 1868 年英国工业发展的状况，可以问 AI，但 AI 绝对做不了你的导师。

花　椒　哪怕我效仿网上某些 Prompt 教程，对 AI 说："假设你是一名学问渊博的博士生导师……"

鱼老师　哪怕你对 AI 说："假设你是哆啦 A 梦"，AI 也不能带你去时间旅行啊！

第六幕　AI 能替我选择文献吗？

鱼老师　咱们接下来讨论学术文献的阅读问题。我顺便说一句，读文献之前还有一个前置程序：选文献，即如何挑选一篇适合你的文献去读。

花　椒　老师,我觉得应该挑选某领域内的经典文献去读。

鱼老师　好,那么啥是经典文献?

花　椒　名家写的?好像不大对,名家似乎也不是篇篇都能称作经典。

芋　头　我觉得应该是"引用率高"的。如果大家都引用同一篇文章,很可能意味着这篇文章重要。

鱼老师　你俩说得都对,不过都忽视了对文献内容的评价。我换个问法:你们觉得,一篇文献如果能称为"经典",那么它的内容需要满足什么标准?

花　椒　它提出了重要观点或者制度建构,具有开创性意义!或者说,此论文中提到的理论或者问题分析框架是别人从来没提到过的。

鱼老师　对。当然,同时这种文献的引用率可能是相当高的。

芋　头　老师,可是,我们究竟要怎么判断一篇论文提出了重要观点或者进行了重要制度建构?

鱼老师　看作者、引用率,以及你往往会发现这种文章频繁出现在后续论文的脚注里。比如,如果你连续读了10篇论文,发现它们都不约而同地引用了某篇看上去就"很牛"的论文,那么,这篇"很牛"的论文就是经典之作。

芋　头　老师,这个方法也适用于著作,对吧?

鱼老师　对！著作很可能没法在知网查询引用率，但仍然可以在其他人的引证中发现证据。

所以，咱们回到 AI 辅助科研这个主题，我想问一下，你们觉得，AI 能不能帮你们找到经典文献？

花　椒　我觉得不太行。如果我问 AI，这个领域引证最多的文献是什么，它应该能给我挑出来，但问题是，我也不需要这个功能。毕竟，我只要在知网中敲进关键词，然后挑引用率高的文献去读就行啦。何必多此一举问 AI 呢？

芋　头　我也觉得不行。如果从"提出了重要观点或进行了重要制度建构"的标准分析，AI 应该没聪明到能判断一篇论文够不够重要。

鱼老师　的确。所以我从来不让 AI 推荐经典文献。当然，有一个例外：我对某个领域毫无了解，因而需要 AI 给我推荐下经典著作。

芋　头　老师，AI 的推荐靠谱不？

鱼老师　不太靠谱。如果你的提问靠谱，那么它的回答就靠谱；但如果你只能很笼统地提问，那么你完全想不到它能推荐啥给你。我举个例子：

> 我想要研究一下自由主义国际关系学派。请帮我推荐几个著名学者的经典著述。

然后，AI 是这么回复我的：

根据您的请求,以下是自由主义国际关系学派中一些著名学者及其经典著述的推荐:

罗伯特·基欧汉(Robert O.Keohane)和约瑟夫·奈(Joseph Nye):

《权力与相互依赖》("Power and Interdependence")

《跨国关系和世界政治》("Transnational Relations and World Politics")

奥兰·杨(Oran Young):

提出新古典自由主义,强调国际制度的重要性

斯蒂芬·克拉斯纳(Stephen Krasner):

研究自由主义概念的现实主义者,对国际机制有深入研究

托马斯·弗里曼(Thomas Friedman):

提出全球化体系论,强调全球化对国际关系的影响

亚当·斯密(Adam Smith):

《国富论》("The Wealth of Nations"),被认为是自由主义经济理论的奠基之作

伊曼努尔·康德(Immanuel Kant):

《永久和平论》("Perpetual Peace"),提出了一种国际性的自由体制以维持世界和平

你们觉得咋样?

花　椒　哈哈!老师,您打算按照这个书单去读吗?

鱼老师　不打算。这个书单既不系统也不细致,顺序也不对,还有一些事实性差错。根据我粗浅的国际关系知识,学习国际关系至少不应该从《国富论》开始读。

芋　头　还有,克拉斯纳也要放在自由主义者范畴吗?我怎么感觉怪怪的。

鱼老师　的确。这个清单其实不是很准确。

但,如果我这么提问:

我想研究一下哥本哈根学派的主要代表人物有哪些著作?

你们觉得呢?

花　椒　我觉得,AI 回答的准确率应该会高一点儿。毕竟,老师您都说出来"哥本哈根学派"这个关键词了!

鱼老师　对。AI 给我的答案是这样的:

哥本哈根学派(Copenhagen School)在安全研究领域有着重要的影响,以下是一些主要代表人物及其著作:

Barry Buzan:

"People, States and Fear"(1983 年第一版,1991 年第

二版):这本书被认为是欧洲学者研究安全问题的经典和不可或缺的参考点。

Ole Wæver:

"Identity, Migration and the New Security Agenda in Europe"(与 Barry Buzan, Morten Kelstrup, and Pierre Lemaitre 共同编辑,1993 年):探讨了欧洲的新安全议程,包括身份和迁移问题。

"Securitization and Desecuritization"(1995 年):在 Ronnie D. Lipschutz 编辑的"On Security"一书中,Wæver 详细阐述了安全化和非安全化的概念。

Ken Booth:

"Theory of World Security"(2007 年):在这本书中,Ken Booth 对后结构主义理论在国际关系中的应用进行了讨论。

Michael C. Williams:

"Words, Images, Enemies: Securitization and International Politics"(2003 年):探讨了话语和图像在国际政治中安全化的作用。

花　椒	老师,我核实了一下,上面这些人物都是真实存在的。
鱼老师	没错,至少我都听过。而且上面这些著述的名称也都是真实存在的。

芋　头　哈哈,我记得在哪儿看过,AI 可能会瞎编一些参考文献。

鱼老师　对。所以,"让 AI 推荐文献"这事儿还真就未必靠谱。咱们刚才说了几点不靠谱的理由?

芋　头　两点!第一点是"让 AI 推荐权威文献,AI 很可能不知道啥是权威文献,因为它没有理论基础";第二点是"AI 可能胡说"。

鱼老师　好。那么咱们接着往下讲。即便不是"权威文献",我也并不赞成依赖 AI 推荐文献。我认为,更好的科研方式是,自己在期刊数据库里翻东西。你们猜为啥?

花　椒　老师,我知道啊!写过论文的人都知道!因为,"找文献"的过程,本身也是一个学习的过程。我甚至没事就会在期刊数据库里转悠一下。原因有三个:其一,我需要定期跟踪一下学界最新动态。比如,在某个主题项下,有没有哪位学者写了新论文。

鱼老师　很好,紧跟科研动向才能不落伍。

花　椒　其二,有的时候,就一个主题进行检索时会碰到意外惊喜,即碰上几篇关系不大但内容很有意思的论文。这个时候,我会稍微看看那篇论文写的是什么,没准儿后续研究就能用得上呢。我管这种现象叫作"未雨绸缪式读文献"。

鱼老师　没错!我读书那会儿,有个师姐就曾经感叹过:有的时候,还真就是"谁知道哪块云彩会下雨"!咱们看论文,眼界宽一点儿总没有错的。

花　椒　其三,我看论文的时候,思路往往不是线性的。很可能是这样的:

有的时候,我读一篇论文,思路会稍微跳跃一下,所以会稍稍偏离正在阅读的主题,就某个刚刚生发出来的灵感做点儿检索。这个灵感很可能最终无疾而终,但也可能成为接下来一篇论文的脊梁。

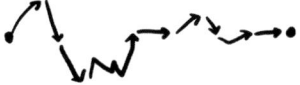

老师,您理解这种"绕来绕去"的思维方式吗?

鱼老师　理解啊!在读论文时触发灵感,这是多美妙的一件事啊!

芋　头　所以,师姐,你的意思是,上面这三方面都是"自己翻论文"的优点,AI 完全做不到的?

花　椒　对!让 AI 跟踪学界最新动态,我觉得挺不靠谱的。AI 倒是能帮我找到最新发表的论文,但它怎么知道这篇论文除了发表时间还会新在哪儿?同理,AI 也不可能帮我找到其他的"有意思的论文",它也不知道我对啥会突然产生兴趣。AI 更不可能在论文里给我找到灵感!它有这本事的话,咱们还学习什么"人工智能辅助论文写作"啊?直接让 AI 去给《法学研究》撰稿就好啦。

鱼老师 非常好!所以,AI 替我们筛选文献这事儿,它能做,但做不好;且 AI 绝对没法替我们吸收资料中的内容。所以,这事儿请大家尽量自己做!

第七幕　让 AI 读论文(一):从逻辑入手!

鱼老师 我们接下来讨论一个 AI 的常用领域——读论文。网上一些不负责任的 AI 教程,会直接教你"把论文上传到 AI 让它给你概括大意"。你俩说说,这么做靠谱不?

芋　头 老师,我不知道 AI 概括得好不好。我只知道,即便 AI 能够精准地概括出论文观点,这个观点本身对我而言也很可能没有直接的参考意义。我举个例子,假设某个问题在学理上存在"利益论"和"权利论"之争,那么此领域的一篇论文的核心观点很可能是"应当采用权利论"。这个观点对我而言至多能够提示我作者的思想,但未必能够让我知道作者为什么这么讲。

花　椒 你没必要让 AI"用一句话概括观点"啊,你让 AI 多说几句不行吗?

芋　头 行。但让"AI 用几句话概括论文的观点和理由",这怎么不像论文摘要呢。我为啥不直接去读论文摘要啊?

鱼老师 咱们试验一下就知道了。我们用一篇长一点的论文,即金自宁老师的《科技不确定性与风险预防原则的制度化》①做试验。然后,对 AI 讲:

> 请帮我概括一下,这篇论文的核心观点是什么?

然后,AI 生成的是这样的内容:

> 这篇论文的核心观点是探讨在科技不确定性背景下,如何通过制度化的风险预防原则来应对和解决法律制度中的挑战。主要内容包括:
>
> 风险预防原则的引入。作者认为,在科技不确定性的情况下,决策者往往面临"决策于不确定性之中"的难题。风险预防原则被提出用于处理这类问题,尽管它受到了一些批评,如制度含义不明确。
>
> 科技不确定性对法律制度的挑战。以北京地铁 4 号线和 16 号线建设对北京大学精密仪器影响的案例,展示了科技不确定性带来的风险如何对现有法律制度构成挑战。
>
> 风险预防原则的制度化方案。作者分析了制度化风险预防原则的不同方案,并指出这些方案往往忽略了"知识有限"的现实约束。

---

① 参见金自宁:《科技不确定性与风险预防原则的制度化》,载《中外法学》2022 年第 2 期,第 504 页—520 页。

正确的制度化方向。论文提出,风险预防原则的制度化应该基于原则的精神,在具体情境中共同决策、共担风险,并在未来通过持续学习和动态调整来应对不确定性。

案例分析。通过"地铁过北大"的案例,作者具体展示了科技不确定性所带来的风险对既有法律制度和传统公私法应对方案的挑战,并探讨了风险预防原则制度化的正确方向。

……

芋　头　老师,我看不懂啊!

鱼老师　的确,单纯让 AI "概括核心观点",很可能导致看不懂整篇文章。那么,怎么办?

芋　头　老师,我听说过一个 AI 技能,也是微信公众号中经常讲的技能,即对 AI 进行角色设定。比如,我能不能跟 AI 说,假设你是在和一个高中毕业生解释这篇论文,请尽量用简单的语言进行解释。

鱼老师　你试试,不过别抱太大希望。

芋　头　好。我把刚才的那句话复制过去。

啊! AI 给我看这个:

当然可以。想象一下,你正在玩一个游戏,游戏的规则还没有完全制定好,但你必须开始玩。在玩的过程中,你会遇到一些你以前从未见过的挑战,这些挑战可能会让你感到困惑,甚至可能会让你输掉游戏。这时候,你会怎么做?你可能会说:"等等,让我们先弄清楚怎么玩,再继续。"或者你会说:"我们边玩边改规则吧。"

这篇论文讨论的就是一个类似的情况,不过是在现实生活中。随着科技的发展,我们经常会遇到一些新问题,比如,新建的地铁线路可能会影响附近的精密仪器。但是,我们不知道这种影响到底有多大,因为我们以前没有遇到过这种情况,这就像是游戏中未知的挑战。

论文中提到的"风险预防原则"就像游戏中的一条规则,它告诉我们在不确定的情况下应该怎么做。这个原则说,当我们不确定自己的行动是否安全时,我们应该小心行事,尽量减少可能的风险。

作者通过分析北京地铁建设的例子,指出现有的法律和规则在处理这种新问题时还不够完善。就像游戏规则还没写好,我们就已经开始玩了。所以,作者建议我们需要更好地制度化这个"风险预防原则",让它更具体、更清晰。

具体来说,作者认为我们应该在做决策时考虑到不确定性,就像你在玩游戏时会考虑下一步怎么走。同时,我们也需要随着时间的推移,学习和调整我们的规则和决策,就像你玩游戏时会根据情况变化调整策略。

总之,这篇论文就是告诉我们,在面对科技带来的新挑战时,我们的法律和规则需要更加灵活,要能够适应不断变化的情况。我们需要在不确定中作出决策,并随着新信息的出现不断学习和调整。

老师,我倒是看懂这个解释了,但我感觉不对劲儿!金老师应该不会写一篇文章专门去论述"我们碰到科技带来的新挑战应该小心点儿,然后不断修订规则"。这过于简单了吧?我奶奶都知道,第一次种某种菜应该小心观察,然后视情况更改一下浇水频率。

鱼老师 所以,简单地让 AI 帮着概括和让 AI 进行"低幼化解释"都不大行。咱们可以换个思路。假设你俩读完这篇论文马上就要去见你们的导师,并在师门组会上讲这篇论文,你们打算怎么讲?

花 椒 哈,这个我会!我一般按照这个顺序:

首先,阐明这篇论文的写作是为了解决什么问题。毕竟写论文都要有问题意识,所以反过来讲,一篇好论文也必然是有问题意识的。理解对方思路,当然要从"论文解决什么问题"开始思考,这样才能正中要害。

鱼老师 很好!从"问题"出发。然后呢?

花 椒 然后,解决这个问题会遇到哪些挑战。如果这个问题很容易解决,那么作者就根本不需要写一篇论文来论证啦。我举个例子,"昆山龙哥案"引发了大量关于正当防卫的讨论,恰恰由于如何在实践中认定正当防卫是个疑难问题,特别麻烦。

鱼老师 没错。"问题—解决问题面临的挑战"。然后呢?

花 椒 或者是问题成因,或者是解决方案。毕竟,除去少数纯理论探讨,比如"如何理解哈贝马斯"这种不涉及实践的题目,绝大多数论文都要分析一下为什么"这个问题如此麻烦",并在此基础上提出作者认为靠谱的方案。其实,咱们写论文也都是这个"提出问题—分析问题—解决问题"的思路,对吧?或者,如果这个问题实在无法解决,最后一部分也应该是"面对问题"。

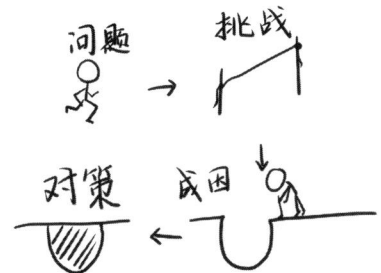

鱼老师 很好!绝大多数论文都是这个结构。所以,咱们读论文、讲论文,也要把论文装进这个框子。所以,我提示一下,咱们在"读论文"中应该怎么使用 AI。

芋 头 懂了!我应该让 AI 从这几方面去分析论文!老师,我试试哈:

请你按照这个顺序帮我分析这篇论文:(1)这篇论文提出了一个什么问题?如果有案例,请简要介绍案例中怎么体现了这个问题。(2)作者认为解决这个问题有什么难点?(3)作者认为应该怎么解决这个问题?

然后我看看 AI 是怎么回答的。哈!不错!

1. 问题提出

这篇论文提出的问题是如何在科技快速发展带来的不确定性中,通过法律手段预防和处理可能出现的风险。以北京地铁 4 号线和 16 号线的建设为例,论文展示了科技不确定性对现有法律制度的挑战。在案例中,地铁运行产生的振动可能对北京大学的精密仪器造成影响,但现有的环境影响评估技术无法准确预测这种影响,导致在决策时面临不确定性。

2. 解决难点

作者认为,解决这个问题的难点在于现有的法律制度和技术标准往往滞后于科技发展,导致在决策时缺乏足够的知识和信息。此外,风险预防原则虽然被提出用于处理不确定性问题,但其含义模糊,缺乏具体的操作性,使得在实际应用中难以落地。例如,在地铁案例中,如何评估和预防地铁振动对精密仪器的影响,以及如何在保护公共利益(如交通便捷)和保护科研设备之间做出平衡,都是难点。

3. 解决方案

作者认为,解决这个问题应该采取以下几个步骤:

– 共同决策与风险共担:在决策过程中,应该让所有利益相关方参与进来,共同作出决策,并共同承担可能出现的风险。

– 持续学习与动态调整:决策不应该是一次性的,而应该是一个持续的过程。随着新信息的出现,决策应该不断更新和调整。

– 制度化风险预防原则:将风险预防原则具体化和制度化,使其在法律中有更明确的适用程序和标准,以指导决策者在不确定性中作出更好的决策。

在地铁案例中,这可能意味着在规划和建设地铁时,需要与可能受影响的机构(如北京大学)进行充分的沟通和协商,共同评估风险,并在建设过程中根据实际情况调整设计方案。同时,随着对地铁振动影响的认识加深,相关的法律和技术标准也应该不断更新,以更好地应对类似情况。

老师,我完全看懂了!较之于第一份总结得"看不懂"、第二份总结得"太幼稚",这一份总结足以做到条理清晰、内容流畅。

鱼老师 好!所以,我们应该怎么命令 AI 去帮我们读论文?

芋　头　按照科研规律去读！不能让 AI 直接告诉我论文提出了什么观点，毕竟单独拎出来的"观点"基本上没人看得懂。论文写作是一个丝丝入扣、逻辑严密的过程，所以，我得按照写论文的逻辑去理解别人的论文，看看他们是怎么发现问题的、怎么剖析"这个问题真的是个问题"，以及在此基础上怎么去解决这个问题。我也让 AI 按照这个顺序帮我整理论文就好啦。

鱼老师　很好！那么，咱们刚才就解决了一个问题：怎么利用 AI 初读论文。当然，我的意思也不是说"读一下 AI 的总结就行啦"，而是，看了 AI 的总结，自己更加胸有成竹地去读一遍论文。你们有没有一种感觉：当你知道了一篇论文的大致脉络，读起来就会更容易。

花　椒　有啊！所以我读论文先读摘要，读书先读目录。

鱼老师　所以，AI 其实起到一个提纲挈领的作用，它的存在是便利，而非替代我们进一步理解论文。

咱们继续聊,"第一遍粗读论文"之后,咱们还要做什么?

花　椒　这要看我读论文的目的是什么了吧。我觉得,我读论文可能有几种情况。第一种情况是,我对这个领域完全不了解,读几篇论文自我科普一下。当然,我知道,在这种情况下,看教科书显然更快,但问题是,法学发展太快了啊。有的问题根本来不及写进教科书里!因此,在此种情况下,读几篇不是很难懂的论文显然更快。我有时候甚至会去读几篇硕士学位论文或者博士学位论文来自我科普。第二种情况是,我很了解这个领域了,只是例行读一读新发表的论文,了解下学科最新进展。在此种情况下,我观察的就只有"新东西"而非"基础知识"了。第三种情况是,我要写这个领域的论文,所以需要做文献综述,了解下他人是怎么看待这个问题的,以免写的论文跟他人"撞衫",同时从别人的论文当中寻找还没有论及的问题和我能写的角度。

鱼老师　好,那么咱们就分情况讨论下。

第八幕　让 AI 读论文(二): 从文献中拎点儿资料

鱼老师　咱们先来讨论第一种情况:用别人的论文给自己做科普。芋头,你先说说,在这种情况下,应该着重看论文的什么要素。

芋　头　资料！如果我对一个领域完全不了解，那么，我肯定缺乏鉴别学术观点之争的能力。所以，论文中对观点的论证可以稍稍推后去看。但一篇高水平的论文，肯定会包含一个非常全面而准确的文献整理，即这个问题最初是怎么提出的；在实践中有哪些典型案例，其中的争议焦点在哪；对已有学说或通说造成了什么挑战；这些东西都可以作为资料拎出来使用。

鱼老师　很好！所以，我们来讨论一下，怎么用 AI 辅助资料提取。

花　椒　老师，这倒没有技术含量，传统的资料提取方法，无外乎复制和粘贴。如果资料种类很多，再给它来个分类，比如，某某问题的概念、某某问题的沿革、某某问题的典型案例……

所以，我是不是可以命令 AI 按照这个顺序帮我提取资料？

鱼老师 可以,你试试。

花　椒 好!还是用金老师这篇论文做例子。我给 AI 的指令是这样的:

> 请帮我整理,在环境评估中会存在哪些科技不确定性因素。

我下这个指令是因为我完全是个外行,根本不知道环境评估怎么做。所以,整理资料时,我也得顺便学点儿背景知识,以免写论文时写出什么可怕的话。

啊,然后,AI 帮我整理出了这个!

> 环境评估中的科技不确定性是指在对一个项目(如建设、工业活动或政策实施)可能对环境造成的影响进行评估时,科学技术的限制或对某些环境影响的认识不足,导致无法准确预测或评估这些影响的现象。这种不确定性可能源于以下几个方面:
>
> 数据不足:缺乏足够的数据或信息来支持对环境影响的准确预测。
>
> 科学认识有限:对于某些环境过程或生态反应的科学理解尚不完全,无法确切知道特定活动如何影响环境。
>
> 技术限制:现有技术无法准确测量或预测某些环境变化,如新型污染物的长期影响。

>   复杂性和不可预测性：自然环境和生态系统通常非常复杂，许多相互作用和反馈循环难以完全理解或预测。
>
>   ……
>
>   老师，原文中提到这些了吗？我怎么感觉看完这篇论文跟没看一样。

鱼老师 没事，我也常有这种感觉。不过，在此种情况下，我们就不适合直接将 AI 读论文的结果复制到笔记中了。你知道为什么吗？

花　椒 因为有违学术道德，相当于"让 AI 替我写论文"？

鱼老师 那倒不至于，毕竟这是"做笔记"阶段，又不是写作阶段。我主要是怕 AI 胡说八道啊。AI 会"无中生有"，你们知道吧？

花　椒 知道！所以，我要去论文中再找一遍，看看论文原文中有没有这些内容。

鱼老师 没必要。你可以这么给 AI 下指令：

>   请帮我标出来，上面这些不确定性，是在论文第几页第几段中提到的。

你再试试。

花　椒 好！哇，这样可以。

在您提供的论文内容中,直接提到环境评估中的科技不确定性主要集中在以下几个部分。

(1)数据不足与科学认识有限

第 4 页第 2 段提到了环境振动是交通项目环评的内容之一,但相关科学研究起步较晚,技术标准不成熟,导致评估时难以避免知识有限导致的不确定性。

(2)技术限制

第 5 页第 2 段讨论了地铁 4 号线的减振技术,尽管采用了先进的减振技术,但实测发现振动仍然对北大的精密仪器设备造成了干扰,显示了技术限制。

……

鱼老师 所以,你就可以轻松地在相应的位置找到相应的要素了,对吧?或者说,你至少可以核实一下 AI 有没有胡说。

不过,顺便说一句,AI 标注的"第几页",其实是该文档的"第几页"而非文档下面标注的"第几页"。AI 标注的"第 2 段",在实践中很可能是"第 3 段",原因是 AI 极有可能无法识别出这一页最上面那两行也是"一段"。但不同的 AI 可能对此的标注方式不同,你们找到趁手且常用的 AI 后可以习惯它的标注方式。

芋　头　所以，老师，我可以继续在论文中寻找我感兴趣的因素，然后直接让 AI 帮我提取出来吗？

鱼老师　可以，你继续尝试一下。

芋　头　好！那么我给 AI 这么一个指令：

> 根据论文分析，在地铁振动致损案件中，哪些法律依据可以绕开《民法典》中对于"过错"的要求，即不需要证明当事人存在过错也可以要求其承担责任。

提出这个指令，是由于我想知道这个领域的"无过错责任"的法律渊源。

但，老师，AI 开始胡说了啊！

AI 告诉我：

> 如果振动是由地铁使用的产品引起的，根据《民法典》第 1203 条的规定，产品存在缺陷造成他人损害的，生产者应当承担侵权责任。

但我搜索了一下,论文中没提到这个法条!

我明明已经让 AI"根据论文分析"了,它还是胡说!不仅如此,即便论文提到这个法条,这也未必是"绕开对过错的要求"啊。毕竟这个法条明确提及了"产品缺陷"。没过错怎么可能有缺陷呢?

鱼老师 没办法,AI 其实没那么智能。你当然可以试试命令 AI:仅根据论文分析,不许增加任何新资料,不许根据网络资料分析。但即便是让 AI 仅就论文内容进行分析,其也可能只会机械地寻找论文中明确提到的某一字眼的论述。拿"无过错责任"举例,对于法学生而言,只要具有一点法律常识就能理解"某一项规定中没提到过错二字,所以是无过错责任""某一项规定中仅仅规定了行为人应当承担责任,所以就是无过错责任"。但 AI 没那么深厚的法学底蕴!如果只命令 AI 寻找"文中论及无过错责任"的语句,那么 AI 很可能无法在不进行提示的情况下就搞明白,"我是需要寻找'提到责任但完全没提到过错'的内容!"换句话讲,可以命令 AI"寻找某个内容",也可以命令 AI"告诉我什么是无过错责任",但 AI 无法同时完成"先分析某个内容是否属于无过错责任,然后再把符合这个要求的内容复制出来"。让它做多步推理实在是难为它啦。

芋 头 所以,老师,我们应该怎么做?

鱼老师 两种方法。一种方法是,顺着论文的逻辑来。AI 虽聪明,但它只能理解给定资料,不能在此基础上进行加工。所以,你可以按照论文的思路问 AI:

> 本案中的地铁振动问题为什么不属于环境特殊侵权?

这个是论文当中明确提到的问题。

另一种方法是,简单粗暴地直接让 AI 列出:作者在论及环境特殊侵权问题时,包括脚注在内分别提及哪些法条,以及用表格的形式列举法条名称和其中的内容。

你两种方法都试验下。

芋 头 好,我先尝试第一种。这个可以啊! AI 回答:

> 在论文中,作者探讨了地铁振动问题是否属于环境特殊侵权的问题,并分析了为什么在本案中地铁振动可

能不被视为环境特殊侵权。以下是概括的几个关键点：

(1) 现有法律规定

根据《民法典》第 1229 条的规定，环境污染侵权责任通常以"超标"为前提，即环境污染行为必须超过了国家规定的排放标准，并且导致了损害。

(2) 振动标准问题

在本案中，地铁振动并未超过《城市区域环境振动标准》(GB10070—88)中规定的限值，因此，从法律的角度来看，地铁振动并未构成"超标"排放。

……

可以！

花　椒　老师，我试试第二种。

也行。

法条名称	法条内容	备注
《环境保护法》(2014 年修订) 第 19 条	未提供具体内容	脚注①
《环境影响评价技术导则 城市轨道交通》(HJ453—2008，已废止) 第 4.3.2 条	城市轨道交通工程施工期和运营期的环境影响评价一般应考虑噪声、振动、电磁、废水、废气、固体废物，以及生态等方面的内容。	脚注②

(续表)

法条名称	法条内容	备注
《环境影响评价技术导则 城市轨道交通》(HJ453—2018)	未提供具体内容,取代了HJ453—2008,所引内容得以保留	脚注②
《城市区域环境振动标准》(GB10070—88)	未提供具体内容,但文中提到了"文教区"振动限值	正文第8页
《民法典》第1229条	因污染环境、破坏生态造成他人损害的,侵权人应当承担侵权责任	正文第8页
《环境噪声污染防治法》(2018年修正,已失效)第2条	未提供具体内容,但文中提到区分了环境噪声与噪声污染	正文第8页
《放射性污染防治法》第62条	未提供具体内容,但文中提到以"超标"为前提	正文第8页

鱼老师 所以,我们来总结一下,如何命令 AI 从论文中提取资料。

花　椒 我来概括！AI 的思维方式很简单,很难做多线程法律推理。所以,我们给它的指令不能包含"两步推理",例如,不能问它"无过错责任"的概念,然后让它自己判断哪个法条符合此种情况;或者是让 AI 直接整理论文逻辑,这对它而言就是个单纯的阅读理解题;或者是让 AI 直接提取资料本身但不做任何法律上的判断,这其实也是个阅读理解题。

鱼老师 可以！你们觉不觉得,AI 其实有点儿像咱们身边某些不大聪明的小朋友？期末考试的时候，这些小朋友如果恰好碰到课上讲过的内容，考卷就会答得不错，一旦需要进行两步以上的推理，就很可能转不过弯儿。给你们讲个笑话，某老师表示，他上课时讲过，如果货物在运输途中的损害产生于货物自身特征或者固有缺陷，则船方不承担责任。然后，期末考试就出了一道题目，"茶叶与大蒜混装导致串味"的法律责任。结果，就有小朋友在卷子上回答：由于茶叶自身具有吸味的特征，所以串味是由货物自身特征引发的，船方不承担责任！那位老师对着试卷长叹：你就不能多想一步，茶叶是不是在任何场合下都会吸味？你平时喝的茶难道都是大蒜味的吗？

芋　头　哈，这就是不会变通思考的例子！

鱼老师　有意思的是，我把这个笑话喂给 AI，问 AI 船方要不要承担茶叶串味的责任，哪怕是 AI，它也知道得看到底是谁把茶叶和大蒜放一块儿的啊。如果是货主要求放一块儿的，那么船方免责；如果是船方明知"这里有茶叶"还把大蒜装在旁边，那么船方应该承担责任。

芋　头　所以，AI 还是能进行一定程度的法律推理的？

鱼老师　能。但你别指望它一定能 get 到你想说的内容。因此，在使用 AI 之前请一定记得给 AI 做减法，别让它在整理资料的同时再做法律推理。它的逻辑会乱！

第九幕　让 AI 读论文（三）：
AI 能否发现学术新动态？

鱼老师　咱们继续来讨论读论文的第二种情况：读论文的目的是从论文中整理学术最新动态。在这种情况下，你觉得可以用 AI 辅助科研吗？

芋　头　能吗？我看到有的帖子教我们这么命令 AI：

> 请整理此论文在学术上的最新进展和不足。

花　椒　别提了！那个指令根本不靠谱！我试过一次，AI 也答应了，但从结果上讲，AI 概括得一点儿都不准。它无非把论文结论又重复了一次，把论文所有的结论都当作最新进展。

鱼老师　的确，我也从来不用 AI 去实现"总结学术新动态"这个功能。毕竟，这个功能的实现太过逆天。我来问问你俩，当你们的导师问你们"这篇论文有什么创新之处"的时候，你们是怎么思考的？

芋　头　我觉得,我从来没见过的东西应该就是这篇论文的创新之处,也是这篇论文对学术的新贡献。

花　椒　差不多。当然,跟导师汇报的时候得说得明白点儿。比如,这篇文章实现了资料创新,作者论述的三个典型案例中,有两个我都没读过;又如,这篇论文适用的理论是有创新的。我读过这个理论,但从来不知道可以将其应用在对这个问题的分析上;再如,这篇论文实现了观点创新,我从来没想过可以这么解释这个现象!

鱼老师　很好!不论是哪种创新,其实都是在和你头脑中的既有知识进行对比。这个对比能够成立的前提是,你对于学界研究现状具有比较清晰的了解。我举个例子,我本人并不研究国际人道法,假设现在就给我一篇国际人道法领域的论文,并问我这篇论文实现了哪些创新,我肯定啥都说不出来。

所以,我对"用 AI 发现学术创新点"持保留态度。我认为,AI 不可能对某一领域的学术进展拥有丰富的知识储备,因而也不可能迅速发现"这一篇文献"能够实现突破既有文献的创新。我举个例子,你们碰没碰到过这种情况:你发现了一个很好的论文写作角度,兴冲冲地去跟你的导师讲:"老师,这个角度特别巧妙!我看到的所有既有文献都没提到过!"然后你的导师非常平静地扔给你一篇文献:"你去瞅瞅这个。"

芋　头　有过……

花　椒　有过。不过,是您说的这种情形的变体。我是看到了一篇特别好的论文,然后拿去跟我的导师讲,我的导师告诉我,这篇论文并不是使用这个理论研究某某问题的首篇论文。比较典型的其他研究可以参见某某某写的论文。

鱼老师　所以,发现学术创新点是一件非常难、非常考验一个人学术底蕴的事儿。我读书的时候甚至会这么"利用"我的导师:每当我要写一篇论文,我就先跑去跟导师叨咕一遍我想要写啥,然后问问他老人家,他见没见过类似的写法。

花　椒　老师,您的导师是人形 AI,哈哈!

鱼老师　不仅如此!他老人家比现在的 AI 还智能,不仅能进行文献检索,还能提供新的思路供我参考。

你们如果愿意,可以拿一篇读过且非常确定"学术创新点"的论文喂给 AI 试一下,看看 AI 究竟是能够精准地发现创新点,还是会列出一大堆"没那么创新""我在别的地方也读到过"的点给你。我找过一群学生做试验,什么学科的学生都有,让他们面向 AI"钓鱼执法"。但半数以上的学生当场表示,他们今后再也不会用 AI 寻找创新点了。

而且说到"创新点",我还有一个问题:咱们现在是在"读论文"的语境下讨论"创新点",对吧?

花　椒　对。

鱼老师　所以,有没有这么一种可能,你觉得是"学术新动态"的东西,别人却不这么认为。

花　椒　有可能!咱们讨论的是"读论文",所以可能是"这个东西对我而言很新鲜",或者说"对我而言有价值",这个东西未来可以为我所用。但如果换一个读者,那么这个东西对他而言很可能毫无价值。

鱼老师　所以,让 AI 发现论文中的学术创新,问题还可能在于什么?

花　椒　懂了!AI 不知道我的学术方向,也不知道我的知识储备。所以,它有可能从论文中摘抄我已经知道了的东西;或者忽略我在意的东西。这就类似于那句经典论述:"子非鱼,安知鱼之乐?"AI 又不是我,怎么可能精准地知道我想要啥样的"学术创新"呢?

鱼老师　　最后,咱们再说明一件事儿。花椒同学,你说过,读论文还有第三种情况:看看自己要研究的某个课题有没有被别人写过,如果自己的观点和已发表论文的观点高度相似且论据也类似,那么这个课题就没有再研究的必要了。

花　椒　　对啊。

鱼老师　　你觉得这种情形适合用AI完成吗?或者说,你能不能让AI去帮你读论文,然后筛选出和你的观点、资料都类似的论文?

花　椒　　适合!AI就擅长做重复性工作!

鱼老师　　但你会专门让AI做一遍这个工作吗?

花　椒　　应该不会。这一步往往不会在写论文之前专门做一遍。通常来讲,我在搜集和整理资料的过程中会有意关注,我的观点是否与其他人的论文观点有重复,我的论文构想是否与他人的已发表论文高度雷同。所以,如果有人想用AI专门"扫"一遍文献,这当然没问题;如果认为自己可以把相关工作"合二为一",也没问题啊。

第十幕　长文档!

鱼老师　　咱们调查个事儿,你们读过的最长的专业文献是多长?

不包括著作哈。

花　椒　没数过！不过我读过的 WTO 案例都很长，动辄 200 页起步。

芋　头　我读过的条约也动辄几十页，甚至上百页，还不包括附件中的国别具体承诺。

鱼老师　所以，咱们今天来讨论一下 AI 辅助长文档阅读的技巧。当读到特别长的文档的时候，你们会有什么困扰？

花　椒　我的困扰就是，这个文档可真长，读了后面忘了前面。哪怕是一边读一边做笔记，也不可能把每一个要点都记录下来啊！有的时候会出现这种情况：我读到第 120 页，发现其中提供了一份美国专家出具的证据，我会突然联想到，是不是在前面读到过一个差不多的专家证据？但我又想不起来那份证据是哪国专家出具的，大致是关于什么的！

芋　头　师姐，你要不要用一下搜索功能？

花　椒　你以为我不想用吗，我是想不起来关键词啊！如果我读的这个长文档是英文资料，在读到某个问题时我很可能会在头脑中用中文的形式储存。所以，我很可能就想不起来作者当时用了什么词。如果这个词是一个非常专业的名词，我甚至都没法完整地把这个词给拼写出来。就是说，我认识它，但写不出来。最典型的就是"算法"这个词，我用了好久才记住它是"algorithm"。

芋　头　那么,如果是中文的长文档呢?

花　椒　情况能好点但有限。我也同样可能想不起来作者确切的原句是什么。所以,我也没法去搜索。我知道某些搜索引擎支持模糊搜索,但所谓"模糊搜索",实际意思是"我可以把差不多的两个词给你找出来",例如,"你要数据跨境,我可以帮你找到数据出境和数据入境"。"模糊搜索"功能并不能帮我找到意思相同,但措辞完全不同的两个术语啊。不仅如此,不论是精确搜索还是模糊搜索,它的精确度都很低,很容易"误报"。举个例子,有一天我想找一本法理学书籍,然后咱们学校图书馆推荐给我《音乐教学法理论二十讲》。这就是典型的"搜索功能不会断句"的例子。

老师,AI 能帮我实现资料回顾的功能不?

鱼老师　咱们试试。你们看,这个文档是欧盟发布的,是关于企业可持续性尽职调查的指令。① 文档本身不是特别长,有 58 页,但这是一份法律文本,因此几乎都是"干货",信息量特别大。这个指令的特点之一是,要求欧盟企业的上游供应商同样承担"可持续性"义务。但对此的汇总相当麻烦! 所以,我们来命令 AI 帮个忙。我给

---

① Directive (EU) 2024/1760 of the European Parliament and of the Council of 13 June 2024 on corporate sustainability due diligence and amending Directive (EU) 2019/1937 and Regulation (EU) 2023/2859 (Text with EEA relevance).

AI 这样一个指令：

请帮我读这个文档，然后寻找一下，什么地方提到，欧盟认为它有义务监管欧盟企业的上游供应商，请标明具体页码。

然后，AI 这么回答我：

在这份文件中，欧盟提到有义务监管欧盟企业的上游供应商，主要体现在以下几点：

（1）第 20 页提到了企业应该采取适当的措施来识别和评估其自身运营、子公司运营以及业务合作伙伴在其业务链中产生的实际或潜在的不利人权和环境影响。

（2）第 21 页进一步阐述了企业应采取的适当措施，包括与直接和间接业务合作伙伴相关的活动，例如设计、提取、采购、制造、运输、储存和供应原材料、产品或产品的部件以及开发产品或服务。

（3）第 22 页提到了企业应确保其业务合作伙伴不向公司披露属于商业秘密的信息，除非必要和有正当理由，以便公司履行其尽职调查义务。

（4）第 26 页提到了企业应确保其业务链中的上游业务合作伙伴的相关活动，包括与生产货物或提供服务相关的活动。

花　椒　哇，好快！然后，我只需要到对应页面检查一下 AI 有没有胡说八道,再把相应段落复制过来。

鱼老师 检查当然是必需的,但复制这活儿也可以请 AI 替你完成。比如,你可以直接跟 AI 讲:

可否帮我把相关段落的原文复制过来?

AI 就会帮你:

当然可以,以下是文档中提及欧盟监管企业上游供应商的相关原文段落:

第 20 页:(19) Companies should take appropriate steps to set up and carry out due diligence measures, with respect to their own operations, those of their subsidiaries, as well as those of their direct and indirect business partners throughout their chains of activities in accordance with this Directive. This Directive should not require companies to guarantee, in all circumstances, that adverse impacts will never occur or that they will be stopped. For example, with respect to business partners, where the adverse impact results from State intervention, the company might not be in a position to arrive at such results. Therefore, the main obligations in this Directive should be obligations of means. The company should take appropriate measures which are capable of achieving the objectives of due diligence by effectively addressing adverse impacts, in a manner commensurate to the degree of severity and the likelihood of the adverse impact. Account should be taken of the circumstances of the specific case, the nature and extent of the adverse impact and relevant risk factors, including, in preventing and minimising adverse impacts, the specificities of the company's business operations and its chain of activities, sector or geographical area in which its business partners operate, the company's power to influence its direct and indirect business partners, and whether the company could increase its power of influence.

第 21 页:(20) The due diligence process set out in this Directive should cover the six steps defined by the Guidance for Responsible Business Conduct, which include due diligence measures for companies to identify and address adverse human rights and environmental impacts. That process encompasses the following steps:

......

资料本身非常长，我就不全盘复制给你们看了。咋样？

花　椒　哇！我觉得这个功能最神奇的地方是，AI 可以在双语之间无缝切换！我都不需要告诉它英文词汇是什么，只需要跟它讲中文，它就能在英文文献里把需要的内容给我翻出来！这也太符合我的认知规律了！感动！

芋　头　　老师,我抬个杠,这个技巧难道在短文档中就不能用吗?

鱼老师　　能啊! 不仅能在短文档中用,还能跨文档使用,比如,让 AI 替你同时搜索 N 个文档并将资料汇总。

　　　　　除此之外,你们阅读长文档还会遇到哪些问题?

芋　头　　老师,我觉得"文献太长"的问题还是没有得到根本性解决。刚才咱们讨论的资料提取技巧,解决的其实是"不知道同一件事儿在什么地方反复提过"的问题,但读长文档还会遇到的另一个问题,即这个长文档必然不可能只讲一件事儿啊。我怎样才能让 AI 帮我把长文档拆开,按照不同的主题分类?

鱼老师　　好。这就是另一个问题,即文档整理。这个问题,咱们和"多文档协同整理"一块儿讲。

第十一幕　好多文献! (一):
AI 可以帮我提炼、归类、整理

鱼老师　　我们接下来分析,如何用 AI 便利阅读多个文献。那么,你俩谁来聊聊,阅读大量文献可能会遭遇什么困难?

芋　头　　我来! 我记性不好,文献多了的话记不住!

鱼老师　　怎么个"记不住"法?

芋　头　　两个字,一个是"混",一个是"忘"。"混"是指张冠李戴，文献读完之后，我能大致记起来这些文献中说了些啥，但想不起来具体是在哪篇文献里说的；"忘"是指文献读完当时能记得住，但过去十天半个月就全都忘了，连某篇文献读没读过都记不得。简称"读了个寂寞"。

鱼老师 所以，如果让 AI 帮你忙的话，你希望 AI 能帮你做些啥？

芋 头 我当然不能指望 AI 把文献塞到我的脑子里，现代科技应该还没达到"开辟脑机接口"的先进程度。所以，"忘"这事儿，AI 应该没法帮我应对。但 AI 能不能帮我整理下文献？比如，我说出来一个主题，AI 帮我整理下究竟哪些文献讨论了这些事儿，如果能帮我列举下具体论述的内容就更好了。

鱼老师 懂了。你更希望 AI 帮你寻找特定的论述。那么，花椒，你呢？

花 椒 老师，我希望 AI 帮我从一堆文献里拎出来一条线索！我的问题是，我的抽象思维差啊。文献读完之后就全搅和成一团了。比如，您给我 10 篇文献，让我读完之后讲讲这些文献都说了些啥，我很可能没法理出一个"头儿"，然后完全不知道从何说起。我甚至都不会发生芋头同学那样的混淆，因为我就不可能记得住哪个问题在哪篇文章里说过。我连"问题"本身都拎不出来。

鱼老师 明白了。综合你俩的需求，读多篇文献之后，咱们应该做的就是：

第一步,先别从细节出发,先整理框架,大致整理下这些文献都是关于什么内容的。花椒,你的问题主要是这一步做不明白。对不?

花　椒　对!

鱼老师　在这一步的基础之上。

第二步,把文献分门别类归结到问题项下,即这个问题共有哪几篇论文论述过。芋头,你的问题主要是不擅长这一步,对吧?

芋　头　对!老师,其实我有一种预感:如果我能把文献分门别类地整理好,我应该就不会太在乎忘记文献了。因为,我忘了之后大不了把整理好的文献拎出来再读一遍。

鱼老师　对。这其实也是我想跟你说的,"忘"这事儿不是你的错,咱们脖子上面的是人脑,不是电脑。电脑还可能因为老化而导致硬盘无法读取呢,尽管这种可能性不太高。

所以，我们接下来讨论一下，如何让 AI 服务于咱们的目的。

研究论文框架，这一步对我而言问题倒不是很大，因为我读完了文献，头脑中大概会出现一个脉络：对于某个主题，可能有如下论述角度……或者说，读完 10 篇文献，我可以合上电脑，拿一个空白笔记本出来，大致画一个学者论述图谱。当然，这个图谱本身非常不精确，约等于我用白纸给你画一张"全国铁路枢纽图"，只能保证大站的位置不会错，但比例尺肯定全错。

花　椒　……老师，您是说我天赋不行？

鱼老师　那倒也未必。我的研究生也不是人人都能做到这一点的。但我教他们的方法是，拿个笔记本放电脑旁边，看一个论述角度记下来一个。如果发现两篇文献角度重叠就可以跳过已经记好了的那个点。

但在 AI 辅助科研的语境下，咱们其实还可以更快一点儿。这一步可以由 AI 完成。当然，预备工作还得你去做，即你需要先把论文筛选一遍，找出来比较核心且集中于同一领域的论文统一喂给 AI。

花　椒　老师，我理解了啥叫"核心"，就是"对我写论文帮助很大"的文献。那么，"集中于同一领域"的意思是什么呢？您看，我是国际法方向的，我不可能突然去读一点儿劳动法方向的论文啊。

鱼老师 "领域"不是"三级学科"啊!举个例子,假设你要研究"国家安全问题",那么,你喂给 AI 的同一批文献应该是三篇均关于"数据跨境流动的安全评估"的论文,而非这样的三篇论文:我国国家安全法律体系建构;大学生国家安全教育研究;我国人口安全问题研究。

花　椒 哈哈,这三篇论文就不是一回事儿!懂了,我先筛选一遍论文,保证同一批次论文全都是针对同一个问题的不同角度的回答。然后,我把论文扔给 AI。

鱼老师 对,然后呢,你问它啥?

花　椒 请帮我整理出一个框架?不行,这样的话,AI 可能会把每篇论文分别整理一个框架;或者,AI 可能不知道针对什么问题整理出框架。我能不能问 AI,我要研究某某问题,请你读这些文献并帮我分析,这些论文分别从哪些角度讨论了这个问题,同样的角度可以合并。

鱼老师 好,咱们试试!

花　椒 好的,我这里有三篇文献[①],然后,我要求 AI:

　　帮我把三篇文章中关于当前国际数字贸易规则发

---

① 林创伟、白洁、何传添:《高标准国际经贸规则解读、形成的挑战与中国应对——基于美式、欧式、亚太模板的比较分析》,载《国际经贸探索》2022 年第 11 期,第 95—112 页;谭观福:《国际经贸规则视域下中国对数字贸易的规制》,载《河北法学》2023 年第 12 期,第 134—157 页;赵若锦、聂平香、崔艳新:《全球数字经贸规则:进展、动向及中国应对》,载《北京航空航天大学学报(社会科学版)》2024 年第 4 期,第 138—145 页。

展现状进行汇总。

然后,AI 输出给我的内容如下:

根据您提供的三篇文章,国际数字贸易规则的现状可以概括为以下几点:

1. 议题广泛化:

- 国际数字贸易规则议题广泛,不仅包括传统的电子商务,还扩展到数字经济的新动态,如数字身份、人工智能、金融科技等。

2. FTA 中数字贸易规则的发展:

- 自由贸易协定(FTA)中的数字贸易章节更加详细和具体,提出了更高标准的规制要求。

3. 数据跨境流动规则的逆自由化:

- 一些国家和地区开始实施更严格的数据跨境流动管控,与早期的自由化趋势相反。

4. 数字系统互操作性的强调:

- 国际规则越来越强调不同数字系统之间的互操作性,以促进数据和信息共享。

5. 数字技术标准的重视:

- 数字标准在国际数字贸易中的作用日益凸显,成为全球数字经贸治理的关键。

6. 知识产权保护的加强：

— 国际规则对知识产权的保护提出了更高要求，包括专利、商标、版权等方面。

7. 源代码保护的探讨：

— 国际规则中开始出现对源代码保护的讨论，尽管尚未形成统一的国际共识。

8. 数字产品非歧视待遇的提议：

— 一些高标准 FTA 提出了数字产品非歧视待遇的要求。

9. 数字贸易规则的区域性发展：

— 不同区域的 FTA 在数字贸易规则上呈现不同的特点和发展路径，如美式模板、欧式模板和亚太模板。

10. 国际规则的多元化和复杂性：

— 国际数字贸易规则变得更加多元化和复杂，涉及的技术层面和法律层面问题更加丰富。

这些现状反映了国际社会在数字贸易领域的规则制定上正朝着更加深入和全面的方向发展，同时也体现了各国在推动自身利益的同时，也在努力适应和引领全球数字贸易的发展趋势。

芋　头　老师，我觉得 AI 的概括还行，基本上体现了上述论文的原意。

鱼老师　如果只从要点上看,上述分析基本上概括了论文的主要内容,但我更加建议,先自己看一遍论文再让 AI 概括要点,而不是直接让 AI 概括。

花椒,我问你个问题,咱们如果只看第 9 点:

> 数字贸易规则的区域性发展:
>
> — 不同区域的 FTA 在数字贸易规则上呈现不同的特点和发展路径,如美式模板、欧式模板和亚太模板。

仅从这一点中你能不能看出,三篇论文都是如何论述这个问题的?

花　椒　不能。

鱼老师　但,如果你读过这三篇论文呢?

花　椒　哈,三篇论文中都论证了这个问题,但它们的重心不一样啊!《高标准国际经贸规则解读、形成的挑战与中国应对——基于美式、欧式、亚太模板的比较分析》这篇文章,对于三种模板的论证可谓论文的重心。作者论述的就是三种模式的共性和差异,或者说,通篇的论述就是围绕这个问题展开的。但在《国际经贸规则视域下中国对数字贸易的规制》这篇论文中,作者虽然也提到了 FTA 不同模式,但严格来讲这篇论文仅讨论了"美国模式、欧盟模式和除美欧缔约之外的、一方为发展中国家的模式",且这个问题不是论述的重心,作者只在一个三级标题"自由贸易协定数字贸易规则的类型化分析"项下对其进行了论证。而在《全球数字经贸规则：进展、动向及中国应对》这篇文章中，对于"FTA 模式"问题，作者仅用了半页纸进行分析。所以，读过文献后，我会发现，AI 列举出的要点的确能够勾勒出目前研究现状，但它无法清晰地告诉我，这个问题究竟是学者研究的主线还是附随研究内容。

鱼老师 所以，你完全可以让 AI 帮你列出论文在某个领域讨论过的全部内容，但 AI 的问题也恰恰在于，其列举的领域比较的"杂"，很可能"眉毛胡子一把抓"。

因此，我们需要再进行一次人工筛选。例如，在读过文献之后，你认为 AI 给你列举的这些研究角度，哪些是比较有用的，需要保留；哪些是完全可以合并的。

当然，这一步其实也可以让 AI 初步替你完成，然后你微调一下就成了。你要不要试试？

花 椒 好！那么我告诉 AI：

刚才的要点有点儿多，可否将类似的要点合并？

AI 是这么回答我的：

当然可以，合并类似要点后，三篇文献共从以下几个角度讨论了全球数字经贸规则：

1. 规则模板比较与区域性发展：

— 分析了不同自由贸易协定模板（美式、欧式、亚太模板)的数字贸易规则特点和差异,并探讨了这些模板在全球或区域层面的影响力和不同区域 FTA 在数字贸易规则上的特定发展路径。

2. FTA 规则的继承与发展:

- 讨论了 FTA 中的数字贸易规则如何继承 WTO 规则,并在此基础上进行发展,以适应数字经济的新动态。

3. 数字贸易的核心议题:

- 深入探讨了高标准自由贸易协定的文本结构和核心内容,包括议题广泛性、要求严格性、程序完善性,以及数字系统互操作性的重要性。

4. 技术标准与知识产权保护:

- 强调了数字技术标准在促进全球数字经贸治理中的作用,以及知识产权保护在数字贸易中的重要性和面临的挑战。

5. 数据跨境流动与数字治理:

- 讨论了数据跨境流动规则的逆自由化趋势,以及对数字贸易治理带来的影响。

6. 国际规则的多元化与复杂性:

- 指出了国际数字贸易规则的多元化和复杂性,以及这些规则如何涉及更广泛的技术层面和法律层面问题。

> 通过合并相似的要点,我们得到了一个更加简洁且全面的角度来理解全球数字经贸规则的讨论。

芋　头　哈,还行!这个就比较像我平时用的文献大纲了。

鱼老师　好,在实践中,咱们还是需要进行人工调整的,不过这个过程咱们就不练习了。接下来,我们来练习下一步:把文献归类到提纲项下。

芋　头　好,这就是我最闹心的一步!我"列文献大纲"完全没问题,但接下来的资料归集很有问题。

鱼老师　其实,最笨的方法就是,你把大纲放那儿,再打开文献,分门别类地复制进去。比如,如果你发现了某篇文献讨论了数字贸易规则模板,那么就把那篇文献中的内容复制粘贴到大纲的标题项下。

芋　头　嗯,当然可以,但这样有点儿慢。您知道哈,我有的时候不是需要"把所有论文都整理一遍,归类到大纲项下",事实上也完全没这必要。我更常见的需求是这样的:我列举了50篇论文中讨论的12个要点,觉得其中的要点1、4、7、10和我的毕业论文相关,其中要点4是强相关。所以,我就开始疯狂翻那50篇文献,看看哪一篇中提到,或者说论及了要点4。

鱼老师　明白。你是想针对某个要点迅速找到强相关文献,然后重点阅读和整理。其他不重要的点就忽略了。对吗?

芋　头　对！

鱼老师　那么，这样吧。你直接让 AI 帮你把文献中提到了某个问题的段落复制给你就行了。

芋　头　啥？这么简单？

鱼老师　是啊！你先上传文档给 AI，然后命令 AI 替你复制提到了某某问题的段落并标明出处。

芋　头　Wow！我试试。真的行哎！

（说明：在笔者的数次试验当中，AI 均可针对特定主题搜索文献并完整复制资料，且"特定主题"不需精确到一字不差。AI 完全支持模糊搜索和同义词搜索。但出于版权保护的考量，此处不详细展示此功能搜索到的资料全文。读者朋友有兴趣可以试验一下。）

鱼老师　"让 AI 直接把段落复制给你"是第一个办法。如果你并不是十分追求 1∶1 复刻原文，还可以采用下面这个办法——表格法。我给你举个例子，我这里有三篇文献①：

我给 AI 如下指令：

请帮我分析，这三篇文献都从哪些角度讨论了

---

① 刘敬东：《CPTPP 语境下国有企业新规则：背景、特点及其应对》，载《学术论坛》2022 年第 5 期，第 33—43 页；李本、欧阳婧：《我国国有企业与 CPTPP 竞争政策的规则对接——以补强"救济中性"为切入》，载《上海对外经贸大学学报》2024 年第 4 期，第 83—96 页；傅江湲、马晓宁：《CPTPP 非商业援助规则的多维审视与中国因应》，载《国际商务（对外经济贸易大学学报）》2024 年第 4 期，第 140—156 页。

CPTPP 项下的国有企业规则,请用表格的方式呈现,第一栏是论文名称,第二栏是角度,第三栏是作者对此的观点。

接下来,我来看看 AI 给咱们的答案是什么。

论文名称	角度	作者观点
《CPTPP 语境下国有企业新规则:背景、特点及其应对》	国际背景	CPTPP 规则旨在遏制中国国有企业竞争力,维护西方国家竞争优势。
	规则特点	国企定义扩大、非商业援助制度降低反补贴门槛、透明度要求高、举证责任倒置。
	中国立场	接受合理规则,挑战不合理规则,推动国企改革。
	应对措施	宏观政策支持市场化进程,微观政策制定谈判预案,提升国企实战能力。
《我国国有企业与 CPTPP 竞争政策的规则对接——以补强"救济中性"为切入》	救济非中性	国际竞争审查存在"救济非中性"问题,对中国国企海外投资造成不利影响。
	磋商救济模式	CPTPP 竞争政策存在对国企规制的不确定性,竞争政策与国企章节耦合关系构成挑战。
	救济中性内涵	提出"救济中性"理念,强调保障个案对待、信息共享、反对审查扩张等。
	国内制度对接	完善法律体系,推行竞争评估与负面清单制度,建立监管协调机构,完善国企反垄断合规体系。

(续表)

论文名称	角度	作者观点
《CPTPP非商业援助规则的多维审视与中国因应》	立法审视	非商业援助规则专向国有企业,简化认定程序,降低规制难度。
	理论审视	规则选择性适用竞争中性原则,存在理论缺陷。
	价值审视	规则存在制度陷阱、所有制歧视,忽视发展中国家发展权。
	应对策略	贯彻竞争中性原则重塑规则,利用例外条款维护利益,完善补贴监管与国企改革。

芋头,你觉得呢?

芋 头 挺好!这种方式是"概括",不是复制,但看起来相当清楚。那么,老师,我可不可以综合两种方法,让AI先概括,再贴原文给我?

鱼老师 可以啊!你还可以让AI给你标注引证的原文出现在论文的哪个地方。只不过标注的准确性可能有点问题,至少我曾经遇到过标注不准确的情形。

第十二幕　好多文献！（二）：
AI 可以帮我对比文献

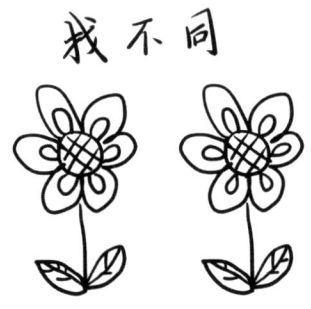

芋　头　老师,咱们提炼完文献之后,资料整理工作应该就结束了吧?

鱼老师　没。做到这份儿上只能说是"差不多了",咱们偶尔还需要做点儿额外工作——文献比较,即两篇文献或者更多文献的论证究竟有何异同?

我给你们讲个笑话,从前有个博导问自己的博士生:"我写的某某论文你看了吗?"

博士生说:"看了!"

博导又问:"那么某某写的同一个题材的论文你看了吗?你觉得这两篇论文有什么区别?"

博士生说:"老师,我觉得都差不多!"

博导很生气:"如果真的'差不多',那么某某写了之后我就不用再写了!"

这个故事告诉我们,看论文如果看不出差别,那么约等于走马观花。

芋头　老师,那么我试试,命令 AI 帮我总结几篇论文的共性,或者说论证角度的重叠之处。

我还用上面那三篇讨论 CPTPP 的论文做例子。

哈,AI 给我输出了这些!

> 这三篇文章在讨论 CPTPP 项下国有企业规则时,存在以下共性和论证角度的重叠之处:
>
> 1. 国有企业规则的国际背景与挑战
>
> 共性:
>
> 三篇文章均强调了 CPTPP 项下国有企业规则的形成背景与国际形势变化的紧密关联,尤其是中国经济崛起以及国有企业在国际市场竞争力的增强对国际经贸规则调整的推动作用。
>
> 文章都指出这些规则对中国国有企业参与国际市场竞争构成了重大挑战,这要求中国认真对待并积极应对。
>
> 2. 规则的核心目标与价值导向
>
> 共性:
>
> 三篇文章都认同 CPTPP 国有企业规则的核心目标

是维护国际市场的公平竞争,防止国有企业因政府支持获得不正当竞争优势,扭曲国际市场。这一目标本身符合市场经济基本原理。

同时,文章都指出这些规则在实际设计与应用中存在对国有企业(尤其是中国国有企业)的歧视性,偏离了公平竞争的初衷。

3. 中国应对策略的探讨

共性:

三篇文章都强调中国需要积极应对CPTPP国有企业规则带来的挑战,提出了从宏观政策调整到微观企业改革的多维度应对策略。

文章都认为中国应积极参与国际规则的制定与完善,争取在国际经贸规则重构中的话语权和影响力。

4. 竞争中性原则的重要性

共性:

三篇文章都提到竞争中性原则在CPTPP国有企业规则中的重要性,认为这一原则是维护国际市场公平竞争的关键。

同时,文章都指出CPTPP规则在实际应用中对竞争中性原则的偏离,强调需要回归和强化这一原则。

鱼老师 花椒,你来谈谈,对于AI的上述劳动成果有何感受?

花　椒　老师,我觉得上面的概括还有点笼统!我能不能移植一下您在"长文档"那部分提出的技巧,让 AI 帮我复制相应的段落以及标明出现在哪篇论文的第几页?这样也可以间接防止 AI 胡说。

鱼老师　你试试。

花　椒　好。哇,可以!

我跟 AI 讲:

请帮我寻找三篇论文中都是如何论述透明度规则的;请分别帮我列出每一篇论文的具体观点、复制论述语言,并标明页码。

然后,AI 是这么回复我的:

《CPTPP 语境下国有企业新规则:背景、特点及其应对》

观点:CPTPP 对国有企业的透明度要求极高,加重了国有企业的信息公开义务和责任。

论述语言:(此处略)

《我国国有企业与 CPTPP 竞争政策的规则对接——以补强"救济中性"为切入》

观点:CPTPP 透明度规则要求缔约方在程序上严格披露国有企业相关信息,以实现竞争中立。

论述语言:(此处略)

《CPTPP 非商业援助规则的多维审视与中国因应》

文献主要集中在非商业援助规则的立法逻辑、理论来源、价值导向以及中国的应对策略等方面,但未详细讨论透明度规则的具体要求。

老师,我觉得很可以!

鱼老师 对,至少从资料汇总的角度讲,的确可以。至于对资料的加工和分析,还得辛苦你再对照原文研究下。

花　椒 老师,我有个想法!我能不能进一步让 AI 帮我找上述文献的区别?

鱼老师 可以啊!按照同样的步骤就行。咱们就不演示了。咱们回过头再来讨论一个问题,我们上节课曾经提到,对于包含多个法律要点的长文档,我们完全可以使用"多文档研究"中的资料整理方式。你们还记得这事儿吗?

芋　头 记得啊。所以,对于长文档,我完全可以先让 AI 帮我梳理知识脉络,即文档中主要讨论了哪几个问题。再让 AI 帮我把资料分门别类地归结到各个问题项下。对不?

鱼老师 基本正确。至于具体用表格方式还是"大纲+细节"方式,就看你个人偏好啦。

第十三幕　文献综述的技巧和 AI 的功能

鱼老师　咱们已经讨论过了各种文献的阅读,现在来讨论下文献综述。文献综述可以说是文献阅读的终点了,对吧?

花　椒　是的!基本上做完文献综述就可以动笔写论文了。

鱼老师　所以,你俩谁来讲讲,文献综述大概要怎么做?或者说,你俩做过文献综述没有?

花　椒　做过!我理解的文献综述的意思是,整理一下国内外对于这个问题的研究现状、已有成果和不足,并在此基础上顺理成章地得出我研究的内容是否具有研究价值。

芋　头　同意!做完以上步骤,我就可以去跟我的导师汇报了,让我的导师相信我已经对当前研究现状有个充分的了解,可以写博士学位论文了。

鱼老师　没错,估计你们写硕士学位论文或本科毕业论文之前都做过文献综述。尽管本科生的文献综述未必放在本科毕业论文定稿中,但硕博士生的文献综述必然放在学位论文的第一部分。

那么,你们具体是按照什么顺序做文献综述的?

花　椒　老师,我给您讲个笑话,有一次我见到一个师弟去跟导师汇报,他是这么做的:这个问题共有 A、B、C、D、E 等学者研究,其中,A 写了某某论文,主要观点是……B 写了某某著作,主要观点是……汇报到 D 的时候,我的导师终于忍不住了,问他看了多少篇论文,师弟还挺骄傲地表示,看了 70 篇,但限于时间关系,这次只汇报其中的 20 篇。

芋　头　哈哈,你的导师应该挺无语的!这做得根本就不是文献综述啊。这是把学者们都叫来点名。

除了这种"学者点名式"文献综述的写法,我还见过另外几种搞笑的写法。

其中一种是"时间式"写法,即 1980—1990 年发表的论文普遍认为……1991—2000 年的论文普遍认为……

还有一种是"空间式"写法,即中国学者主张……美国学者主张……欧洲学者主张……

鱼老师　芋头同学你先别笑,"学者点名式"写法肯定不对,但后两种写法在特定语境下还真就未必不对。举个例子,假如我说,我国研究 WTO 的文献通常会以 2001 年为分水岭,你能想到为什么吗?

芋　头　2001 年和 WTO 这两个线索一组合,答案就很明显啦。因为那是中国"入世"的年份,在那之前的文献通常研究的是中国怎么"入世"的问题,在那之后的文献通常研究的是中国"入世"后面临的挑战。

鱼老师　所以,"时间式"写法不是不行,但"时间分类"必须以极其重大的历史性事件为基础。像芋头同学讲的那样"十年划一段"式写法，无异于西方殖民者给非洲国家划国界。你们猜猜为啥非洲某些国家的国界线这么直？

芋　头　因为殖民者拿着经纬线比画？

鱼老师　对。所以，"时间式"写法只在特定情形下有意义，即使真的用时间去划分研究进展，也得极其明确地表明，这个时间实际上是研究偏好的重大转折点。文献综述的重点仍然在于"学术史"而非"编年"。然后，咱们再说说"空间式"写法。按照刚才分析"时间式"写法的思路，花椒，你来谈谈，为什么"空间式"写法通常不大靠谱？

花　椒　因为对于同一个问题，可能出现欧盟学者和美国学者态度的大同小异，他们都代表发达国家的态度。

鱼老师　对！那么，我稍稍抬个杠，在什么情形下，"空间式"写法是可以使用的？

花　椒　当"空间"同时代表了学者的立场差异时。比如，在中美"贸易战"中，中国学者和美国学者的观点肯定会存在差异，而美国学者和欧盟学者的态度也不可能完全相同，毕竟欧盟也是"贸易战"的受害者之一。在此种情况下，完全可以用"国家利益差异"划分学者的观点。但在此种情况下，"空间"仍然不是文献综述的主要线索，主要线索仍然是学者立场之争。

鱼老师　非常好！所以，你们现在已经理解了文献综述的主要写法,即从问题出发,以问题引领对学术的梳理。这在实践中又可能出现几种演绎方式:第一种方式是,从学者们对同一问题的不同观点出发,比如,一派学者坚持"主观说",另一派学者坚持"客观说"。第二种方式是,从学者们服务的国家利益差异出发或学者们的学术传统差异出发。这个方式类似于"空间式"法,但仍然需要注意,基础线索仍在于国家利益或者学术传统。

第三种方式是,从解决问题的不同路径出发,比如,一派学者认为应当从算法入手,另一派学者认为应当从数据入手,这同样也是对文献的有效整理方式。

总之,真正的文献综述,应该从具体文献中提炼出问题,然后进一步分析:就这些问题而言,学者们提出了什么观点,解决了什么问题,没解决什么问题。

你俩对此没问题吧?

花椒 & 芋头　没问题!

鱼老师　所以,咱们在整理好文献后,究竟要怎么做文献综述?

花　椒　提炼出问题,即做文献综述,是针对什么问题去做?

鱼老师　对!对此,一个常见的错误是,有的同学针对"关键词"去做文献综述。我举个简单的例子,假设某同学要写"CPTPP 中的国有企业规则研究",但这名同学的文献综述针对的是"我国学者对于 CPTPP 的研究进展"!

芋 头　哈,我觉得这个文献综述可能写一万字还说不到点子上。

鱼老师　对。正确的做法是,同时考虑国内学者对 CPTPP 和国有企业的研究,而不是先围绕 CPTPP 做个综述,再围绕"国有企业研究"做个综述。

当然,如果从研究全面性的角度出发,还可以这样做文献综述:

第一步,主要做"CPTPP 中的国有企业规则"的文献综述;

第二步,如果感觉自己需要做历史比较分析,例如,上述文献中频繁提到 CPTPP 之前的国有企业治理问题,或者作者感觉这两方面需要比较,则需要辅助阅读"国有企业"相关的论文;

第三步,如果感觉其他 FTA 中的国有企业规则也需要研究,则还需横向进行这一方面的文献检索。

因此,一个正常的文献综述,完全可能是这样的:

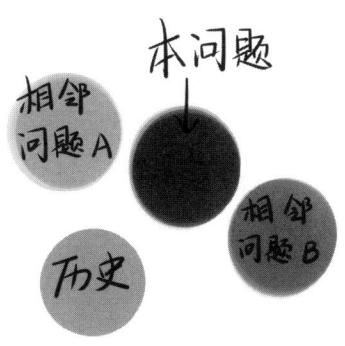

花　椒　老师,那么,我可不可以理解为,两个同领域的学者做出来的文献综述可能是不同的。

鱼老师　可以啊!大家对于同一个问题的研究视角不同、知识储备不同,所以可能存在如下情形:某学者认为,一个研究主题和 A、B、C 三个分议题都相关,但另一个研究此主题的学者认为,这个主题会和 D、E、F 三个分议题产生关联。

花　椒　所以,老师,"文献综述做成什么样"取决于这个学科在作者眼中是什么样,对吗?

鱼老师　对!比如,媒婆给一个小伙说媒,媒婆很可能给这个小伙介绍翠花、小红、丽丽三个姑娘。但媒婆并不只认识这三个姑娘。媒婆很可能认为,这三个姑娘和这个小伙匹配度最高,所以相亲成功率也最高。咱们做文献综述也是同理。

那么,咱们接着讲。先抛开"关联性议题"的选取问题不谈,只说主议题的文献综述。文献综述的第二步是,分析国内外学者围绕"CPTPP 项下的国有企业规则"就哪些方面进行了研究,主要争议焦点集中在哪些问题上。这一步主要是资料的整理。第三步是,对于当前研究进行评判,即进步在哪,不足在哪。第四步是,顺理成章地引出自己的研究,即我的研究会在"他人进步之处"的基础上"更进一步",弥补他人研究的不足。

第三步和第四步实际上是在资料基础上的主动创造,并不涉及资料整理,所以咱们这里先不讨论第三步与第四步,只讨论前两步。你们觉得,这个过程中,AI能帮你们做什么?

花　椒　我觉得,第一步"提取问题"应该不是AI的专长。AI又不可能知道我究竟想要研究什么。

鱼老师　对!我们后续会讨论到"论文选题",在那部分中,我们还要进一步探讨为什么AI无法辅助论文选题。那么,如果我们已经确立了一个选题呢?

花　椒　咱们上节课刚刚讲过"用AI整理很多文献",所以,文献综述的第二步就是,把AI整理的文献写成文献综述。老师,我要不要直接命令AI把上节课整理出来的内容替我写成一段话?

鱼老师　你咋不直接把文献喂给AI,让它就某个主题输出文献综述算了,连整理资料这一步都省了。

花　椒　嗯,因为咱们上节课都讨论过了,AI不会评判资料的学术性与相关性,只会把所有的要点都列举出来。AI可能列出来11个要点,但对我而言,可能只有4个要点是和论文相关的。

鱼老师　好,那么,我们一同来看一下上节课咱们概括的三篇论文,你俩挑挑,其中关于CPTPP项下国企治理规则的阐释,哪些是不可能写进文献综述里的。

芋　头　老师，我觉得我明白您的意思了。如果我的文献综述的主题是"CPTPP 国有企业规则的理论与实践的背离"，我就应该着重强调上述"共性"中的第 2 点，即学者们通常能够达成共识的是，CPTPP 国有企业规则具有积极意义，也确实能够促进竞争，尽管在实践当中这一规则会造成对中国国有企业的系统性歧视。也可以强调上述第 4 点，即 CPTPP 国有企业规则中的竞争中性规则可以维护国际市场公平竞争，但在实践中也存在偏离。我不应把文献综述的大量笔墨花在"国有企业规则的国际背景"问题上，因为此问题无助于揭示"理论与实践的背离"，甚至不像是法学学者应该研究的核心内容。

鱼老师　很好！

花　椒　老师，那么我明白您的意思了！AI 不能替我寻找"要研究的问题"，但能根据我指出的问题帮我分析文献；AI 不能帮我判断哪些论文值得去做文献综述，所以我得自己手动筛选排除掉质量一般的文献；AI 可以帮我分析文献的共性与差异，但我仍然需要人工判断 AI 概括的准确与否以及全面与否，甚至要判断是否有重要的共性与差异被 AI 漏掉了。总之，我绝对不会抱着 AI 生成的资料直接去写文献综述的。您放心！

鱼老师　最后补充一句，文献综述的第三步、第四步，即当前研究的长处和不足，一定不要让 AI 写！它没这么聪明！这件事儿咱们讲到"论文选题"时再说。

This book: 本部分的AI辅助科研功能清单

科研怎么做

HOW TO DO IT

读文献呗!

文献里面有资料、有灵感。有文献打底才有论文,没文献的领域谁也不敢写。

文献读啥?

发现新鲜资料,拎出来;发现他人论证疏漏,记下来;发现他人论战,总结异同。最终形成综述性资料包,用于服务我们的写作。(一定记住标好资料的引证哦!别到时候拿着资料找不着出处啦)

AI 帮你做

HELP TO DO IT

对于读不明白的英文文献,AI可以厘清语法结构,把复杂句改写成简单句,把复杂的段落拆出层次感。如果你需要,AI还可以按照权利义务关系、实体或程序主张等任何你指定的分析模板为你整理资料。

AI可以按照指定模板整理案例,保证把100个案例都按照同一模式整理。

AI可以作比较研究,比较高效率的指令是"让AI用一国法律去处理另一国判例",进而分析两国法律在同一情形下的不同处理方法。

AI可以理顺论文逻辑,比较建议的方法是让AI"从作者分析的核心问题出发",详细阐述作者分析的主要思路和逻辑推理,不建议直接让AI提取中心论点。

AI可以从论文中提取作者使用的论证资料,甚至可以分类整理、复制原文,但准确率不是特别高。

AI可以比照N篇文献的论证思路差异,但需要你明确指出是比照"哪个问题"的论证思路差异。

AI可以协助整理针对同一问题的多篇文献的不同论述视角,但仍需你手动整理、筛选才能形成文献综述。

This book: 本部分的AI辅助科研功能清单

别让AI做

DON'T DO IT

AI无法分析"比较法研究"的原因部分,即为什么各国立法会出现此种差异。

AI无法发现学术新动态,很可能把作者所有的论述内容都当成"新动态"。

AI会整理文献但未必会筛选什么内容是你需要的,很可能在整理资料后,用资料的数量把你淹没啦。

This book
(一句话概括)
:

需要你用脑子分析"为啥、是不是、对不对、有没有用"的,
AI都做不了。

第四讲
AI 辅助论文选题

第一幕　AI 能帮我找到学术空白吗?

芋　头　老师,我想问个问题。我在某微信公众号上看见一个帖子,它是这么教人用 AI 辅助论文选题的:我将列出一个研究方向和三个关键词,请帮我列举出此领域存在的研究空白之处。然后,就可以针对"空白之处"写论文了。

您觉得这个靠不靠谱?

鱼老师　这真是个好问题!你觉得呢?

芋　头　老师,我本能地觉得不靠谱。论文选题有这么简单吗?如果真的这么简单,那么,为啥我师兄现在还在为博士学位论文选题伤脑筋呢?他难道就不会问问 AI 吗?还有，我听说，我大师姐开题那天，很多师兄师姐的题目遭到一众博导猛攻，相当一部分题目都被指出了问题，被认为"太大""有点空""太旧了""没法写"。假如选题"问 AI 就行"，那么师兄师姐们的论文题目根本就不会被挑剔了啊。他们总不可能笨到连现成的工具都不会用。

鱼老师 不错！你现在刚刚博一，或许不太理解"论文选题"的事儿，更不理解博士学位论文选题的难度。但你凭着朴素的道德直觉就能判断出选题应该是个高度技术化的事儿。要么咱们试试，你对哪个领域比较熟悉？咱们找个 AI 试试。

芋 头 老师，我对跨境数据流动问题比较熟悉。我这学期选修了一门"数字法学"。老师让我们期末写一篇小论文，内容只要围绕数据安全就行，学科不限。一同选课的刑法学方向的同学写了涉个人信息类犯罪问题，诉讼法方向的同学写了涉电子数据的非法证据问题，我是国际法方向的，所以想写跨境数据流动中的数据安全，尤其是个人信息保护问题。

我试着给 AI 这么个指令：

> 我想要研究数据跨境流动问题。我提供三个关键词：数据安全；数据跨境流动；个人信息保护。请帮我分析，这个问题目前有哪些研究空白是值得未来进一步研

究的。请同时将这些研究空白整理成可供进一步研究的论文题目,最好是国际法方向。

鱼老师 好。你先等 AI 给你个结果。花椒,你对这个领域也有点儿了解,你帮着判断下这些领域能写出论文不?

花　椒 好!

芋　头 那我把 AI 生成的论文题目复制过来了哈。

在国际法方向上,数据跨境流动的研究空白和未来研究方向可以包括以下几个领域:

1. 国际法在数据跨境流动中的适用性研究

－ 研究国际法如何适应数字时代的新挑战,特别是在数据跨境流动的背景下。

－ 研究题目:《国际法在数字时代的适用性:数据跨境流动的视角》

2. 数据主权与国际法的关系

－ 探讨数据主权概念在国际法中的定位及其对数据跨境流动的影响。

－ 研究题目:《数据主权的国际法基础与数据跨境流动》

3. 跨境数据流动中的管辖权冲突

－ 分析不同国家在数据跨境流动中管辖权的冲突

及其国际法解决方案。

- 研究题目:《跨境数据流动中的管辖权冲突与国际法协调》

4. 国际数据保护标准与跨境数据流动

- 研究国际数据保护标准如何影响跨境数据流动,以及如何通过国际合作提高标准的一致性。

- 研究题目:《国际数据保护标准对跨境数据流动的影响研究》

5. 多边贸易协定中的数据跨境流动规则

- 分析多边贸易协定如何规定数据跨境流动,以及这些规则对国际法的影响。

- 研究题目:《多边贸易协定视角下的数据跨境流动规则研究》

6. 数据跨境流动与国际人权法的交叉问题

- 探讨数据跨境流动如何影响个人隐私权等国际人权的保护。

- 研究题目:《数据跨境流动与国际人权法:隐私权的挑战与保护》

7. 国际法下的数字服务提供者责任

- 研究数字服务提供者在数据跨境流动中的法律

责任和国际法的规制。

— 研究题目:《数字服务提供者在国际法下的数据跨境流动责任》

8. 数据跨境流动的国际监管合作机制

— 探讨如何建立有效的国际监管合作机制以应对数据跨境流动的挑战。

— 研究题目:《构建国际监管合作机制以促进数据跨境流动》

9. 数据本地化与国际经济法的冲突

— 分析数据本地化政策与国际经济法原则之间的潜在冲突及其解决方案。

— 研究题目:《数据本地化政策与国际经济法:冲突与协调》

10. 国际法中的长臂管辖权在数据跨境流动中的适用

— 研究国际法中长臂管辖权如何在数据跨境流动中适用,以及其合理性和限制。

— 研究题目:《国际法中的长臂管辖权在数据跨境流动中的适用性分析》

这些研究空白和题目可以为未来的研究提供方

向,帮助学者们更深入地理解数据跨境流动在国际法领域的复杂性和挑战性。

鱼老师 咋样?

花　椒 老师,我能不能问问,啥叫"研究空白"啊?

鱼老师 写的人少、没有标志性成果或者一锤定音的成果,因而还有继续研究的价值。

花　椒 如果是这个标准,那么我觉得上面这些题目都有点儿旧。我对于数据跨境流动本身不是特别了解,但上面每个题目,我都读过相应的文献,而且有些还是名家写的。我举个例子:

《跨境数据流动中的管辖权冲突与国际法协调》这个题目在网上已经有很多人在研究了,我粗略检索了一下,发现不少类似文献。①

所以,假设把这些题目拿给我写,我肯定判断这些题目"都能写",毕竟上述这些论文本身都是具有学术价值的,而且这些论文很可能没有把同一领域能写的内容都"研究完",但这些题目哪怕真的存在研究空白,也还需要我进一步寻找切入角度。

鱼老师 那么,我再追问一句,为什么在刚才的例子中,AI 无法成功替你找到"拿来就能写论文"的研究空白? 你俩猜猜看。

花　椒 我来试试。我认为"研究空白"之所以存在,是因为"空白"其实是个因"比较"而产生的概念,即一个领域"该被研究却没人研究",这才叫空白。但如果一个领域"原本也不该有人研究"或"没有学术价值",那么这就根本不算是"研究空白"。我举个例子,我学英语的时候,老师说过,"一个针尖上能够站立多少个天使?"就是一个典型的经院哲学问题,它本身并不具有实际意义。我认为,此领域即便没人研究也算不得研究空白。

---

① 参见张奕欣等:《从数据跨境流动的域外规制看中国对策》,载《重庆邮电大学学报(社会科学版)》2022 年第 2 期,第 51—62 页;杨永红:《美国域外数据管辖权研究》,载《法商研究》2022 年第 2 期,第 146—157 页;邵怿:《网络数据长臂管辖权——从"最低限度联系"标准到"全球共管"模式》,载《法商研究》2021 年第 6 期,第 73—87 页;冉从敬等:《欧美跨境数据流动管辖冲突表现形式及主要解决途径研究》,载《图书与情报》2020 年第 3 期,第 77—85 页。

所以，AI 无法精准找到值得写论文的研究空白，原因之一就是，AI 或许能发现一个领域无人研究，但无法判断这个领域是否真的有研究价值。"价值"不是事实问题，它具有高度主观性，因而不是 AI 能够预见得到的。

芋 头 我认为，"AI 找不到研究空白"的问题，还可能有个超级简单的答案：AI 获取的数据受限！我承认，现在的 AI 技术高度发达，甚至能访问互联网，但 AI 能否精准访问各大论文数据库并对相关资料进行汇总，这原本就是个问题。因此，咱们完全有理由相信，AI 信誓旦旦地表示处于研究空白的问题，可能已有一大堆人研究过，只是 AI 不知道而已！

鱼老师 你们提到的原因都很充分。不过，咱们还可以进行一个认知论层面的探讨。其实对于"AI 能否发现一个领域无人研究"，我表示相当怀疑。毕竟，AI 是靠"资料"的存在而非逻辑推演得知"某个领域的确存在"的，这个过程跟我们通过光的反射看到某个物体是相同的道理。假设世界上存在一个物体,它完全不反光,那么,我们可否通过肉眼观察发现这个物体呢？我认为,对于 AI 而言,一个完全没有资料描述的领域,应该就是"不存在"的领域。或许某些专家学者能够通过自己深刻的洞察力,预测某个完全没出现实践的领域会出现法律问题,但 AI 是否有此种洞见能力？我对此深表怀疑。

综上所述,对用 AI 发现研究空白,我是持高度怀疑态度的。也请大家不要依赖 AI 给出的"研究空白清单"！

第二幕　选题到底该咋做？

花　椒　老师,那么,我能不能问一个前置性问题:论文选题究竟应该怎么做？如果说"AI 不行",那么它究竟是在选题的哪个环节开始"不行"的呢？

鱼老师　好,那么咱们探讨下,论文选题这事儿究竟要怎么做。你俩有相关经验没有？

芋　头　老师,我先跟您讲两个不太靠谱的论文选题法,当然,我用这个方法的时候不知道它不靠谱,是读博之后才发现的。第一个不靠谱的选题法是我大四写本科毕业论文的时候采用的方法。写论文之前当然要选一个题目。我们学校当时采取的是"师生双选"的方法,就是我先想一个题目,然后去联系相关领域的老师,如果这个老师同意带我,我俩就完成"双选"。我当时对刑法挺感兴趣的,然后想着"正当防卫"这个题目是热点,写的人也很多,所以我就想写《刑法中正当防卫的边界》。于是,我拿着这个题目去找教过我的那位刑法老师,问他可不可以做我的导师,他答应了。然后我的选题就完成了。

鱼老师 那么,你现在想来,这个选题方法不靠谱在哪?

芋 头 "研究热点问题"倒是没错,但这么干的话很难实现真正的学术创新啊。换句话讲,我发现的问题是"大家都觉得是个问题的问题",而不是"是个问题且还没得到解决的问题"。当然,当时我只不过是个大四学生,我肯定也写不出什么惊天地泣鬼神的大作。我能把一个问题的学术争论写明白并提出自己的看法就很不错啦。

鱼老师 所以,选题首先不能是追热点,除非你真的觉得这个热点问题还有全新的解决方法。否则,容易写成"文献综述"或者重复他人的既有观点。

然后呢?你刚才说过的还有一种不太靠谱的论文选题法是啥?

芋 头 是我写硕士学位论文时用过的选题法。我确定了一个领域,然后去知网翻了翻同一领域的硕士学位论文。我发现那个题目已经有其他人写过了,但在我看来写的角度不大对,或者说我认为写得不够深入,所以,我觉得自己可以换个角度，写一篇质量更好的论文。

花　椒　哈哈！这种选题法倒是比前一种进步了一点，至少是针对"现有研究的不足"去进一步展开你的研究。但"能补充其他硕士学位论文的不足"并不代表你写的东西真的有学术价值啊。完全可能是"对方是 3+4，你是 5+2"，你俩水准完全相同。

芋　头　我现在知道了！可我当时还沾沾自喜呢，感觉我比其他硕士生都强。

鱼老师　所以，论文选题这事儿，首先不能盲目追热点，其次不能靠挑别人毛病反证自己的选题更佳。咱们前面刚刚说过，论文选题要针对"研究空白"进行。但"追热点"和"找别人研究的瑕疵"并不自动构成"填补研究空白"。

　　花椒，我记得你发表过论文，你对于选题有什么经验？

花　椒　我认为，寻找一个好的论文选题，可能有几种方法。第一种方法是，我在实践中发现了一个新案例，这个案例揭示了一个理论问题或者法律适用问题，或者立法漏洞。比较典型的，如许霆案。这样的案例本身就是论文选题的来源。当然，这个案例可能是热点，也可能不是热点。"热点案例"反倒难写，因为在我之前必然已有很多人进行了相关研究。我必须提出一个全新的解决思路，才算"追热点"成功。但这真的不容易！而对于"非热点案例"，即研究的没那么深入的案例，我反而能够从中提出新问题。

第二种方法是,我在读文献的时候,发现有一篇文献的论证有问题,如那个问题不应该论证得如此简单,或者作者在论证过程中并没有考虑到全部情况。这种情况适合写"商榷"类论文。不过,此类论文的写作,绝对不是抓住鸡毛蒜皮的小事儿一顿啰唆就行了的。"商榷"的内容本身必须是一个重要的分歧。

芋　头　师姐,你觉不觉得,你说的这两种方法,跟我刚才说的那两种不靠谱的方法有交叠?

花　椒　我正要说这事儿啊。我说的第一种方法,不是让你去"追热点",而是寻找"热门"或者"没那么热门"的案例背后的理论问题。判断的关键标准是,能不能从"特殊性案例"中抽出一个"普遍性问题"。比如,从一个案例中提炼出刑法学界持续十年之久的学术争议点。然后,提出这个争议点在此案中的新表现。

芋　头　啊!我肯定不行。懂了。

花　椒　第二种方法与之同理。绝对不能是"对方写了 A 条约项下的贸易与文化之争,我来写写 B 条约项下的贸易与文化之争"。也不能是"对方写了 A、B、C 三个条约,我觉得他还应该写写 D 条约,所以我专门用一篇论文来写 D 条约"。这属于"在对方思路下的同义反复",不算你自己实现的创新。"在他人基础上的创新",应该是"对方对这个问题一笔带过,但我认为,他忽略了这个问题可能成立的一个重要前提,而这个前提问题重重"。或者,"我觉得对方的论述过于理想化了。我从前见过三个反例!我要论述下,这三个反例未来反而可能成为主流"。

芋　头　明白了。也就是说,我不能因为对方的论证"缺了点啥"就贸然写论文去反驳,而应是从"缺了点啥"的事实中刨出来对方思想中一个"理所当然"之处,批判这个"理所当然"之处并不真的是"理所当然",且将其上升为一个可能很严重的问题。

花　椒　对。"发现有坑"并不必然代表你可以就此题目写论文,发现"有大坑"才行。至于这个坑得多大,我的经验是,"大的能装下一个理论问题"就行。

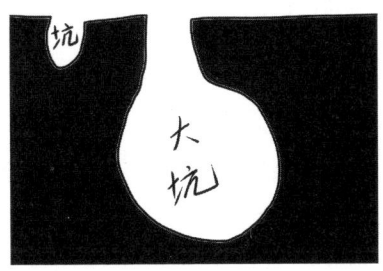

芋　头　师姐,这两种方法都不容易啊,还有没有简单点的方法?

花　椒　有。还有一种纯实践导向的论文写法,就是我在实践中发现了问题,但寻遍文献都没找到适当的解决方法。我举个例子,美国在国际贸易领域提出了一项主张,我原本认为这个主张是违反国际法的,但检索了文献却发现,通过现行国际法规则解决这个问题都不是特别合适。在这种情况下,我就会想写一篇文章来讨论为什么国际法"不好使"。这种方法当然可以"上升为理论问题",但也完全可以不上升为理论问题,单纯从"提出问题—分析问题为什么产生—提出解决方法"的角度去写。

鱼老师 好,三种方法都很实用。不过,咱们补充一下啊,上面的说法都是针对"发表"级别的论文而言的。对于本科毕业论文而言,我们的要求并没有那么高。正如芋头同学的导师也并没有要求芋头非得写出理论创新,我们的要求往往只是"把问题写明白并提出自己的观点,且用学过的法律问题加以论证,言之成理即可"。

当然,选题的方法不仅包括这三种,还包括"理论现实比照法",即你突然发现一个理论在实践中没法实施或者实践的发展和理论预测完全相反,这也会是一个很好的论文选题。举个例子,"比较优势理论"是经典理论,在该理论项下,一个国家应该生产擅长的商品。但突然有一天,你发现一个资源相当匮乏的国家开始对外出口钢铁制品!这就可能是一个好选题。

又如,"历史研究法",即你发现了某个问题的发展和它在历史上的路径截然不同,于是你想去探寻这个现象的成因。最典型的一个例子是,美国法律中一直存在某个条款,但那个条款通常两三年才会被适用一次;然而,从某一年开始,你突然发现,那个条款在同一年被适用了4次!这就是一个"历史研究法"。

再如,"反常识现象追踪法",即一件事儿的发展有悖常理。普通老百姓都知道的道理,偏偏在这件事上就失效了!这种现象也很有研究价值。

诸如此类产生选题的方法不胜枚举。但共性在于,都是从很平常的事件中看出反常来,再将其上升到一个相当的高度。至于你能不能从这个事件中看出"反常",就相当考验个人理论储备和知识积累了。我举个例子,假设我提出一个命题:"外卖小哥"利益的劳动法保护。你能想到什么法律问题吗?

花　椒　老师,我不懂劳动法啊,我甚至不知道"外卖小哥"受不受劳动法保护!

鱼老师　对,这就是问题所在。对于天天研究劳动法的学者而言,"外卖小哥"问题或许会给他带来一大把选题;但对于咱们这种门外汉而言,至多会琢磨一下"劳动法适不适用"也就算啦。

好,那么咱们转回来讨论 AI 为什么没法帮助我们找到好选题的问题。

分析 AI 之前,我先问你们一个问题:假设你俩都要写博士学位论文了,你们会不会首先在知网上闲逛一番,然后发现一个挺有意思的关键词,于是一拍脑袋:"就这个了!我要在这个领域里写篇论文!"于是你就跑去找你的老师:"老师,请您给我一个这个领域中有研究前景的题目吧!"

花　椒　老师,我的导师不是阿拉丁神灯,他不接受许愿!

芋　头　我也不敢啊。我随便拿一个关键词去让我的导师给我找题目,肯定会被他逐出师门的。

鱼老师　你们的导师为啥都不接受许愿?

花　椒　因为,选择题目背后本身就包含了大量的文献检索、思考、判断。如果写论文是我自己的事儿,那么判断的过程也是我自己的事儿。我的导师说过,在我读博期间,他最重要的任务就是教会我选题,不然等我毕业了可咋整呢。

鱼老师 好,那么我再问一个问题,假设你俩的导师都接受了许愿,真的扔给你们一个题目,你们敢不敢写?

芋头 不敢!我有个师弟,他跟老师说,"不知道论文写什么",我的导师扔给他一个题目,让他去写。这个师弟现在特别痛苦,因为他连那个领域的基础知识都不咋了解,更想不出在那个领域可以从哪儿入手去写论文。而且这个师弟既不敢埋怨导师给的题目不好,又不敢请导师给他换个题目。毕竟,导师可能给他换一个更难写的。

鱼老师 所以,咱们再回过头来讨论上面刚刚说到的"让 AI 给你一个论文题目",这件事不靠谱之处在哪儿?

花椒 它违反了科研规律!正常的科研规律是,选题要从问题出发,即我要先发现一个问题才能去搜集资料、寻找入手点,约等于"我看到地上有个洞,感觉洞里有兔子,才会想办法去把洞里的兔子抓出来";而"AI 生成论文题目"则恰好相反,约等于"AI 告诉我这一带有兔子,让我去找洞,找到了洞,再自己抓兔子"。这并不省事儿啊!更何况,"AI 会胡说八道"几乎是共识。假设我找了半天"兔子",结果发现 AI 居然在骗我,那么我真的想把电脑扔了!

芋　头　不仅如此,就算 AI 明察秋毫洞若观火,AI 给我的题目也不一定是我能写得了的,尤其给我的很可能是我前期没有积累,也发现不了问题在哪儿的题目。

鱼老师　这些题目其实还有个问题——大。AI 列举出的每个题目都足以写个博士学位论文。所以,如果仅就小论文而言,这些题目都需要进一步限缩。

芋　头　老师,您的意思是,我未来写博士学位论文的时候可以请 AI 帮忙找题目?

鱼老师　不行!假设我的博士生这么找题目,我一定会反思自己为什么没教会他们什么叫"创新"。我只是说"上面这些题目都大到足以写个博士学位论文",但没说这些题目一定都能写啊!博士学位论文同样需要具有"创新性",尽管这个"创新性"可能与一万字小论文不同。对于小论文而言,很可能要求:针对这个题目,没有人采用过同一个角度去写,或者没有提出过同一个观点。然而,对于大论文而言,它的体量很大,所以我们并不会硬性要求这个题目"从未有人写过"。从理论上讲,博士学位论文的创新,完全可能体现在"很多人都写过这个题目,但从来没有人综合的、成体系性地阐释过这个问题"。把很多人的研究成果汇总,并在此基础上提出体系性的看法,这同样是博士学位论文的创新,甚至是博士生小朋友最容易实现的创新。至于其他的创新方式,还可能包括"对某个领域的案例进行汇总""以某一个理论系统性解读某一领域",等等。所以,以上题目能否作为"有新意的博士学位论文题目"?当然能啊。但这些题目究竟能不能被某一个特定的博士生写出新意?我的答案是,"不一定"。

花　椒　老师,那么,您能不能给我个简单的答案,AI 究竟能不能帮我进行论文选题?

鱼老师　能。但绝对不是上面那种"快餐式"选题法。咱们后续会进一步介绍。

第三幕　AI 辅助选题(一):提供思考问题的角度

芋　头　老师,所以,我们在选题环节究竟能不能用 AI?

鱼老师　能,但不是上面那种用法。咱们刚才分析过了,激励你选题的灵感火花是无法依赖 AI 获得的,但灵感火花毕竟仅仅是个火花。它究竟能不能变成论文题目，还要经过相当一段时间的加工。举个例子，我从前写过一篇论文，写作的缘起是，我发现美国经常对中国企业进行跨境数据调取。中国企业往往会根据我国的《个人信息保护法》做出抗辩，但这个抗辩基本上没法阻断美国调取跨境数据！

你俩觉得，这个灵感火花够不够写论文？

芋　头　够！您能提出这个问题，就说明您已经读了足够多的案例，所以，论文写作的前期资料储备应该是充足的。

花　椒　我也觉得够啦，因为您提出的是一个很明确的法律问题。问题或者出在我国《个人信息保护法》上或者出在美国法院那边，但无论咋样，这肯定都是个亟待解决的法律问题。

鱼老师　那么，你们觉得，我发现了这个问题，且确定国内学者暂时没有给这个现象找到能说服我的原因，那么我能不能马上动笔写？

芋　头　不能！这仅仅是提出了问题，但并没确定论文究竟应从哪个角度去切入这个现象啊！

哪怕您已经就这个问题有了自己的思考，但这个题目原本也可以从很多角度去分析的。比如，从我国个人信息保护法律阻断效力的角度、从我国企业合法权益保护的角度、从跨境数据流动的角度……

鱼老师 说得对!所以,即便我发现了一个值得研究的现象,在最终确立研究角度之前,还是需要反复斟酌各角度的优缺点。这个过程,实际上就是我可以使用 AI 辅助选题的第一个方面:让 AI 尝试帮我列举切入这个题目的可能的角度。比如,我可以这么问 AI:

> 我发现,美国经常对中国企业进行跨境数据调取。中国企业往往会用我国的《个人信息保护法》做出抗辩,但这个抗辩基本上没法阻断美国调取跨境数据。请帮我分析,这个问题可以从哪些角度撰写论文。

然后,AI 真的可以给我提出一系列角度:

> 撰写论文分析美国对中国企业进行跨境数据调取的问题,可以从以下几个角度进行:
>
> 法律框架比较:比较美国和中国在数据保护和隐私方面的法律框架,包括美国的《澄清海外合法数据使用法案》(CLOUD Act)与中国的《个人信息保护法》和《数据安全法》,分析两国法律对于跨境数据调取的规定及其差异。
>
> 数据主权与隐私权的平衡:探讨在全球化背景下,如何平衡数据主权与个人隐私权的保护,特别是在跨境数据调取中如何保障个人信息安全。
>
> 技术与法律的互动:分析技术发展对法律制度的影响,以及现有法律如何适应技术进步,特别是在数据存

储和处理方面。

　　国际合作与冲突:研究国际社会在跨境数据调取问题上的合作与冲突,以及如何通过国际条约和协定来解决这些问题。

　　企业合规策略:分析中国企业在美国法律框架下如何制定合规策略,以应对跨境数据调取的要求。

　　国家安全与数据保护:探讨国家安全与数据保护之间的关系,以及如何在保护国家安全的同时,维护企业和个人信息的合法权益。

　　案例研究:通过具体案例分析,如微软爱尔兰数据中心案,探讨跨境数据调取的法律问题和实际操作。

你们觉得咋样?

花　椒　哈,AI还挺聪明的!虽说这些角度本身并不刁钻,但我承认,我一时半会儿很可能想不到这么多论证角度。所以,这是AI辅助选题的第一个功能:帮忙寻找切入某选题的角度。

鱼老师　对!AI未必能创造知识,但完全可以给我提供灵感,让我的思考更加周全。

芋　头　老师,然后呢?假设您从中挑选了一个角度,比如,"数据主权与隐私权的平衡"。选题环节就可以到此为止了吗?

鱼老师　不是啊！咱们刚才讨论"AI 生成论文选题"的时候,讨论过论文选题的新颖性问题。我们目前的论文题目倒不是 AI 生成的,但也同样存在新颖性问题。我们还需再次判断,论文选择的角度究竟是不是别人早就写过了。

芋　头　老师,怎么判断?

鱼老师　很简单,仅就中文文献而言,包括百度学术、知网在内都会有"开题助手"功能。举个例子,百度学术的"开题分析"板块就表示,它能够多维度发现选题,从研究趋势中发现某一方向的热度,从研究网络中发现高相关研究点等。这些功能本质上也是 AI 啊！所以,我在初步确定一个分析角度后,往往会使用"开题助手"类功能,大体回顾下其他类似著述,以免论文选题"撞衫"。

花　椒　老师,也就是说,选题这事儿主要还得我们自己做,AI 能做的其实挺有限的:帮我们确定分析角度,以及帮我们筛选既有文献,避免重复研究。是吧?

鱼老师　基本如此。论文选题本身是高度个性化的活动,也是论文写作环节中最考验一个人创造力的活动。我相信,你们的导师应该都说过,"论文选题好就成功了一半",对不?

芋　头　对,我听过!

鱼老师　所以,这个环节真的指望不上 AI。跟你们讲个笑话,我从前跟朋友讲,我要给学生辅导"AI 辅助科研"。我有个教授朋友就直接问我:"你就不怕学生们的论文选题高度雷同？全都是 AI 给的题目？"我回答:"不怕！因为至少在选题环节，我的信念是，AI 替代不了人类！我绝不会教导学生们依赖 AI 去选题。"顺便说一句，你们发现没有，"数据主权与隐私权的平衡"这个视角，其实完全无法被用于分析"美国强行要求中国企业提供存储在中国境内的数据"这个问题。

芋　头　啊……您一说我才反应过来，这真不对劲啊！如果数据存储在中国，那么中国而非美国才是"数据主权"享有者。同理，隐私权保护也是中国政府而非美国政府的职责。所以，美国强行调取中国企业在中国的数据，这同时体现了美国对中国数据主权的侵犯，以及美国对中国居民隐私权的侵犯！这怎么可能是"数据主权和隐私权的平衡"呢？

鱼老师　所以，AI 会出错，在选题环节也不例外！大家可以在这个环节找 AI 咨询，但对于咨询结果应该有自己的判断。否则，选题偏颇或者错误，就会直接影响到整篇论文的写作。

花椒 & 芋头　明白了！

第四幕　AI 辅助选题（二）：帮助提炼核心观点

鱼老师　在选题环节，我还有一个 AI 使用技巧，即跟 AI 聊天，让它帮我提炼论文核心观点。关于"选题阶段为什么需要提炼核心观点"的问题，你俩都清楚，对吧？

花　椒　对！我的导师教过我，如果我对某问题的认识还停留在"我要研究我国的数据出境规则"，那么我应该还没准备好写论文。但如果我对这个问题的认识已经升华到了"我国数据出境规则过分强调风险防范了！我认为应该采用事后惩罚而非事前监管的方式去处理数据出境问题"，那么我就可以写论文了。

鱼老师　很好！"提炼核心观点"是"论文可以写"的前提之一。我也是这么教我的博士生的。所以，我的博士生很有可能因为这事儿来找我："老师，我现在想写一个某某问题，我的想法是这样的，但我就是没办法用一句话来概括我到底想论述什么！您能不能帮我提炼下这句话？"

芋　头　哈，老师，您一般会怎么说？把学生赶出去，让他想好了再回来找您？

鱼老师　那倒不会，我通常还是会听学生把自己的想法说完的。毕竟，我的博导，在我读博的时候也做过类似的事儿。我想了好几天都没想明白的问题，他一句话就帮我搞定啦。那篇文章也是我独立发表的第一篇论文。不过,在我毕业、工作之后,我面临的一个问题就是,我不好意思再去麻烦我的导师啦。所以,当我面临"需要提炼论文的核心观点"的问题时,我还是需要有人帮我厘清思路的。

芋　头　所以,老师,您找上了AI?

鱼老师　对啊。AI陪聊还是挺在行的。我给你们讲个故事,我要写一本书,是关于AI辅助科研的,但我思前想后也没想好这本书应该沿着什么主线去写,也没想好这本书的主要"卖点"是什么。所以,我就去跟AI聊天啦。聊天记录大概是这样的:

> 我:请帮我思考一本书的主要特征。我想要突出的书的特点是,书中教授的AI辅助论文写作技巧,是完全符合科研规律的。这本书是教怎么在做科研的时候,用科研的逻辑去教AI应用,即这个地方应该这么做科研,我们用AI来节省下劳动力。你觉得这本书的题目应该是啥样?
>
> AI:这本书的题目应该能够体现AI技术与科研写作的结合,同时传达出一种科学严谨和创新的感觉。以下是一些建议:
>
> 《智能笔触:科研写作的AI革新》
>
> 《逻辑与算法:AI辅助科研写作指南》

《智慧的篇章:AI 在科研写作中的应用》

《科研的智能助手:AI 写作技巧与实践》

我:上述题目的确能够体现 AI 辅助科研,但一方面,过于文艺;另一方面,没法和市面上大量的 AI 辅助科研教程相区分,也体现不出本书的主要特征。请突出书的最大特点:讲科研逻辑,用 AI 节省时间。

AI:理解了您的需求,书名需要突出科研逻辑和使用 AI 节省时间的特点。以下是一些建议:

《逻辑引擎:AI 赋能的科研写作》

《智能科研:逻辑驱动的 AI 写作技巧》

《科研加速:AI 在学术写作中的应用》

《逻辑与效率:AI 辅助的科研写作指南》

我:请继续帮我想,大致意思就是"AI 使用是符合科研规律的"。

AI:当然,以下是一些建议,旨在强调 AI 的使用是遵循科研规律的:

《科研法则:AI 在学术写作中的规范应用》

《逻辑与算法:AI 辅助科研写作的科学路径》

《科研的智能伙伴:遵循规律的 AI 写作指南》

我:还不是很能突出 AI 在科研当中的功能。可能是我没说清楚，我真正想说的是，在科研的正规流程当中，用 AI 去替代人工处理一系列流程。AI 是辅助的，科研的一般性做法才是主流的。是科研为主，不是科研跟着 AI 走！你看这个题目咋样？"我是 AI 书，更是科研书！——人工智能辅助科研实训教程。"

AI：这个书名很好地平衡了专业性和趣味性，同时也清楚地传达了书籍的内容和目的。它适合那些既想了解 AI 技术，又想在科研实践中应用这些技术的读者。总体来说，这个书名非常符合一本旨在教授 AI 辅助科研技巧的书籍，它能够吸引目标读者的注意，并清楚地传达书籍的核心价值。

你们怎么看上面这个聊天记录？

芋　头　哈哈，我还以为老师您要让 AI 直接给你一个书的名字！不过，AI 起的这几个名字真不咋像话。第一批题目过于文艺了；第二批题目挺平平无奇的；第三批题目算是在您的要求下体现了"AI 使用符合科研规律"，但题目没意思啊！

花　椒　芋头，我觉得问题的关键不在于 AI 会不会起题目。老师把聊天记录放出来，是为了让我们观看 AI 如何启发她新书选题的。

芋　头　好，我按照这个思路思考下。的确！老师第一次提问的时候，其实已经明白这本书的特征是啥了，但没办法很好地把这个意思表现出来。"书中教授的 AI 辅助论文写作技巧,是完全符合科研规律的"这句话当然对,但说出来就有点儿阐释常识的感觉。毕竟,我相信没有哪本 AI 教程敢公开宣称,我的 AI 教程反科研规律!当然,老师,这应该不是您的错,毕竟挺多真理换个方式表述都挺像废话的。

然后,您的第二次提问,其实已经对第一次和 AI 的无效沟通进行反思了。我觉得这个过程类似于,一个女生去拍艺术照,摄影师问她想要啥样的,她说不出来,但一旦摄影师拿出来几张样片,她就很可能会反应过来:不要这样的!我要阳光一点的风格!也不要这样的!这个太幼态了,我想要略成熟一点的!然后摄影师就明白啦。

鱼老师　很好,这其实是个"照镜子"的过程。有的时候,AI 确实不算靠谱,但我们反而能够从"对方为什么不理解我说的话"和"我究竟需要对方理解我的哪个要点"当中提炼出真正想要表达的内容。

芋　头　所以,您第二次给 AI 的指令就强调了"讲科研逻辑、用 AI 节省时间"?

鱼老师　对。尽管事后想来,这个表述仍然是不精确的,并没有把"AI 和科研"连接起来。在各种反思过后,我终于领悟到,我真正想说的其实是最后一次指令:在科研的正规流程中，用 AI 去替代人工处理一系列流程。AI 是辅助，科研的一般性做法才是主流的。而说到这里，我也就自动反应到，我真正想说的是"我是 AI 书，更是科研书！——人工智能辅助科研实训教程"。我后来还是感觉这个措辞不大精确，"辅助"没错，但还不精确。所以，我后续又把题目改成了"人工智能融入科研实训教程"。"融入"这个词就应该能体现我的真实意图了。

和 AI 对话的这个过程，本质上未必是"让 AI 给我提供答案"，而是通过跟 AI 的对话，反思我自己真正想要表达的内容。毕竟，如果 AI 不理解我的意图，肯定是因为我没表达明白！

花　　椒　哈，这就是传说中的"教学相长"，即某种教育学理论所宣称的，把知识教给他人是最高端的学习方式。

鱼老师　差不多！所以，咱们接下来用专业的、学术性的内容练习一下，如何通过"让 AI 明白我的想法"，实现对本人核心观点的成功提炼。

我再给你们一份我和 AI 的聊天记录，你们瞅瞅。

我：我想写一篇论文，分析欧盟最新出台的供应链指令。我觉得这个指令的逻辑和此前的贸易逻辑都不一样。例如，反倾销和反补贴是以本国市场为限度，只规制进口商品本身，而供应链指令则规制本国企业的合作企业。你觉得这个选题怎么样？

AI：撰写关于欧盟最新出台的供应链指令的论文是一个具有高度现实意义和理论价值的选题。以下是一些建议的分析角度：

法律框架分析：首先，可以分析供应链指令的法律框架，包括它在欧盟法律体系中的位置，以及与现有国际贸易法的关系。研究供应链指令与 WTO 规则，特别是 GATT 第 21 条的关系和区别。

立法目的和背景：探讨欧盟出台供应链指令的深层原因，包括政治、经济、社会因素，以及它是如何响应全球供应链中出现的问题，例如，人权侵犯、环境污染等。

指令内容解读：详细解读供应链指令的具体内容，包括其适用范围、尽职调查要求、风险评估与管理流程、信息披露规定等。

与现有贸易措施的比较：将供应链指令与传统的贸易措施如反倾销、反补贴等进行比较，分析其在逻辑、范围和影响方面的差异。

国际合作与竞争：分析供应链指令对国际贸易合作与竞争的影响，以及它如何影响欧盟与其他国家和地区的贸易关系。

……

我：我觉得，欧盟供应链指令会影响国际环境保护问题。你认为这个适合写国际法领域的论文吗？

AI：你的论文选题探讨欧盟供应链指令对国际环境保护的影响是非常适宜的，并且具有重要的学术价值和现实意义。以下是一些建议的研究角度：

供应链指令的环境保护要求：分析欧盟供应链指令中关于环境保护的具体规定，以及这些规定如何影响企业在全球供应链中的环境行为。

国际环境法的相关规定：研究国际环境法的相关原则和规则，如《联合国工商业与人权指导原则》等，以及它们与欧盟供应链指令的关系。

指令与国际环境保护的联系：探讨供应链指令如何与国际环境保护的法律框架相衔接，包括它如何推动全球环境保护标准的提升。

我：我不是特别想写欧盟供应链指令与现有国际环境法之间的关系。我想说的是，欧盟最新立法其实不算是国际法，但它在客观上起到了约束其他国家企业行为的作用。我想分析这种现象，你觉得我应该如何拟定选题？

AI：你的论文选题探讨欧盟供应链指令如何超越传统的国际法框架，通过规制本国企业来影响全球供应链，进而对其他国家的企业行为产生约束力，是一个非常有趣且具有现实意义的话题。以下是一些建议的研究角度：

欧盟供应链指令的性质与特点：首先介绍欧盟供应链指令的主要内容和特点，分析其与传统国际法中国家管辖权的界限。

"布鲁塞尔效应"的现代表现：探讨欧盟供应链指令如何成为"布鲁塞尔效应"的新表现，即通过规制本国企业来间接影响全球供应链。

域外适用的合法性与合理性：分析欧盟供应链指令域外适用的国际法基础，包括其合法性和合理性，以及可能面临的挑战和争议。

国际法与国内法的互动：研究欧盟供应链指令如何与国际法原则相协调，以及它如何影响其他国家的国内法律和政策。

我：好的，我想要说的应该是第二点和第三点的综合。欧盟供应链指令其实不算是"布鲁塞尔效应"，但和它有关。但欧盟法也在客观上有域外适用。那么，你认为，我把落脚点放在"欧盟供应链指令通过非典型'布鲁塞尔效应'实现了域外适用"上，如何？

AI：你的论文选题"欧盟供应链指令通过非典型'布鲁塞尔效应'实现了域外适用"非常适合国际法领域的研究。以下是一些建议的研究角度：

"布鲁塞尔效应"的再定义：分析"布鲁塞尔效应"的传统含义，即欧盟如何通过市场力量影响全球市场规则，并探讨在供应链指令中这一效应的新表现和特点。

供应链指令的域外适用性：研究欧盟供应链指令如何超越传统的国家管辖权界限，影响非欧盟国家的企业和行为。

国际法中的域外适用原则：探讨国际法中关于域外适用的法律原则和实践，包括国家管辖权的扩张及其合法性问题。

欧盟供应链指令的具体内容与国际影响：详细解读供应链指令的内容，分析其对全球供应链的具体影响，特别是在环境保护和人权方面的国际影响。

全球供应链中的反应与适应：研究全球供应链中不同国家和地区的企业如何响应欧盟供应链指令的要求，以及这些响应措施的效果。

……

以上过程，是我已经读完了与欧盟供应链指令相关的所有文献，在选择角度进行论述之前和 AI 的一次对话。在对话之前，我的知识储备是够的，但恰恰是由于知识储备太多了，反而不容易从中找到一个"线头"。所以，和 AI 的第一轮对话，实际上是请 AI 帮我分析可能从哪些角度论证；而第二轮对话，即告诉 AI"我想写环境问题"时，其实是从 AI 的回答中反向推断出了我想写什么——"我不是特别想写欧盟供应链指令与现有国际环境法之间的关系。我想说的是,欧盟最新立法其实不算是国际法,但它在客观上起到了约束其他国家企业行为的作用"。这会给我带来一个新的灵感——欧盟供应链指令的特异之处。在第三轮对话中,AI 继续向我提示可能的写作方向——"布鲁塞尔效应"的现代表现,以及域外适用的合法性与合理性。这又进一步提示我把这两个方向合二为一而最终确立论点。

不过,需要和大家强调的是,这个对话的发生是有前提的! 你们猜前提是什么?

芋　头　老师,我猜前提是,您已经把与欧盟供应链指令相关的内容都读完了。

花　椒　还有,您是知道啥是域外效力、啥是"布鲁塞尔效应"的。

鱼老师　对。我绝对不是扔几个关键词给 AI,让它给我找写作方向。上面的对话实际上被我简化了,在第一轮对话中,AI 足足给我找了十几个可写的角度。如果我对这个题目一窍不通,这一轮就相当于"抽盲盒"了。抽出来的东西很可能一文不值,但如果我对于供应链问题有了一定的了解,我就可能会选择其中一个我比较熟悉、资料也多、具有可写性的方向。

芋　头　第二轮对话当中的"反向推断"也是同理,对不? 您其实是知道 AI 不靠谱,所以才从它不靠谱的回答中反向找到了问题切入点。

鱼老师 对。从异常现象当中找灵感,其实是论文选题的常用技巧。

第三轮对话就稍微更深入了一点,不过,这一轮对话其实更加依赖作者本身的判断。因为,"布鲁塞尔效应"和"域外效力"背后都有相当的理论基础。在我没听过"布鲁塞尔效应"之前,如果有人问我,欧盟某某条例是否体现了"布鲁塞尔效应"?我也会一脸蒙地反问:啥?这就相当于有人来问你"欧盟当前的对华政策是否属于进攻现实主义?"

芋头 哈,我根本不知道啥叫进攻现实主义!所以根本不敢回答这个问题啊,更不敢就这个问题写论文。

鱼老师 对!所以,与 AI 对话的前提是,你的知识储备丰富,仅需要让 AI 替你发掘下尘封在脑子里的内容,而非让 AI 替你寻找论文切入点,然后你不假思索地盲从。

This book: 本部分的AI辅助科研功能清单

科研怎么做 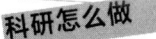 HOW TO DO IT

"选题"是写论文的基础,得瞄着有待研究但还没人研究的问题去做。

AI 帮你做 HELP TO DO IT

AI的主要功能其实在于"对话",即通过和你的交流,正向或反向给你提供灵感和思路。如果你发现AI完美地理解了你的意思,那么AI很可能会给你提供更加简洁的方案;但更常见的情况是,AI不理解你的意思。那么,在纠正AI的过程中,你反倒可能会进一步厘清自己的想法,进而明晰自己的观点。

别让AI做 DON'T DO IT

别让AI直接给你一个选题!AI根本不知道啥是研究空白。

第五讲
AI 辅助论证框架建构

第一幕 "AI 不靠谱"之一：
它能把议论文替你写成说明文

鱼老师 咱们今天来分析一下 AI 如何辅助论证框架的架构。我首先给大家讲个笑话，内容是"如何用 AI 辅助生成论文大纲"。网上有一个帖子，它的标题为"如何在一小时内完成一篇毕业论文"，其中就教读者喂给 AI 一个题目，让 AI 生成论文大纲。我给你们演示一下：

> 我：我想写一篇题目为《欧盟供应链指令中环境条款的域外效力》的论文，请帮我生成一个大纲。

> AI：当然，以下是一个关于《欧盟供应链指令中环境条款的域外效力》的论文大纲：

> 标题：欧盟供应链指令中环境条款的域外效力

摘要：

- 研究背景与意义

- 研究目的和问题

- 研究方法和范围

- 论文结构概述

第一章：引言

1. 研究背景

2. 欧盟供应链指令的出台背景

3. 环境条款在供应链指令中的重要性

4. 研究的必要性和实际意义

第二章：欧盟供应链指令概述

1. 供应链指令的立法历程

2. 指令的主要内容和目标

3. 环境条款的具体规定

4. 指令的适用范围和对象

第三章：国际法中的域外适用原则

1. 域外适用的国际法基础

2. 国际法中域外适用的合法性问题

3. 其他国家/地区法律中的域外适用案例

4. 国际社会对域外适用的态度和反应

第四章：欧盟供应链指令环境条款的域外效力分析

1. 环境条款的域外适用机制

2. 域外效力的法律依据和合理性

3. 域外效力的实际影响和案例分析

4. 域外效力的限制和挑战

第五章：全球供应链中的环境治理

1. 全球供应链环境治理的现状

2. 欧盟供应链指令对全球环境治理的影响

3. 非欧盟国家对环境条款的响应和适应

4. 中国企业的应对策略和实践

第六章：欧盟供应链指令环境条款的域外效力与中国

1. 中国在全球化供应链中的地位

2. 欧盟供应链指令对中国企业的影响

3. 中国法律体系中的域外适用问题

4. 中国企业的应对策略和建议

第七章：结论与建议

1. 研究总结

2. 欧盟供应链指令环境条款域外效力的评价

3. 对欧盟立法和政策的建议

4. 对中国企业和政府的建议

参考文献

这个大纲提供了一个全面的框架，用于分析和讨论欧盟供应链指令中环境条款的域外效力，以及这一效力对全球供应链环境治理和中国企业的影响。

你们觉得咋样？不要从专业知识角度分析哈，只从论文写作和逻辑架构角度分析就行。

花　椒　哈哈！这样的提纲，我能一分钟写一篇！

鱼老师　你觉得提纲的问题在哪？

花　椒　这不是我的导师明令禁止我们写的论文结构嘛！开篇写"研究背景与意义"也就算了，那是套路化结构，不是 AI 的错。第一章"引言"和第二章"欧盟供应链指令概述"的问题在于，写论文决不能专门用一章或者一部分去做背景知识介绍，或者说去描述"这个东西是什么"。这会被看作"水字数"的。这个提纲居然用了两章去铺垫！

芋　头　第三章到第五章的结构安排也有问题。如果说第一章和第二章是对欧盟供应链指令的介绍，那么第三章就是对域外效力的介绍。第四章是对欧盟法中环境条款域外效力的介绍。第五章是对全球供应链中的环境治理问题的分析。这三章的问题是,没有逻辑联系啊! 纯属想到哪写到哪。

比如,到第五章为止,这个提纲的逻辑是这样的:

论文题目:A 法律当中 B 条款的 C 特征分析

第一章、第二章:A 法律介绍;

第三章:C 特征综述;

第四章:B 条款有 C 特征;

第五章:B 条款有了 C 特征之后的影响。

花 椒 然后,第六章和第七章的提纲就是"没有感情的套路"了。我上次去给硕士学位论文开题做秘书,发现好多同学的提纲都是这样的。老师们一问,同学们就表示,这是因为现在还处于"开题"阶段,其实没想好对策是啥,只是为了保证论文提纲体系性才会随手编一个"万金油"式的结尾。等到论文写完之后,结尾部分的提纲肯定要改!

鱼老师 看来你秘书没白当! 很好! 我带硕士生也常常见到这种提纲收尾方式,但只要不出现在定稿当中我一般都不介意。所以,总体来讲,你们觉得 AI 架构的论文框架咋样?

芋 头 不能用! 用了会被骂! 我的导师会嫌弃我!

鱼老师　对。上面那个 AI 提纲最大的问题就在于，它完全没有一个成型的"提出问题"环节。当然，我倒是非常理解为什么 AI 会把提纲列成这样，毕竟，刚才咱们扔给 AI 的论文题目是《欧盟供应链指令中环境条款的域外效力》。在 AI 看来，这个题目就约等于是"请帮我描述一下欧盟供应链指令—当中的—环境条款—的域外效力"。所以，AI 就会自然而然地在第一章描述指令、第二章描述环境、第三章描述域外效力，而不是把这个题目写成观点鲜明的论文。

上面这种"没有观点"的"说明文"，是任何一个导师都必然谴责的，也是我们在开题阶段竭力让学生去避免的。

第二幕　"AI 不靠谱"之二：入题太慢啦

鱼老师　我们接下来讨论一下，一个能够达到"议论文"水准的论证框架应该如何进行才能符合科研规律的架构。

花　椒　我认为，论证框架的架构应该按照传统的"提出问题—分析问题—解决问题"的结构，即我需要先提出一个问题，例如，欧盟供应链指令中有环境条款且这些条款是在域外适用的。所以，第一部分的提纲就需要包含简单的对环境条款的介绍、对其域外效力的介绍，以及重点在于这个域外效力多么的不同寻常,或者说它为什么是个问题。

第二部分是分析问题,即前面说的"是个问题"的域外效力究竟怎么破坏了国际法治,对国际社会有哪些影响。

第三部分是解决问题,即我们究竟从国际法上解决这件事儿,还是通过国内法上的反制措施去应对这个问题。

鱼老师 可以!这个结构才是一个正常的论文写作结构。它至少在逻辑上是通顺的、前后相继的。

花 椒 老师,那么我换个方式让 AI 替我写提纲,行不行?还是刚才那个题目,我这么给 AI 下命令:

> 请帮我写一篇论文提纲,内容是欧盟供应链指令中环境条款的域外效力。我想论证的是,这个"域外效力"本身是有瑕疵的,它侵犯了其他国家的主权。

我认为,这个指令已经充分地突出了观点,不至于让 AI 误会成"我需要它帮我介绍域外效力"。

鱼老师 好,你试试。

花 椒 AI 给了我这个:

> 当然,以下是一个关于《欧盟供应链指令中环境条款的域外效力》的论文提纲,旨在探讨其域外效力的瑕疵以及对其他国家主权的侵犯问题。

标题：

欧盟供应链指令中环境条款的域外效力：侵犯还是合作？

摘要：

本文旨在分析欧盟供应链指令中环境条款的域外效力，探讨其对全球供应链的影响，以及这种域外效力是否存在侵犯其他国家主权的问题。通过对比国际法原则和欧盟内部法律，本文将评估欧盟环境政策的域外延伸是否超越了国际法允许的范围。

关键词：

欧盟供应链指令；环境条款；域外效力；国家主权

第一章　引言

1.1 研究背景

1.2 研究意义

1.3 研究问题

1.4 研究方法和资料来源

第二章　欧盟供应链指令中环境条款概述

2.1 欧盟供应链指令的发展历程

2.2 环境条款的具体内容

2.3 环境条款的域外效力及其法理依据

第三章　域外效力的国际法基础与争议

3.1 域外效力的国际法定义

3.2 欧盟环境政策与国际法的互动

3.3 争议焦点:域外效力与国家主权的冲突

第四章　欧盟环境条款域外效力的实践与挑战

4.1 欧盟环境条款在实践中的域外应用

4.2 面临的挑战与国际社会的反馈

4.3 案例分析:欧盟与中国、美国的供应链冲突

第五章　欧盟环境条款域外效力的合法性分析

5.1 合法性评价的标准

5.2 欧盟环境条款与国际法原则的兼容性

5.3 域外效力与国家主权侵犯的界限

第六章　欧盟环境条款域外效力的影响评估

6.1 对全球供应链的正面影响

6.2 对第三国经济和政治的影响

6.3 长期影响与潜在风险

第七章　欧盟与其他国家和地区的合作与协调

7.1 合作机制的建立与运行

7.2 协调中的挑战与解决策略

7.3 多边与双边合作案例分析

第八章 结论与建议

8.1 欧盟环境条款域外效力的合理性与限制

8.2 对欧盟政策的建议

8.3 对第三国应对策略的建议

参考文献

附录

这个提纲提供了一个全面的框架来探讨欧盟供应链指令中环境条款的域外效力及其对国家主权的影响。通过深入分析，本文旨在为欧盟及其贸易伙伴提供实用的政策建议，以促进更加公正和可持续的全球供应链管理。

鱼老师 芋头，你谈谈观感？

芋　头 老师，这个提纲较之于第一版有了显著的进步。至少，我们能看得出来，这个 AI 还是非常努力地在体现"问题意识"的。从题目就能看得出，AI 明确提出的法律问题是"欧盟供应链指令中环境条款的域外效力：侵犯还是合作？"从提纲中也能发现，第三章标题即为"域外效力的国际法基础与争议"，且其中明确提出了"争议焦点：域外效力与国家主权的冲突"。

但，我觉得这个提纲还是不够完善。它把问题埋得太深了！如果让我按照这个逻辑去写提纲，我完全可能在第一章就提出问题:域外效力和他国主权之间存在冲突。然后第二章开始就分析冲突的具体表现形式;第三章分析这个冲突的成因或者冲突体现的理论问题;最后一章谈对策。这也就是您刚才提到的"三段论"式提纲写作。

鱼老师 对。我不知道为什么,AI架构论文提纲通常都有这个问题。不论你扔给它的选题是否具有明确的问题意识,它都喜欢过度铺陈。

你俩有兴趣的话,可以先下载一篇发表在CSSCI期刊上的论文,提炼出它的核心观点,然后请AI帮你生成论述提纲,再和那篇文章的原提纲进行对比。

芋 头 好,老师,我对这事儿非常有兴趣!我尝试一下哈。我这几天恰好读了徐莉老师的一篇论文——《安全例外条款之善意原则的适用——基于数字贸易规制视角》[1]。我把论文摘要完整复制给AI,让AI给我列一个提纲。

花 椒 我觉得挺靠谱的。毕竟,"摘要"应该是一篇论文核心思想的阐释,对吧?

芋 头 我觉得是。那么咱们试试!

(说明:此论文摘要在中国知网公开可下载。出于版权保护的原因,本书在此不再复制)

---

[1] 参见徐莉:《安全例外条款之善意原则的适用——基于数字贸易规制视角》,载《兰州大学学报(社会科学版)》2023年第5期,第99—109页。

芋　头　啊！AI 生成的这是什么啊！

根据您提供的摘要，这篇论文的主题是探讨数字贸易中的数据跨境流动对国家安全的影响，以及安全例外条款在自由贸易协定中的应用和滥用风险。以下是一篇可能的文章结构：

标题：《数字贸易中的数据跨境流动与国家安全：安全例外条款的适用与挑战》

摘要：（您已经提供了摘要内容）

关键词：数字贸易；数据跨境流动；国家安全；安全例外条款；自由贸易协定

1. 引言

－介绍数字贸易的背景和重要性。

－阐述数据跨境流动对国家安全的潜在风险。

－提出研究问题和论文的主要目的。

2. 数字贸易与数据跨境流动的背景

－描述数字贸易的发展历程。

－分析数据跨境流动的现状和趋势。

－讨论数据流动对国家安全的影响。

3. 安全例外条款的历史与现状

－回顾 WTO 安全例外条款的起源和发展。

- 探讨自由贸易协定中的安全例外条款，如 RCEP 和 CPTPP。

- 分析安全例外条款在数字贸易领域的功能与适用。

4. 安全例外条款的滥用风险

- 讨论安全例外条款可能被滥用的情况。

- 分析滥用安全例外条款对自由贸易的影响。

- 提出善意原则在防止滥用中的作用。

5. 善意原则与安全例外条款的解释与适用

- 基于《维也纳条约法公约》探讨善意原则的基本内涵。

- 厘清"基本安全利益"等重要术语的含义。

- 区分合法的国家安全措施与保护主义措施。

6. 防止安全例外条款滥用的策略

- 提出将善意原则贯穿于安全例外条款解释与适用的策略。

- 明确善意援引安全例外条款的限制条件。

- 讨论合理分配涉诉措施关于"善意"的证明责任。

7. 案例分析

- 选取具体的案例来分析安全例外条款的应用。

- 评估案例中善意原则的应用和效果。

8. 结论与建议

- 总结研究发现和论文的主要观点。

- 提出政策建议和未来研究方向。

鱼老师 我大概知道咋回事了。花椒,你没看过这篇文章,对吧?

花 椒 对。

鱼老师 好,你根据提纲来猜猜,原作者的论述重心其实是什么?

花 椒 这我哪知道啊!AI 都从"介绍数字贸易的背景和重要性"开始架构提纲了。这也跑得太远了吧!

鱼老师 咱们刚才讨论过,AI 的缺陷是"入题慢"。

花 椒 您的意思是,让我把"入题慢"的内容全忽略?哈,那我知道了。这篇文章的核心应该是"安全例外与善意原则"。您看,这个提纲从第 4 部分第 3 行开始就出现了"提出善意原则在防止滥用中的作用"。然后,从第 5 部分开始,每一部分都是关于"善意原则"的!

鱼老师 对!芋头,你要不要把正常的提纲放出来给我们瞅瞅?

芋 头 好!

这篇论文的结构设计其实非常简洁明了:

一、安全例外条款之善意原则适用的理论基础

二、数字贸易规制下善意原则在安全例外条款中

> 的适用分析
>
> 三、数字贸易规制下善意原则在安全例外条款中适用的中国因应

就这三部分!

当然,论文本身的论证层次还是很细腻的,每一部分当中都有很多小标题。但不论如何,原作品可绝对没用将近四部分去介绍什么是数字贸易。

鱼老师 所以,你们现在对于 AI"过度铺陈"的特点有所了解了吧?

花　椒 了解！我们可不能跟 AI 学啊。

第三幕　AI 辅助框架建构：细节处理

芋　头 老师,如果论文提纲架构就是"提出问题—分析问题—解决问题",那么我就完全不需要 AI 帮我架构论文框架啦。这个框架建构流程看上去相当容易!

鱼老师 你把框架建构想简单了。在实践中,论文提纲架构可不仅仅是写个一级标题就算啦,可能有一大堆细节问题需要你分门别类地填充到提纲里。恰恰这个过程,是我们完全可以外包给 AI 的。

真正的框架建构很可能是这样的,我给你模拟一下某次

我建构自己论文框架的过程。

> A. 我发现了一个现象！这个现象真奇怪呀！澳大利亚明明承认了中国市场经济地位，但仍然在个案当中大量使用替代国价格。
>
> B. 哦，这个现象还会细分为三个阶段。大概以2012年为界，2012年以前是这样的……2012年以后是这样的……
>
> C. 明白为啥2012年是节点了。
>
> D. 这个现象的产生和中澳贸易有关。
>
> E. 澳大利亚之所以能使用替代国价格，是因为它的国内反倾销调查规则很奇怪。它使用"替代国价格"，这至少在澳大利亚国内法上是合法的。
>
> F. 所以，我们不能在澳大利亚国内以违反本国法的规定为由起诉澳大利亚商务部。因为告了也没用。
>
> G. 澳大利亚国内反倾销调查规则奇怪，但未必真违反WTO规则！原因是WTO规则太模糊了。
>
> H. 所以，中国的对策……

你俩说说，我能这么写论文吗？

花　椒　老师，我觉得不行。您这个推理过程的确是按照"提出问题—分析问题—解决问题"的逻辑，但如果这么写，第一个问题就是重点非常不突出。其中法律问题和非法律问题相交织，论文写出来就会特别乱。第二个问题是逻辑分岔太多了，即便只考虑法律问题，"2012年是节点"这事儿和"澳大利亚奇怪的反倾销规则"分别属于不同的逻辑链条。论文写出来就会变成"澳大利亚对华反倾销的若干问题分析"。

芋　头　老师，我也觉得不行。这个论文写起来还是需要一点儿铺垫的，就这么写的话，感觉有些突兀。比如，还需要交代一下，"替代国价格"这事儿为什么重要。

鱼老师　所以，我还需要进一步精进逻辑、架构论文。但具体怎么架构，我完全可以把上面的一系列要素全都喂给AI，让它提出几个提纲以供参考。

芋　头　老师，这些提纲靠谱不？

鱼老师　不一定，仅供参考。我给你们看看AI究竟给我生成了什么。

框架一：时间顺序分析

1. 引言

－简述中澳贸易关系的重要性。

－提出研究问题：为什么澳大利亚在承认中国市场经济地位后，仍然使用替代国价格。

2. 背景介绍

－概述中国市场经济地位的承认过程。

– 澳大利亚对中国市场经济地位的承认。

3. 2012 年以前的中澳贸易情况

– 描述 2012 年以前澳大利亚对中国出口商品的反倾销调查情况。

– 分析使用替代国价格的原因和影响。

4. 2012 年节点的分析

– 探讨 2012 年为何成为政策变化的节点。

– 分析 2012 年前后政策的变化及其对中澳贸易的影响。

5. 2012 年以后的中澳贸易情况

– 描述 2012 年以后澳大利亚对中国出口商品的反倾销调查情况。

– 分析使用替代国价格的新趋势和原因。

6. 澳大利亚反倾销调查规则的分析

– 探讨澳大利亚国内反倾销调查规则的特点。

– 分析这些规则如何影响对中国商品的调查。

7. WTO 规则与澳大利亚政策的关系

– 分析 WTO 规则的模糊性及其对澳大利亚政策的影响。

— 讨论澳大利亚政策是否违反 WTO 规则。

8. 中国的对策

— 提出中国可能采取的对策和策略。

— 分析这些对策的潜在效果和挑战。

9. 结论

— 总结研究发现。

— 提出未来研究方向。

框架二：政策与实践的对比分析

1. 引言

— 简述研究背景和重要性。

2. 理论框架

— 介绍市场经济地位和替代国价格的理论基础。

— 讨论 WTO 规则的相关性。

3. 澳大利亚政策分析

— 描述澳大利亚承认中国市场经济地位的背景。

— 分析澳大利亚反倾销调查规则的特点。

4. 实践案例分析

— 通过具体案例分析澳大利亚如何使用替代国价格。

——探讨这些案例与政策的一致性和矛盾。

5. WTO 规则的模糊性

——分析 WTO 规则的模糊性如何影响成员国的政策制定。

6. 中国的对策

——提出中国可能采取的对策和策略。

7. 结论

——总结研究发现和政策建议。

框架三：中澳贸易关系的历史与现状

1. 引言

——简述研究背景和重要性。

2. 中澳贸易关系的历史回顾

——概述中澳贸易关系的发展。

3. 市场经济地位的承认与影响

——分析中国市场经济地位的承认对中澳贸易的影响。

4. 替代国价格的使用

——描述澳大利亚使用替代国价格的历史和现状。

——分析其对中国出口商品的影响。

5. 澳大利亚反倾销调查规则的分析

— 探讨澳大利亚国内反倾销调查规则的特点。

6. WTO规则与澳大利亚政策的关系

— 分析WTO规则的模糊性及其对澳大利亚政策的影响。

7. 中国的对策

— 提出中国可能采取的对策和策略。

8. 结论

— 总结研究发现和政策建议。

你可以根据这些框架,选择一个你认为最适合你的论文主题和研究目的的框架。

花　椒　哈哈,老师,这东西不靠谱!这几个都像"流水账"的顺序。咱们不能这么写啊。

鱼老师　所以,我们应该怎么做?

花　椒　思考,然后告诉AI,它应该按照什么顺序去编排。

鱼老师　所以,我给了AI这样一个指令:

请你帮我按照这个顺序架构大纲。第一步,提出问题:澳大利亚大量使用替代国价格,在"承认中国市场经济地位"的背景下是非常奇怪的现象。第二步,分析实践中是怎么做的,即不同阶段出现了哪些特点。第三步,分析这些特点为什么在澳大利亚本国法项下是合法的,以及中国救济为什么困难。

我用其中的"第一步"为例,给你们分析为什么要这样给AI指令。你们发现这个指令的特征是什么了吗?

芋 头 "非常奇怪!"也就是说,您的指令明确要求AI写出"奇怪"之处。

鱼老师 对。所以,在这个新提纲中,AI是这么写的:

大纲:澳大利亚对中国市场经济地位承认下的替代国价格使用

第一步:提出问题

引言

- 简述中澳贸易关系的重要性。

- 提出核心问题:在承认中国市场经济地位的背景下,澳大利亚为何仍然大量使用替代国价格。

问题提出

- 描述澳大利亚承认中国市场经济地位的背景。

- 概述替代国价格的概念及其在国际贸易中的作用。

- 阐述澳大利亚使用替代国价格的现象及其与中国市场经济地位承认之间的矛盾。

花 椒 啊!懂了。这样就很有层次啦。AI第一次生成的"时间顺序"的提纲,就完全没提到"矛盾"这件事儿。

鱼老师 然后,AI 给我生成的"第二部分"是这样的:

第二步:分析实践中的做法

替代国价格使用的历史与现状

— 描述澳大利亚在不同阶段使用替代国价格的具体情况。

— 分析 2012 年前后澳大利亚使用替代国价格的特点和变化。

— 不同阶段的特点分析

— 2012 年以前:分析澳大利亚使用替代国价格的动机、频率和影响。

— 2012 年以后:探讨政策变化后澳大利亚使用替代国价格的新趋势和特点。

案例研究

— 通过具体案例展示澳大利亚如何应用替代国价格。

— 分析这些案例中澳大利亚适用法律的依据和实践操作。

你们觉得,这个提纲有参照价值吗?

芋 头 我觉得有点儿。它至少提示我,"通过具体案例展示澳大利亚如何应用替代国价格,分析这些案例中澳大利亚的法律依据和实践操作"。或者说,这至少能给我一个思路——探讨澳大利亚反倾销实践变迁,最终目的是写这个实践在法律上的投射,比如,是哪个法律要件的扩展,或者是从哪个要件转化到了哪个要件。

鱼老师 很好!我再给你们看看第三部分。

第三步:分析合法性与中国救济的难度

澳大利亚法律框架下的合法性分析

- 探讨澳大利亚国内法律如何允许使用替代国价格。

- 分析澳大利亚法律与 WTO 规则之间的关系。

中国救济的难度

- 描述中国在面对澳大利亚使用替代国价格时的法律挑战。

- 分析中国采取救济措施的难点和限制。

WTO 规则的模糊性与澳大利亚政策

- 讨论 WTO 规则的模糊性如何为澳大利亚使用替代国价格提供了空间。

- 分析澳大利亚如何利用 WTO 规则的模糊性来制定本国政策。

中国的对策与建议

- 提出中国可能采取的对策和策略。

- 分析这些对策的潜在效果和挑战。

咋样？花椒，你来瞅瞅。

花　椒　我觉得 AI 的概括还好啦。"救济的难度"的说法，完全可以在修改后用来做这部分的标题，比如，"中国应对澳大利亚'替代国政策'的法律难点"，然后下面分别讨论，为什么无法使用澳大利亚国内法救济（因为它的做法本身也不违反澳大利亚国内法），以及为什么无法在 WTO 起诉（因为 WTO 法也非常模糊）。

最后讨论"我国对策"就行啦。

鱼老师　所以，你觉得，AI 在架构论文框架中的作用是什么？

花　椒　AI 的作用是提醒我！我把想写的东西敲进去，然后提出大致的逻辑框架，AI 就可以从中总结出我这部分究竟要关注什么。我虽然不能全盘照搬 AI 生成的提纲，但至少能去芜存菁，参考其中的部分要素。

鱼老师　很好。所以，我最终的提纲很可能是这样的：

> 澳大利亚对华反倾销调查中的"替代国价格"研究
>
> 一、问题的提出：澳大利亚使用替代国价格的现象及其与中国市场经济地位承认之间的矛盾

1. 现象："替代国价格"

2. 不同寻常之处：描述澳大利亚承认中国市场经济地位的背景

3. 概述替代国价格的危害

4. 所以，我们要探讨这个问题

二、澳大利亚实践研究

1. 以2012年为界的各阶段分析

2. 各阶段对于澳大利亚反倾销法律的不同演绎（注意勾连"法律难点"部分，即此部分阐释的法律要件，在下文论证"难点"时需要用得上。）

三、中国应对澳大利亚"替代国政策"的法律难点

1. 在澳大利亚国内司法程序中寻求救济的难点

2. 在WTO寻求救济的难点

四、我国对策

如果你们对照这个提纲和AI版提纲将会发现，我的这个提纲并不是原原本本脱胎于AI版提纲；但我认为，调整后的提纲在逻辑上更加通畅。不论如何，AI版提纲完全可以起到提示思路的作用。事实上，AI对于没有思路的小朋友而言，还可以起到一个辅助作用：提供多个版本供他选择。我举个例子，你们有没有这样一种感受：

论文提纲列出来了，感觉不是特别恰当，想要多列几个版本斟酌一下。但在拟好一个版本之后，你会突然发现，第二个版本不论怎么斟酌，写出来的都像第一个版本的翻版，"换汤不换药"。

芋　头　对！存在这种情形！我觉得这是"路径依赖"。一旦我脑子里装进一个版本，就容不下第二个版本啦。

花　椒　我也有这个感受。当然，对抗这种"路径依赖"，我有个简单的方法，就是先把提纲扔那儿不管，第二天或者隔几天再去列一个新版本提纲。这样的新版本提纲就和第一版不那么像了。但问题也同样在于，隔几天之后，我怕自己把读过的资料都忘啦。

鱼老师　所以，咱们完全可以利用 AI 去克服"脑子清不空"的问题。你也完全可以给 AI 一个主题（比如一级标题），以及主题项下要论及的几个要点，然后要求 AI 帮你在该主题项下组织要点阐释顺序。有兴趣的话，你们可以试试，AI 真的可以提供 N 个版本以供你选择！

This book: 本部分的AI辅助科研功能清单

科研怎么做　　　　　　　　　　　　　　　　HOW TO DO IT

绝大多数论文,都是按照"提出问题—分析问题—解决问题"的思路去写的。(法理学、法史学等"无法解决问题"的学科除外)

AI 帮你做　　　　　　　　HELP TO DO IT

AI最有效率之处在于,你可以把论文主线和论文细节扔给AI;它可以分门别类地把细节安插在主线中,甚至还会把不相关的内容剔除掉。

别让AI做　　　　　　　　　　　　　　DON'T DO IT

不要拿一个题目就直接让AI输出提纲。AI输出的提纲八成是对论文每个关键词的介绍。即便喂给AI核心观点,AI设计的提纲也存在"入题太慢,废话特多"的通病。

第六讲
AI 辅助论文内容撰写

第一幕 AI 写出来的东西为啥有"AI 味"?

鱼老师 最近这几周,咱们都来讨论下"AI 辅助论文内容撰写"的事儿。我首先问你们一个问题,你们能看出来某篇文章是 AI 撰写的吗?

花　椒 能!我在网上经常看见这种"AI 文",通常一眼就能看出来"不是正常人能写得出来的"。举个例子,假设让一个正常人写"如何处理婆媳矛盾",正常人的写法或者是写得非常随意,例如,这种风格:"还能咋处理,不住一起就能减少90%的矛盾";或者是写得很絮叨:"这个问题,我可以用亲身经历回答一下。我结婚已经三年了……"甚至有个别学术型人才会写得特别考究,比如,用某某理论分析婆媳矛盾问题。但如果去问AI,AI会讲出来一堆奇奇怪怪的大道理,比如,这样的:

处理婆媳矛盾时,可以采取以下更详细的步骤:

倾听:认真倾听对方的想法和感受,不要打断。

家庭会议:定期举行家庭会议,讨论问题和解决方案。

咨询专业人士:如果矛盾严重,可以寻求心理咨询师或家庭治疗师的帮助。

共同目标:记住你们共同的目标是家庭的和谐与幸福。

鱼老师 这个例子虽然不具有学术性,但基本能体现AI写作的缺点之一——不接地气,不论是语言风格还是内容都如此。比如,上面这个例子中,让不识字的农村老太太"寻求家庭治疗师的帮助"简直是天方夜谭,请村长来调解一下没准儿更现实一点。

而就学术题材而言,AI写出来的东西也同样具有一种非

常浓的"AI 味"。我举个例子,我让 AI 写了这么一段:

在当前国际贸易规则体系中,自由贸易协定(FTA)谈判在推动贸易自由化方面取得了显著成就。

FTA 谈判的成果体现在多个方面。首先,FTA 能够促进成员之间的贸易和投资,通过减免关税和简化海关程序,降低贸易成本,增加市场准入机会。例如,中韩 FTA 第二阶段谈判取得实质性进展,这不仅有助于两国经济的进一步融合,也为区域经济一体化提供了动力。其次,FTA 谈判在数字贸易领域也取得了进展,如 WTO 电子商务谈判的共同召集方宣布包括中美欧在内的 90 个 WTO 成员实质性结束部分全球数字贸易规则谈判,并呼吁参加方尽快在 2024 年全面结束谈判。

此外,FTA 谈判还有助于推动区域经济一体化,如中日韩 FTA 谈判,虽然进展缓慢,但已经举行了 16 轮,且 RCEP 的签署为推动谈判提速创造了良好条件。这些 FTA 的谈判和实施,不仅促进了成员之间的经济合作,也为全球贸易体系的稳定和发展做出了贡献。

我已经在提示词中要求 AI 进行学术写作了,且明确要求其使用高度专业的学术语言,并表明会将生成结果用于毕业论文中。所以,以上表达至少在语言风格上不会出现口语化倾向。但仔细看仍然能看得出是 AI 写的。你们要不要找找 AI 的痕迹?

芋　头　我先来。我发现的第一个问题是前言不搭后语。比如,第 2 段中"FTA 谈判在数字贸易领域也取得了进展,如 WTO 电子商务谈判的共同召集方宣布……"您看,这不对劲啊!但凡学过点儿国际贸易法的同学都知道,FTA 谈判绝对不包含 WTO 谈判。但 AI 很可能没这个背景知识。还有第 3 段:"FTA 谈判还有助于推动区域经济一体化,如中日韩 FTA 谈判,虽然进展缓慢……"有这么写东西的吗?前一句说"有助于推动区域经济一体化",后一句就说"进展缓慢"。这矛盾啊!这就好比,我去给人介绍女朋友,第一句是"这是个才女",第二句就开始说"这姑娘特别不喜欢看书"。

我要是把论文写成这样,我的导师该骂我啦!

花　椒　不只如此!这几段的问题还在于论证逻辑构建不起来。上面这几段谈了 FTA 谈判对于国际自由贸易的推进,但如果我们抽出来三个分论点,就会发现它是这样的:

> 分论点一:FTA 能够促进成员之间的贸易和投资,增加市场准入机会。
>
> 分论点二:FTA 谈判在数字贸易领域也取得了进展。
>
> 分论点三:FTA 谈判还有助于推动区域经济一体化。

这三个分论点,说的就不是一个层面的东西啊!我觉得,分论点一和分论点三完全可以合并,毕竟促进贸易和投资的自然结果就是推动区域经济一体化。

此外,如果作者想论述的是 FTA 谈判在哪些方面取得了进展,就应该分成"数字贸易、传统数字贸易、投资规则"这样的几个分论点,而不是第一个分论点强调"促进贸易",第二个分论点强调"数字贸易"。难道数字贸易就不是贸易吗?

鱼老师 你们说的都很对。除此之外,上面的这段话还有一个问题,就是空洞。第二分论点表示:这不仅有助于两国经济的进一步融合,也为区域经济一体化提供了动力。第三分论点接着表示:这些 FTA 的谈判和实施,不仅促进了成员之间的经济合作,也为全球贸易体系的稳定和发展做出了贡献。这些正确但没用的句子如果反复出现在同一篇论文里,这篇论文的学术含量就很容易被质疑。

花　椒 老师,所以您应该很容易发现您学生提交的论文是 AI 写的,对吗?

鱼老师 我倒不一定会发现这篇论文真的是 AI 写的,但我一定会把诸如此类的逻辑错误、前后矛盾、内容空洞之处全都标记出来,然后让学生去改。

花　椒 哈,要是把这些问题都改正了,花费的时间八成都够自己写一段了!

老师,我还有个问题,您说的论文具有"AI 味",和我平时看到的"AI 味十足"的网文似乎还不一样。我看到的一般是语言风格不对、措辞生硬的网文,但刚才您给我们看的这段话似乎没这些问题。

鱼老师　对。我也看过语言风格不对的 AI 生成物,通常是在比较日常的语境下用了特别正式的文体。比如,你问 AI 怎么做鱼香肉丝,AI 彬彬有礼地告诉你:首先,您应该准备好一口锅。这口锅应当具有良好的导热性。再比如,AI 写出来的某某风景区游记完全可能是这个风格:"更加难以置信的是,我们走到某某峰顶的时候,很惊诧地发现,在如此荒凉而幽静的山口,有一个富丽堂皇的自助餐厅。"不过,学术写作本身就相当正式,所以如果咱们不考虑 AI 某些特定的语言习惯(比如,特别喜欢用某些词语或表达方式),AI 写作学术论文反而不大容易出现语言风格类问题,问题更多出在内容填充和逻辑架构上。

因此,直接把论文扔给 AI 去写,它真的不靠谱!

第二幕　AI 反向告诉你,论文咋写更紧凑

芋　头　老师,所以咱们还要以"AI 辅助论文内容写作"为题上

课,目的是什么?

鱼老师 有两个目的。直接目的是,把 AI 当作反例,给你们看看不靠谱的学术写作例子,进而反向认识到学术写作的要点所在。间接目的是,让你们在 AI 写作的基础上再加工。例如,在你打不开思路的情况下,完全可以让 AI 写个水平不太高的初稿,然后你在此基础上进行加工,从而获得符合学术规范的高质量论文。所以,咱们这一讲的功能,与此前任何内容都不同。如果说前面几讲的核心在于"如何用 AI 辅助科研",那么,这一讲的核心则在于,"认识 AI 哪里不靠谱,进而反向促进高水平科研"。

芋 头 好的,老师,那么咱们试试,看看"AI 写学术文章怎么不靠谱"。

鱼老师 首先,咱们先看一个指令:

请帮我写一段话,内容是数字时代影响了贸易与文化之间的关系。

AI 的回答:

随着数字时代的到来,贸易与文化之间的关系经历了深刻的变革。互联网和数字技术的飞速发展打破了地理和时间的界限,使得文化交流变得更加即时和广泛。全球贸易的加速促进了不同文化间的相互渗透和融合,文化的多样性和创新性也随之增强。同时,文化产品和创意内容成为重要的贸易商品,它们不仅推动了经济增长,也加深了人们对不同文化的认知和理解。数字平台为文化作品的传播提供了新的渠道,使得文化影响力得以跨越国界,影响全球贸易格局。此外,数字技术的应用还为文化遗产的保护和传承提供了新的手段,使得传统文化得以在现代社会中焕发新生。总的来说,数字时代为贸易与文化之间的互动提供更多可能性,两者相互促进,共同推动了全球化进程的发展。

咋样?

花　椒　哈,老师,如果您的目的是反向揭示学术写作的要点,那么这个例子揭示的就是,学术写作尤其忌讳空洞,或者说没有任何学术含量。

鱼老师　对。以上还真就是这个反例。咱们是法学生,但上面这段话一点儿法律色彩都没有。这样的段落出现在论文中肯定会被骂。不过,我让AI写这段话,主要是想跟你们讲讲,如何写论文才能更加紧凑、无废话。咱们先看AI输出的这段话的前两句:

> 随着数字时代的到来,贸易与文化的关系经历了深刻的变革。
> 互联网和数字技术的飞速发展打破了地理和时间的界限,使得文化交流变得更加即时和广泛。

如果需要你接着画线的这句话往下写,你觉得应该写啥?

花　椒　学术写作不能写废话,这是铁律。所以,画线这句话的存在价值,必然引出后续的论述。我猜,"被引出"的这句,肯定是接续上一句的尾巴即"文化交流",对吧?

芋　头　我觉的是。所以,我想这么写:

然而,文化交流的扩展,也不可避免地引发了一些国家对于本国文化主权的担忧。

对不?

鱼老师　很好!你充分掌握了学术写作的逻辑关系架构:每一句都要踩上一句的脚印。比如,我展示给你们看:

> 随着数字时代的到来,贸易与文化的关系经历了深刻的<u>变革</u>。
>
> 互联网和数字技术的飞速发展<u>打破了地理和时间的界限</u>,使得<u>文化交流</u>变得更加即时和广泛。
>
> 然而,<u>文化交流</u>的扩展,也不可避免地引发了一些国家对于本国文化主权的担忧。

"变革"一词,引出"打破了地理和时间的界限"。毕竟,传统意义上的文化贸易需要运输,运输需要时间,这就"有地理和时间的界限"。而互联网和数字技术的发展,肯定会打破这个界限。这就是"变革"。"打破界限"的结果,是"文化交流"。"文化交流"一词又会引出下一句:交流的扩展会影响文化主权。

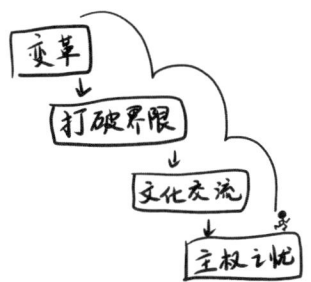

所以,如果我再往下写,就是这些国家究竟怎么担忧本国文化主权。对吧?

芋　头　对！也就是说,学术写作的每一句都在给下一句进行铺垫。

鱼老师　对。所以,咱们再尝试一次:

> 随着数字时代的到来,贸易与文化的关系经历了深刻的变革。

这句咱们不改动。我再复制一句刚才 AI 写过的内容:

> 文化产品和创意内容成为重要的贸易商品,它们不仅推动了经济增长,也加深了人们对不同文化的认知和理解。

花椒，你来尝试下，往后写一句，这句必须切入法学主题。

花　椒　好！第一句论及"变革"，第二句提及"文化也是商品"，所以，第三句需要在第二句的基础上更进一步：

> 也恰恰是由于文化产品的双重属性，一些国家或出于振兴本国文化产业、防范外国文化产品入侵的考量，或由于保护本国文化、防范外国文化渗透的考量，纷纷采取措施对数字产品准入进行限制。以我国为例……

鱼老师　非常好！这句话开头的"双重属性"点出了第二句的要点——"文化也可以构成商品"，结尾的"措施"又迅速切入了法律论证。

真的是一点都不浪费笔墨！

因此，从写作技巧来讲，"慎用 AI"的原因之一就是，AI 擅长铺陈，但不擅长言简意赅。咱们刚才让 AI 写的那一段话，就是铺陈得太过因而显得废话很多。哪怕咱们仅将那段话做背景介绍或者正题导入，写得这么啰唆也是会被导师骂的。

芋　头　老师，那么，我能不能在不知道咋引入某个主题的情况下，就像您刚才那样，告诉 AI 一个主题，让 AI 替我写一段，然后我从中挑选可能恰好引发我灵感的句子，进一步往下写呢？

鱼老师　可以！顺便说一句，这种"层层递进，每一步踩在上一步脚印上"的写法，不仅仅会出现在学术论文中。中国古代文学也是如此。《红楼梦》第七十八回中的"姽婳词"就是一个例子，你们记不记得"丁香结子芙蓉绦，不系明珠系宝刀"这句？在第七十八回原文当中，这句就是很明显的承上启下句，上文刚刚形容过文中的女子有多美，贾政就表示，"丁香结子芙蓉绦"一句"底下"需要"转至武事"。所以，后一句"不系明珠系宝刀"就属于从"大开门的散话""连转带煞"的例子。所以，写作这事儿，不同体例的技巧应该都是相通的！

第三幕　论文主体如何增加信息量

鱼老师　咱们刚刚讨论过，AI 的缺点是"喜欢写废话"，而我们在 AI 写作的基础上需要让它的节奏更紧凑，迅速从一个主题过渡到下一个主题。我们接下来要讨论的，是和"紧凑"相关但不完全相同的另一个问题：如何增加论文单位字数的信息量。

花　椒　老师，我能不能这么理解，"论文写得紧凑"的意思是，起承转合自然、逻辑连贯，不写废话，每一句都会比前一句具有实体意义上的增值，而"增加信息量"的意思是，我们需要让实体论证句尽可能地在最少的字数里包裹进最多的内容。对不？

鱼老师 对。如果你们写的是本科毕业论文和硕士学位论文，或许没有特别紧迫的字数限制，但如果是用于投稿和发表的稿件则不然。绝大多数杂志都不可能动辄给你 20 个版面让你发表一篇雄文。

花　椒 老师，所以杂志社会给我发个通知，让我把 16 个版面的内容删减到 10 个，是这意思不？

鱼老师 对。当然，也还有一种可能是，杂志社看到你的论文信息量太小，语言啰唆，就直接退稿了。

花　椒 啊！

鱼老师 所以，我们还需要练习一下，如何增加论文的信息量？

芋头，你先给 AI 一个指令，让它写一段？

芋　头 好。我给的指令是：

数字劳工平台的兴起对传统劳动法有哪些具体影响？

然后，AI 是这么回复我的：

数字劳工平台的兴起对传统劳动法产生了显著影响，尤其是在劳动关系认定、工作时间和报酬的稳定性方面。在这些平台上，从业者常常被归类为自雇者而非雇员，这种分类方式使得他们在法律上难以被认定为具有劳动关系的工人。这导致了劳动关系和劳务关系的界限变得模糊，从而影响了劳动法的适用性。例如，中国数字劳工平台的从业者通常被视为自雇者而不是签订了劳动合同的工人，根据《2020年中国共享经济发展报告》，只有8%的平台从业者与平台公司建立了劳动关系。此外……（以下略）

鱼老师 那么，你认为这一段话中的什么内容可以修订一下？

芋　头 我试试。

第一句：

> 数字劳工平台的兴起对传统劳动法产生了显著影响，尤其是在劳动关系认定、工作时间和报酬的稳定性方面。

"显著影响"一词写得太笼统了，没法告诉我这个影响究竟是啥，是好的影响还是坏的影响。哪怕后面列举了若干方面，也不足以告诉我们影响的是啥。我甚至有理由怀疑这句话没写完。

花　椒 老师，我觉得，如果是让我改写，这句话应该写成："数字劳工平台的兴起挑战了传统劳动法对于劳动者的保护模式，尤其是在劳动关系认定、工作时间和最低工资标准方面，现行劳动法都无法为数字劳工提供充分保护。"这就清楚多了，是吧？

鱼老师　对。这是增加论文单位字数的信息量的方法之一：用更精准的观点句。"影响"一词相对模糊，而"挑战了保护方式"就相当清晰了。后一种表达方式显然增加了信息量。

然后呢？下一句呢？

花　椒　"劳动关系"这一句，AI写得没毛病，但我觉得完全可以在同样字数里揉进去更多内容。比如，我可以这么写：

> 数字平台未必会与从业者建立劳动关系（此处加脚注，写进去8%这个数据），这意味着大量从业者在缺乏劳动合同的情形下可能被认定为"自雇者"而非"劳动者"，其与平台之间的关系也会因而被界定为劳务关系而非劳动法所保护的劳动关系。

鱼老师　芋头，你觉得呢？

芋　头　师姐写得更好一些，明显能够用一句话带出来两个层面的意思。比如，"大量从业者—缺乏劳动合同—不被认定为劳动者"。又如，"劳务关系"而非"劳动法所保护的劳动关系"这句，更简明地带出来了"只有劳动关系才会受到劳动法保护，劳务关系不受劳动法保护"。

鱼老师　所以，增加论文单位字数的信息量的方法包括"用词更精准、避免模糊用词"和"通过句式安排，在单位字数里放进去更多信息"。

花　椒　老师，对于 AI 辅助写作的前景，我突然不是特别看好了。这两个方法，AI 能学会吗？

鱼老师　你试试。

花　椒　行……不行！我试了三次，把刚才说的那点事儿全都教给 AI 了，但显然 AI 学不会，该啰唆还是啰唆。所以，我已经不大相信 AI 可以写出能发表在高水平期刊上的论文了！

第四幕　人工增强学术性

花　椒　老师，咱们曾经提到，AI 写的东西空洞。不过我觉得这事儿不能怪 AI。AI 不是法学专业毕业的，很可能无法理解什么是法学专业知识。那么，我能不能给 AI 提示一点法学知识，然后让它替我写，这样不就不空洞了吗？

鱼老师　可以。咱们试试。

花　椒　好。

　　　请帮我写一段话，内容是数字时代，贸易与文化的关系较之于此前的非数字时代出现了变化。此前，国家可以通过海关、边境措施、投资措施限制他国文化产品进入本国，但数字时代上述方法都不好用。

　　　您看，我的指令现在就丰富多啦，我没有笼统地要求 AI

给我论述贸易和文化的关系,而是详细地告诉了 AI 从哪些角度论述哪些法律问题。对吧?

然后,AI 是这么回复我的:

在数字时代,贸易与文化的关系确实发生了显著变化,与非数字时代相比,这种关系变得更加复杂和动态。过去,国家可以通过海关、边境措施、投资措施等传统手段来限制他国文化产品的进入,保护本国文化市场免受外来文化产品的影响。然而,在数字技术的推动下,这些传统的限制手段不再那么有效。

……

鱼老师 你觉得这段有什么问题?

花　椒 我忘了告诉 AI"写成学术风格"了。现在这个表述真要命啊。第一段末尾那个"不再那么有效"有点口语化。第一句的"确实发生了显著变化"也有点口语化。说实在的,上面每一句都不咋学术!

鱼老师 好。那么你换个提示词,要求 AI 按照学术写作的方式去写。

花　椒 好。这次出现的是这样的:

在数字时代,贸易与文化的关系经历了显著的转变,这种转变在学术领域被广泛讨论。传统上,国家能够通过海关控制、边境措施、投资限制等手段来限制外来文化产品的流入,保护本国文化免受外部影响。然而,随着互联网和数字技术的发展,这些传统手段的有效性受到了挑战。

我觉得学术性显著增强啦!如果对比来看的话:

第一句:

> 在数字时代,贸易与文化的关系经历了显著的转变
>
> VS
>
> 在数字时代,贸易与文化的关系确实发生了显著变化

前一句明显更专业一些。

最后一句:

> 这些传统手段的有效性受到了挑战
>
> VS
>
> 这些传统的限制手段不再那么有效

也是同理啊。

所以,老师,AI还是可以写成"学术语言"的,但我需要提示它,对不?

鱼老师 对。

芋头 好的,那么我在此基础上进一步尝试一下:

> 请帮我写一段话,使用很正式的学术语言去写。内容是:在数字时代,市场准入措施不能继续阻止贸易影响本国文化。原因一:数字产品进入一国不需要配额。原因二:对方企业也不需要进入本国投资就能在本国销售产品。原因三:诸如许可证、国内销售渠道等规制一般性产品发行的方法也无法规制数字贸易。

然后,AI 给我生成了这个!

> 在数字时代,贸易与文化的关系经历了显著的转变,这种转变在学术领域被广泛讨论。传统上,国家能够通过海关控制、边境措施、投资限制等手段来限制外来文化产品的流入,保护本国文化免受外部影响。然而,随着互联网和数字技术的发展,这些传统手段的有效性受到了挑战。

这一段,是"导入问题"段,提到了"传统手段的有效性受到挑战"。写得还成。

> 首先,数字产品进入一国不需要配额,因为它们通常以电子形式存在,易于在线分发。这种跨境数据流动使得文化产品能够绕过传统的物理边境限制,直接到达消费者手中。例如,流媒体服务如 Netflix 和 Spotify 允许用户无论身处何地都能访问到全球的文化内容,这在很大程度上削弱了传统边境控制的效果。

这一段体现了"不需要配额"的要点,或者说,我指令中的原因一。

其次,外国企业无须在目标国家进行实体投资,便能通过互联网销售其文化产品。这一点在数字服务贸易中尤为明显,例如,远程在线教育、云计算服务、数字娱乐内容等,均无须在东道国设立实体存在即可提供服务。

这一段对应了我的指令中的原因二。

最后,传统的规制手段,如许可证要求、国内销售渠道控制等,对于数字贸易的监管显得力不从心。数字贸易的兴起与发展不仅会对传统国际贸易规则带来重大挑战,而且会改变国家在全球价值链中的位置,影响到不同国家或地区未来在全球政治经济治理体系中的话语权。

这一段对应了指令中的原因三。

综上所述,数字时代的到来极大地改变了贸易与文化之间的关系,使得传统的贸易限制措施效果减弱,同时也为文化贸易带来了新的机遇和挑战。学术界对这一现象进行了深入的研究,探讨了数字贸易的发展对文化产品贸易比较优势及其影响因素的变化,以及如何通过国际合作来解决数字贸易中的新问题。

哈,AI还给我写了个总结!

鱼老师 花椒,你对此满意吗?

花　椒 我觉得已经可以了。从语言上讲,上面的段落使用了法学学术词汇,比如"在东道国设立实体存在""数字贸易的监管"。这看上去专业多了。而且,AI 真的是在使用我给它的指令要点去写。

　　所以,我能不能得出结论:AI 写得多详细取决于我给了它多少资料。只要获取的资料充分,AI 论述的内容就不会空洞。

鱼老师 对!你还可以再试试,进一步喂资料给 AI,让它扩充上面的论述。

花　椒 好。

　　请进一步帮我完善刚才的论述。在第一段回顾中美音像制品案,将其作为传统意义上贸易与文化议题的证明。

　　老师,这样够了,对吧?我不需要告诉 AI 这个案子的始末,对不?我知道,这个案子的内容是,中国限制美国的音像制品卖到中国,美国对此很不满,所以在 WTO 提起诉讼。

鱼老师 你先别告诉它。

花　椒 好。

AI 给我的反馈是这样的:

> 在数字时代背景下,贸易与文化的关系经历了显著的转变,这种转变相较于非数字时代尤为突出。在非数字时代,国家常通过海关控制、边境措施、投资限制等手段来限制外来文化产品的流入,以此保护本国文化免受外部影响。其中,中美音像制品案便是一个典型案例,该案中美国声称中国对电影、音像制品、出版物的进口和分销的规定违反了 WTO 的规则,并将此问题诉诸 WTO。2010 年 7 月 15 日,中国表示同意 WTO 的裁决,并承诺在 2011 年 3 月 19 日之前进一步开放文化产品市场给美国。

老师,AI 知道啥是中美音像制品案。但它写的东西不对劲!前后逻辑不通畅啊。前一句说"在非数字时代,国家常通过海关控制、边境措施、投资限制等手段来限制外来文化产品的流入,以此保护本国文化免受外部影响"。后一句接着讲,在中美音像制品案中,这些手段都违反了 WTO 规则。

这很容易给不是特别了解这段历史的人一个误解:在传统贸易语境下,与文化相关的海关控制和边境措施是违反 WTO 规则的。

鱼老师　对。AI 写出来的句子,每一句都没有知识性错误。但这恰恰印证了一个经典网络梗:实话实说也算撒谎吗?

网上还有这么一个段子,某新闻:校领导要求大学生下跪。配图:某校进行急救知识培训,10 名大学生跪在垫子上给假人做心肺复苏。

芋　头　哈哈！没毛病！看来 AI 是从这则故事中学到了抓人眼球的精髓。

鱼老师　所以,你仅仅告诉 AI"写哪件事儿"还不行,你觉得还得告诉它什么?

花　椒　我还得告诉 AI 怎么写！我再试试！

请帮我修改,这次强调"中美音像制品案"的争议要点:中国通过市场准入手段规制美国的音像制品。不要强调中国是否同意裁决或者裁决结果是什么。

然后,AI 给我的反馈是:

在数字时代,贸易与文化的关系经历了显著的转变,这种转变相较于非数字时代尤为突出。"中美音像制品案"便是这一转变的显著例证。该案中,美国主张中国通过市场准入手段规制美国音像制品的措施违反了 WTO 规则和其于 2001 年签订的《中国加入世界贸易组织议定书》。具体而言,美国认为中国将音像制品的进口权利限定于一些特别授权的国有企业享有、禁止外国公司从事该类制品的发行事务,这是歧视,违反了 WTO 规则和中国入世承诺。

老师,还是怪怪的!"中美音像制品案"严格来讲不是"转变"的例证啊,是非数字时代的例证。

而且,AI 写的这个句子,虽然提到了"准入"但重心还是不对。

鱼老师 你自己写一句试试?

花　椒 我自己写!

> 在数字时代,贸易与文化的关系经历了显著的转变。在非数字时代,国家常通过海关控制、边境措施、投资限制等市场准入限制手段来限制外来文化产品的流入,以此保护本国文化免受外部影响。以著名的"中美音像制品案"为例,此案争议焦点在于,中国指定某些国有企业进口音像制品且禁止外国公司从事进口音像制品发行业务的举措是否有违中国入世承诺。此处的"指定进口"和"外国公司从业禁止"就是典型的市场准入限制。

我觉得我写得比 AI 好。首先,我提到"中美音像制品案"就是要证明这个案子涉及市场准入措施,所以我完全没必要提到《中国加入世界贸易组织议定书》等具体的法律文件。此外,涉案措施是不是歧视,和"传统贸易中的贸易与文化之争"毫无关联。所以,在我写这个句子的时候,我能够抓住重心、突出重点,但 AI 就未必啦。

鱼老师　很好！所以，对于写作，AI"能写"，但"写好""写得精确"就可能超出其能力范畴。或者说，AI 能写但你能写得更好。

花　椒　对！

第五幕　告诉 AI，立场不对，写了白费！

鱼老师　AI 除写作逻辑的紧凑型可能不如真人之外，还有一点需要使用者悉心指导的，就是写作立场，即你到底站在谁的角度去写这段话。你俩明白这个问题究竟意味着什么吗？

花　椒　知道！咱们学国际法的，最忌讳写论文站错立场了。比如，写国际人道法论文，肯定不能站在屠杀平民一方的角度为屠杀行为辩护。

芋　头　我认为，不仅仅是国际法会涉及立场问题，国内法论文也会。举个例子，即便是刑法类论文，也并不是 100% 站在受害者角度来呼吁把每个犯罪嫌疑人都顶格判处。

鱼老师　所以，每一次写作之前，咱们都需要明确，这一段自己究竟站在什么立场，替哪一方说话。但 AI 写作在这一点上做得就不是很好。

我刚才让 AI 就"数字时代的贸易与文化"问题再次生成了一个阐释。我的提示语是：

> 请帮我就数字时代的贸易与文化问题进行阐释，内容是数字时代，外国企业不需要进入本国投资就能远程在本国市场内销售文化产品。

然后，AI 给我这么一段话：

> 外国企业无须在目标国家进行实体投资，便能通过互联网销售其文化产品。这一点在数字服务贸易中尤为明显，例如，远程在线教育、云计算服务、数字娱乐内容等，均无须在东道国设立实体存在即可提供服务。这种新的贸易形态不仅重塑了全球价值链，还推动了更多服务和产品嵌入全球价值链，促使中小微企业，甚至消费者个体融入全球价值链。

我的问题是，你们觉得，我给 AI 的提示语包含立场吗？

芋　头　不包含。这个提示语是中性的，只讨论了"外国企业可以远程销售文化产品"，但至于此种情形是好是坏，我们都不知道。还要等待下文进一步论述。

鱼老师　那么，AI 上面生成的这段话呢？

芋　头　啊！这段话有立场！隐含的立场是"支持"。毕竟,它说的是"新贸易形态"的好处,对不?

鱼老师　你怎么看出来是"好处"的?

芋　头　通过措辞。因为上面这段写的是"重塑""嵌入""融入"。这些词看上去是比较积极的。

鱼老师　可以这么说。或者说,上面这段话是支持数字贸易的。尽管,这一段话的立场表现得相当隐晦。

那么,你们要不要试试,让 AI 站在文化产业较弱势的国家角度,再写一遍这段话?

花　椒　好。我的提示语是:

请帮我改写上面刚刚写好的这段话,突出"文化产业较弱势的国家担心这会导致外国文化产品入侵"。具体来讲,外国企业很可能直接通过跨境提供数字产品,本国无法通过行使主权给本国产品保留市场份额。

AI 给我的回复是:

在数字贸易的浪潮中,对于文化产业相对弱势的国家而言,其文化主权和市场保护面临了前所未有的挑战。数字贸易的兴起显著减少了文化产品传播的物理障碍,使得全球消费者都能够通过互联网接触并获取来自世界各地的文化产品。这一点在数字服务贸易中尤为显著,例如,远程在线教育、云计算服务、数字娱乐内容等,这些服务均无须在东道国设立实体存在即可进行提供。

然而,这种新的贸易形态对文化弱势国家构成了潜在威胁。外国企业可以轻易地通过跨境数字产品销售,无须在目标国家进行实体投资,便可直接进入并占领市场份额。这种情况下,本国政府可能无法通过传统的主权行使手段,如市场准入限制、配额制度等,来为本国文化产品保留必要的市场份额。这可能导致外国文化产品在市场上占据主导地位,进而侵蚀本国文化的独特性和多样性,对本国文化产业的可持续发展构成威胁。

芋 头 还行,AI 很智能。

花 椒 谁说的!这个 AI 累死我了!我试了好几次,起初仅仅是让 AI"站在文化产业弱势一方论述,外国投资者无须进入本国即可销售数字产品且基本立场是对此种现象表示担忧"。我说得够明白了,对吧?但是,AI 就是不肯给我写出来"文化产业弱势的国家为什么会对此表示担忧"。AI 甚至告诉我,外国投资者无须进入本国即可销售数字产品,这可能会导致本国数字企业没有机会接触到先进的国际企业,进而丧失向先进企业学习的机会。

开啥玩笑!如果我是本国企业,我巴不得外国企业都别过来,我自己一家独大。我不可能想让外国企业进来,我再在竞争中学习先进经验。

AI 的想象力太丰富了!没办法了,我只能在指令中明确,"文化产业较弱势的国家对此种现象的担忧在于主权没法进行市场保护"。AI 这才勉勉强强写出立场正确且体现了我口述观点的句子。

芋　头　老师,我再试试,让 AI 换一个角度写。比如:

站在支持数字贸易和数字文化产品贸易的角度写且要突出的优点是可以降低市场准入壁垒。

然后,AI 给了我这个:

在数字贸易的背景下,外国企业能够通过数字平台直接销售其文化产品,无须在目标国家进行实体投资,便能轻易进入并占领市场。这一现象显著降低了市场准入壁垒,使得文化产品的国际传播更为便捷和迅速。通过电子商务平台、社交媒体和在线内容分享平台,文化产品能够迅速传播到世界各地,触及更广泛的受众。这种传播方式不仅提高了文化产品的可见度,也为文化贸易创造了新的市场机会。

还行!虽然稍微欠缺一点儿学术性。

鱼老师　所以,咱们总结一下,让 AI 写东西还需要注意啥?

芋　头　我算是记住了——立场!尤其是在同一件事可以正着说也可以反着说的情况下,千万要告诉 AI,我要站在哪一方立场讲,为什么要这么讲。你不告诉 AI,它就会自作主张替你挑一个立场。

第六幕　AI 在句式优化方面本领不高

芋　头　老师,前面几次课过后,我大概知道 AI 写作需要注意什么了。但我还是觉得 AI 写的东西不大精致。换句话讲,东西还是那么个东西,但总感觉啥都不大完善,可以弄得更好。我能不能让 AI 在"简装版"的文字表述基础上,给我弄个"精装版"的?

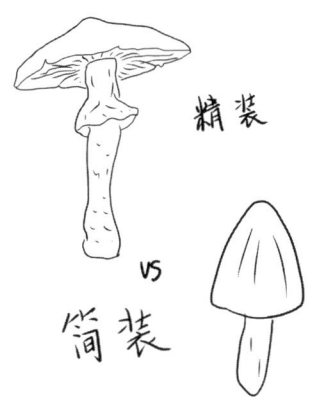

鱼老师　那么,你先跟我说,啥样的写作叫作"精装版"?

芋　头　语言要有力量,即能够直击读者心灵,迅速传递信息。

鱼老师　说得好,这的确是论文写作语言优化的要点之一。咱们曾经提到"避免含糊措辞",其实也能达到"迅速传递信息"的目的。不过,"直击读者心灵"更多还是要靠句式来完成。我给你举个例子:

> 在中国,数字劳工平台的从业者往往被视为自雇者而非签订了劳动合同的工人。这种分类不仅影响了劳动法的适用,还导致从业者在工作时间方面面临挑战。他们的工作时间可能超出法定标准,却没有相应的加班费。

这是 AI 写的一段话。你认为,这句话还有优化的可能吗?

芋　头　有。我认为"这种分类……" AI 写得对,但不够清楚也不学术。

鱼老师　可以从句式角度加以修改吗?我提示一下,你想强调什么就在相应的句式中突出什么。

芋　头　我试试。

> 在中国,数字劳工平台的从业者往往被视为自雇者而非签订了劳动合同的工人。

这句不动。下一句我要修订了。

> "自雇者"身份意味着,只调整"劳动关系"的劳动法未必适用于平台从业者。

老师您看这句行不？我把句式进行调整了，原句是"这种分类影响了劳动法的适用"，我在句式上强调了"自雇者身份"问题，即这个身份不是"劳动关系"，所以适用不了劳动法。

鱼老师　可以。下一句呢？

芋　头　下一句也得强调！您看：

> 而"劳动关系"的缺失也进而意味着，劳动法对于劳动时间法定标准的设计，无法为平台从业者提供保护。其劳动时间即便超出法定标准，也难以援引劳动法主张加班工资。

我还是改变了这句的句式，先强调劳动关系的缺失导致劳动法的保护覆盖不到平台从业者，这是个因果关系。我还强调了，"劳动时间在劳动法上是有标准的"。

鱼老师　很好！你这属于把 AI 写的隐含在句子中的逻辑给放在明面上啦。这样的句子读起来更容易让读者弄懂其中的关系。

花　椒　老师，我跟您讲个笑话哈：我把 AI 写的内容和芋头师弟写的内容都喂给了 AI，问它哪个更清晰、逻辑更鲜明。AI 是这么回答的：

> 在清晰度和逻辑性方面，第二段话略胜一筹，因为它更详细地解释了"自雇者"身份与劳动法保护之间的

逻辑链条,逐步展示了这种分类如何导致劳动法保护的缺失,以及这种缺失如何影响到加班工资的主张。这种逐步推理的方式有助于读者更深入地理解问题的核心。

芋　头　哈哈,AI 很有自知之明!

老师,那么我有个问题哈。我能不能让 AI 效仿我写出来的例子,对写得不那么清晰的句子进行修改呢?

鱼老师　你试试。

芋　头　好。

> 在中国,数字劳工平台的从业者往往被视为自雇者而非签订了劳动合同的工人。这种分类不仅影响了劳动法的适用,还导致从业者在薪酬稳定性方面面临挑战。由于平台通常采用计件工资制度,从业者的劳动报酬可能低于最低工资标准且缺乏稳定的收入保障。

我需要修改上面一段,增加段落的逻辑性、清晰程度。举例来讲:"这种分类不仅影响了劳动法的适用,还导致从业者在薪酬稳定性方面面临挑战。"可以修改为:"'自雇者'身份意味着,只调整'劳动关系'的劳动法未必适用于平台从业者。"请按此种修改方式再次改写整段话。

花　椒　咋样?

芋　头　不咋样！我试了三遍。最好的一遍是这样的，我读完都快被啰唆疯啦。

　　在中国，数字劳工平台的从业者普遍被归类为自雇者，而非与平台签订正式劳动合同的工人。这一身份认定的直接后果是，这些从业者不受劳动法中关于"劳动关系"所规定的权利与义务的调整。由于劳动法的保护机制主要针对的是建立劳动关系的工人，因此，这种"自雇者"身份的认定导致了从业者在薪酬稳定性方面面临显著挑战。具体而言，由于平台经济通常基于计件工资制度来支付报酬，这使得从业者的劳动收入可能低于法定的最低工资标准。此外，缺乏稳定的收入保障进一步加剧了他们的经济不确定性，即便他们投入的工作时间超出了法定的标准工作时间，也难以依据劳动法主张加班工资，因为他们与平台之间不存在劳动法所定义的"劳动关系"。这一现状凸显了现行劳动法律在适应新型劳动形态方面的不足，以及对数字劳工平台从业者权益保护的迫切需求。

花　椒　哈哈，你还真不能说"AI 没模仿你"，它模仿了，而且也的确增加了论证逻辑性！你看，它每一句话都是紧咬着上一句的逻辑来写的。但问题是，它咋就这么啰唆呢。你喂给它的原文是 115 个字，它非得用 342 个字反反复复说这事儿。

鱼老师　所以，AI可以做句式的改变，但无法作出高度逻辑性且凝练的专业学术表述。这还得你自己去写！

不仅如此，你们发没发现，AI写的东西的句式会天然地倾向于长句。

芋　头　发现了。我刚才复制过来的那段话，几乎每个句子都偏长。

鱼老师　这也是论文写作句式的一个大忌——优先使用长句。因为，长句对于读者而言是天然不友好的，很容易读到后面忘了前面。中英文都是如此。所以，我们教学生写论文，通常建议要"长短句交错"去写。当然，这倒没有一定之规，比如，"两个长句后面一定放一个短句"，那是八股文，不是论文。但写作的时候，作者们的确应该注意有意识地减少使用"把所有信息塞进一个特别长的句子里"这种方式。我举个例子，这句：

> 缺乏稳定的收入保障进一步加剧了他们的经济不确定性，即便他们投入的工作时间超出了法定的标准工作时间，也难以依据劳动法主张加班工资，因为他们与平台之间不存在劳动法所定义的"劳动关系"。

你们看，要怎么把这句话变成长短句交错的形式？

芋头，你人工改变一下；花椒，你让AI替你改变一下。

芋　头　好！

> 数字平台从业者与平台之间不存在劳动法所定义的"劳动关系",这直接影响了他们法定权利的保护。以"法定标准工作时间"为例,即便平台从业者工作时间超出法定范围,也难以依据劳动法主张加班工资。这因而影响了从业者获得稳定的收入保障、进一步加剧了他们的经济不确定性。

我把一句话拆成了三句,至少读者们读的时候能喘口气。

花　椒　老师,AI 不行。我也让它替我生成了三次,但一旦变成"长短句交错",AI 写出来的东西就没逻辑了,"散"得不行。您看,这样的:

> 缺乏稳定收入保障,加剧了数字劳工平台从业者的经济不确定性。他们常常工作超出法定时间,却难以依法主张加班费。这是因为,他们与平台之间,并不存在劳动法定义下的"劳动关系"。这种身份的界定,使得他们在薪酬权益上,面临着法律保护的空白。

每句都对,但放一起咋就显得"想到哪写到哪"呢?

鱼老师　你说得对,AI 的缺陷之一是,能写出逻辑关系,但更多是把逻辑关系用语义而非语言本身体现出来。一旦要求它用语言本身体现逻辑,就很容易写得非常啰唆。所以,如果你对写作成果具有"精益求精"的要求,或者你的导师对你的成果有"精益求精"的要求,请一定自己写。

第七幕 我为什么不建议你们用 AI "降重"

鱼老师 咱们最后来说一件事儿,也是我绝对不会教你们的写作技巧——AI"降重"。咱们讨论两个问题:第一,AI 能不能"降重"?这个"能",是技术上的"能";第二,AI 擅不擅长"降重"?

花　椒 我来回答第一个问题,AI 肯定能"降重"。AI 不仅擅长"降重",而且还擅长给论文增加字数。咱们前面刚刚试过,AI 能把一句话翻来覆去地讲!从技术上讲,"把一句话换个说法表达出来"完全没任何难度啊。不仅 AI 会,稍微有点法律基础知识的本科生也会。

芋　头 但我觉得,让 AI"降重"实在不是个明智选择。咱们前面那么多节课讨论的都是"如何完善 AI 写出来的草稿",AI 写作论文的问题包括用词不准、语言啰唆、滥用长句,等等。也就是说,AI 绝对写不出发表顶级期刊所需的精准表达。如果我已经写得很用心了,我何必又要让 AI 给我改得七零八碎呢!尤其是论文中的某些关键句,可能那一个句子就需要我琢磨半个小时,就像古代文人作诗时那样——"吟安一个字,捻断数茎须"。我可不想让 AI 祸害了我的论文!

鱼老师 你俩说得都对。AI 当然能改写句子,但改写的质量很可能不佳。不过,你们想过没有,什么样的论文可能会有"降重"的需求?

花　椒 我觉得,一篇论文只要是我用心去写的,重复率肯定不会高。毕竟,我肯定不会大批量复制粘贴他人的论文。那样的论文也没啥创新啊,更别提发表在高水平期刊上了!

芋　头 同意。我写过的论文,通常重复率都不会超过 15%。其中还有相当一部分重复率产生于不得不引用的法条!咱们专业避免不了引用法条啊。

花　椒 对!其实产生重复率的重灾区在于某些"咱们都改不了"也没法换个方式表达的东西。比如,作文本分析时需要引用法条、政府工作报告等,作案例研究时需要引用案例原文。我还听理工类专业的同学抱怨,他们产生重复率的重灾区是定义、方法类描述,以及技术标准描述。

鱼老师 我插句话,你们刚才说的内容能"降重"吗?

芋　头 当然不能!我要是敢把法条的表述给改掉,我的导师得反问我是否要行使"紧急造法权"。所以,老师,您的意思是,这部分原本也不该用 AI"降重",是吗?

鱼老师　对。我给我学生的建议是,这部分不得不引用的东西,除非实在没办法,只能放在正文中,就一律放在脚注里。毕竟"查重"是不查脚注的。咱们学校某年错误地把 PDF 版本论文送去"查重",结果大量重复率均出现在脚注中。后来学校紧急启动了二次"查重",即第一次"查重"不过的同学均有机会提交 Word 版本论文进行第二次"查重"。我也是那一次事件后才知道,原来脚注是不计入重复率的 。

好,论文重复率过高,还可能有什么情况?

花　椒　论文本身通过复制粘贴而来,甚至通过复制粘贴网络文献而来;或者简单地改个语序。如果是这种情况,我真不觉得"降重"能弥补"抄袭"的缺陷。一旦抄袭被发现,发表在期刊上的论文就会被撤稿;学位论文存在抄袭还会影响最终学位的获得!

鱼老师　所以,这种情况下,即便 AI 能够强行"降重",也无法从根本上改变论证观点、论据的抄袭。这一旦被发现,就会是一个隐患。

所以,在此种情况下,让 AI"降重"并不是什么明智的选择。

芋　头　老师,我给您讲个笑话,我从前碰到一起离奇的抄袭事件,这名学生抄袭的是外文论文,直接让电脑翻译,然后他修改下措辞就交上去了。他的指导老师没看过那篇论文的原文，但通过对论文内容的盘问，判断这篇论文不可能是这名学生自己写的，因为这名学生对于论文中引用的案例一问三不知。这名学生的论文虽然通过了"查重"，但仍然没通过他的导师的审查。

鱼老师 对，"查不出重复"并不代表论文"真的没问题"。顺便说一句，AI"降重"的论文也同样有可能"通过查重，但通不过导师的审查"。你们猜为啥？

芋　头 我知道！因为 AI"降重"必然会导致论文表述非常破碎，甚至前言不搭后语。导师看着表述这么烂的论文肯定会很愤怒，甚至拒绝将论文提交外审。

鱼老师 我能想象到这位导师的心情！所以，概括地讲，AI"降重"不靠谱、有隐患且容易被导师发现。所以，我不教这项技术，也请大家认真写论文，不要想着开发这项技术。

花椒 & 芋头 好的，老师！我们还想发表 CSSCI 论文呢，肯定不会"自毁长城"！

This book: 本部分的AI辅助科研功能清单

科研怎么做 / HOW TO DO IT

学术写作需要注意的事项包括：立场正确且无紧迫原因最好不要频繁转换立场；有学术性，不要使用大量非正式语言和口语化表述；逻辑连贯、结构紧凑，保证每一句话都能提供新信息（过渡句、综述句除外）且能够和上文有机关联，逻辑不跳跃。

AI帮你做 / HELP TO DO IT

AI在一定程度上能把高度口语化的句子转化为学术性较高的书面语，但AI的通病在于不够简练，写同样的内容耗字数较多。

让AI写东西，一定要把观点和资料完整喂给AI，不要让AI自由发挥。

别让AI做 / DON'T DO IT

千万别让AI独立生成论文文本表述，以及不要让AI"降重"。AI写出来的东西永远没法直接用，更适合用作学术写作课的改错题！

第七讲
和 AI 相关的杂七杂八

第一幕　学外语不？　AI 教你！

鱼老师　咱们已经把 AI 辅助科研的相关问题都分析利索了，从现在开始，我跟你们唠叨下 AI 能帮你们做的其他事儿。其中一个相当靠谱的功能是，"AI 教你学外语"。这里的"外语"不只是英语，因为任何语言的学习方法总是大同小异的。你们用没用过 AI 学外语？

花　椒　没有，我只用过 AI 做翻译，比如，把论文摘要的中文版扔进去让它给我翻译，或者把英文文献放进去让它给我译成中文。

鱼老师　其实，在 AI 问世之后，还真有一批人主张在 AI 时代是没必要学外语的。想看什么资料，只要扔给 AI 就好。AI 甚至可以做同声传译，给它播放一个英文音频，它几乎可以同时转化成中文文本。不过，我对这一观点持保留态度。一方面，是由于我基本上无法全盘相信 AI，哪怕是 AI 帮我翻译的论文摘要，我也一定要自己瞅一遍才放心。我曾经用 AI 翻译了几条法国法律，但在正式放进论文之前，我还是专门找了在法国留过学的朋友帮我看了一遍才敢用。另一方面，有的时候，看原文比看翻译后的文本更容易理解作者的原意。更何况，法律是一门非常要求文字表达精确度的学科。一个词翻译错误，就很有可能导致后续对法律的理解全部出错。我举个例子，necessary 一词在某些条约中被翻译成"必需"，而在另一些条约中则被翻译成"必要"。这就会带来一个问题：当我在 N 个条约中分别看见两种表述的时候，我就必须回头去翻阅原文——它们用的究竟是不是同一个词。

芋　头　所以，老师，您觉得咱们还有学习外语的必要，对不？

鱼老师　对！AI 会外语但仍然取代不了我们自己的知识。那么，咱们今天来讨论下，AI 如何帮助我们学习外语。你们能想到 AI 可能的用途不？

花　椒　我读过一些帖子，其中表示，可以让 AI 陪聊。这就跟"交笔友学外语"差不多了。只不过这个笔友会瞬间回复。

鱼老师　的确！这种方式确实不错,我曾经试着跟 AI 用英文聊天,但我对此的需求不是特别迫切。这主要是由于,"用英文跟 AI 聊天"主要解决的是表达困难,即有的人可能不敢说也不敢写,但我没有这方面的问题。即使你在我面前放一个货真价实的外国人,我也不怕和他讲话。但"AI 陪聊"完全可以有几个变种。

变种之一是,我可以指定 AI 聊天的内容。例如,我需要迅速掌握一个领域的专业术语和固定搭配,那么我就可以把这些内容全部喂给 AI,然后要求 AI 在对话中运用这些术语。我喂给 AI 的未必是整理好的术语,完全可以把一段语料整体喂给 AI,然后要求它从中提炼关键词。

芋　头　老师,这个法子好用吗?

鱼老师　好用啊！我给你举个例子,这是《联合国国际货物销售

合同公约》(CISG)第 14 条的全文:

> Article 14
>
> (1) A proposal for concluding a contract addressed to one or more specific persons constitutes an offer if it is sufficiently definite and indicates the intention of the offeror to be bound in case of acceptance. A proposal is sufficiently definite if it indicates the goods and expressly or implicitly fixes or makes provision for determining the quantity and the price.
>
> (2) A proposal other than one addressed to one or more specific persons is to be considered merely as an invitation to make offers, unless the contrary is clearly indicated by the person making the proposal.

我直接请 AI 帮我分析法条,整理其中的关键词并进行解释。

然后,AI 给了我这么一长串:

Here are some of the key legal terms and concepts from the excerpt you provided from Article 14 of the United Nations Convention on Contracts for the International Sale of Goods (CISG):

Proposal: A proposal is a statement of terms upon

which an offeror is willing to do business. It is a preliminary step towards forming a contract.

Contract: A legally binding agreement between two or more parties that creates obligations to do or not to do certain things.

Specific persons: Refers to identified individuals or entities to whom the proposal is directed.

Offer: A clear expression of willingness to enter into a contract made with the intention to be legally bound upon acceptance by the offeree.

Sufficiently definite: The offer must be specific enough to identify the subject matter and the terms of the contract, such as the goods and the price.

Goods: Tangible items that are the subject of the contract.

Quantity: The amount of goods that are to be exchanged under the contract.

Price: The amount of money or other consideration that one party is to pay to the other in exchange for the goods.

Acceptance: The act of the offeree agreeing to the terms of the offer, which results in the formation of a contract.

Invitation to make offers: A preliminary communication that encourages others to make offers, but does not constitute an offer itself.

Contrary indication: A clear statement or action that shows the opposite of what is generally expected. In this context, it would be a clear indication that a proposal is not just an invitation to make offers but is actually an offer.

芋 头 不错！即便我看不懂这些词，看了解释后大概也知道是什么意思了。

鱼老师 不仅如此。你还可以要求 AI 出几道题，帮你更好地理解这些词。比如，对于什么是 offer，什么是 invitation to make offers，AI 是这么出题的：

Exercise 1: Identifying Offers and Invitations to Make Offers

Scenario: A company, "TechSolutions" publishes a catalog with various electronic devices and their prices. They also send out an email to their customers stating, "We are offering a 10% discount on all products for the next week." Later, they send a personalized letter to a customer saying," We would like to offer you a 20% discount on your next purchase of our latest smartphone."

Questions:

Is the catalog an offer or an invitation to make offers?

What about the email sent to customers?

How about the personalized letter to the customer?

它还会给我答案！这样的：

Answers:

The catalog is an invitation to make offers because it does not indicate the intention to be bound upon acceptance.

The email is also an invitation to make offers, as it does not specify the quantity or price for each customer.

The personalized letter is likely an offer because it is addressed to a specific person and indicates a specific discount on a specific product.

花　椒　哈，我觉得说得挺对！答案给得相当标准。我未来可以试试 AI 的这个功能。

鱼老师　"AI 陪聊"的第二个变种是，我可以问它某个句子怎样写才更加地道。这个要求是由于我的英语词汇量不是特别多，"能说明白某件事"但用词不够精准。所以，我完全可以用简单的英语描述这件事，然后请 AI 帮我转化成更为地道的表述。我再举个例子，原句是这样的：

> Nowadays digital economy is prosperous and a lot of FTAs contain a chapter concerning it. For example, CPTPP has a chapter, RCEP has a chapter, and there are even a few FTAs with digital trade as its only content.

我相信你们都看得懂这个句子,但肯定一边读一边感慨"作者的英语真烂"。

而我把这个句子扔给 AI,让它改写得更加学术化,它还给我的句子是这样的:

> In contemporary times, the digital economy has experienced significant growth and prosperity, leading to an increasing number of Free Trade Agreements (FTAs) incorporating dedicated chapters that address its various aspects. For instance, the Comprehensive and Progressive Agreement for Trans-Pacific Partnership (CPTPP) and the Regional Comprehensive Economic Partnership (RCEP) both feature comprehensive chapters focused on the digital economy. Furthermore, there exists a burgeoning subset of FTAs that center exclusively on digital trade, highlighting its significance in the global economic landscape.

花　椒　哈,我觉得这个方式挺好。如果我需要备考托福或者雅思,就完全可以让 AI 指导我写作文,免得我反反复复就使用那几种表达方式,比如,说到增长就知道"grow",说到"未成年人"就知道"children"。

老师,还有啥 AI 学英语的秘籍吗?

鱼老师　有啊! AI 还可以辅助精读。这里的"精读"不是读论文那种精读,而是出于语言学习目的那种精读,即咱们初、高中学习英语课文那种精读。在选定语料之后,你就可以把那段课文扔给 AI,让它帮忙解释其中的重点句型、生词,你还可以造句给它看,让它帮着判断句子写得对不对。

我举个例子,这句话:

> Reducing trade costs is crucial to leverage future opportunities for trade-led growth. ①

我不是很理解其中 leverage 的意思,就可以让 AI 帮我解释。这是 AI 给我的回复:

Definition:

"Leverage" generally means to use something to your advantage or to gain a desired outcome. In the context of trade, it refers to the strategy of using existing resources, opportunities, or situations to maximize benefits or potential growth.

Usage in the Sentence:

---

① WORLD TRADE REPORT 2024 Trade and inclusiveness, p. 10, https://www.wto.org/english/res_e/booksp_e/wtr24_e/wtr24_e.pdf, last access: Feb. 26, 2025.

In the sentence, "Reducing trade costs is crucial to leverage future opportunities for trade-led growth," the word "leverage" is used to indicate that by reducing trade costs, countries or businesses can better utilize future opportunities to foster economic growth that is driven by trade.

如果我还是不会用这个词,我可以进一步让 AI 给我多写几个例句。比如,这样的:

"By leveraging economies of scale, the company was able to reduce production costs and increase market share."

"The government aims to leverage its strategic location to become a regional trade hub."

我甚至还能写几个句子让 AI 帮我判断写得对不对!

例如,我可以拿这个句子给 AI: The student leveraged his good memory to get a good score in his final exam. 然后问 AI 我写得对不对。

而 AI 给我的回复是这样的:

Yes, your sentence is correct. Here's a slightly refined version for clarity and flow:

"The student leveraged his excellent memory to achieve a high score on his final exam."

In this sentence, "leveraged" is used appropriately to

indicate that the student used his good memory to his advantage, which helped him get a good score in the exam.

你发现没,我的原句其实用错了介词。我用的是 in his final exam,而 AI 悄咪咪地给我改成了 on。AI 很神奇的! 对吧?

芋 头　老师,也就是说,AI 很适合我们学习一些高阶词汇的用法,至少这个 leverage,我就从来没把它当动词用过。

鱼老师　不只如此。这种学习方式其实更适合较为初级的学习者,我就试过用 AI 学习西班牙语,我的西班牙语水平只能说是初级,所以相当一部分语法都看不懂。举个例子,我在西班牙王室网站上就读到过这么一句:

> Su Alteza Real la Princesa de Asturias, que viajó a Lisboa acompañada por el ministro de Asuntos Exteriores, Unión Europea y Cooperación, José Manuel Albares, fue recibida a su llegada al Aeropuerto de Lisboa por el Presidente de la República Portuguesa, Marcelo Rebelo de Sousa; el embajador de España en la República Portuguesa, Juan Fernández Trigo y por el jefe de Protocolo de la República Portuguesa, Jorge Silva. ①

---

① Viaje Oficial a la República Portuguesa, Dec. 07,2024, https://www.casareal.es/ES/Actividades/Paginas/actividades_viajes_detalle.aspx? data = 864, last access:Feb. 26,2025.

我认识其中的相当一部分单词，知道这句话的意思是西班牙公主去了里斯本，一同前往的包括外交部长，到了当地机场有葡萄牙一系列高级官员接待。但我不是很清楚"acompañada por"这个短语当中为什么要用"por"。在我此前学过的西班牙语语法中，"por"一直是相当于英语中的"for"。所以，根据我有限的语法知识，这句话就相当于"the princess was accompanied for the Minister"。很奇怪，对不？于是，我就可以问 AI：

为什么此处要用"por"？

AI 就可以回答我：

这是因为，acompañada por 这个短语的意思就是"accompanied by"。

它还会继续给我举例子：

例如，如果一个公主被她的父母陪同参加一个活动，你可以说："La princesa fue acompañada por sus padres"，意思是"The princess was accompanied by her parents"。

除此之外，用 AI 学习外语的另一个好处还在于，你可以随便问稀奇古怪的问题！仍然拿上面那个新闻举例，西班牙王室网站上有很多语言选项，但代表西班牙语的选项居然是 CAS！我当时对着语言选项愣了半天，后来全凭猜测点击了 CAS 才看到西班牙语。于是，我问 AI：

为什么用 CAS 代表西班牙语？

AI 就会回答我：

在您提供的网页链接中，"CAS"很可能代表"Castellano"，这是西班牙语的正式名称。在西班牙和拉丁美洲的一些地区，人们用"Castellano"来指代西班牙语。

这对我而言很新鲜！我甚至还可以继续问 AI，这个词的词源是什么；AI 也会继续回答我，这个词的词源是西班牙的一个地区名称，这个地区在历史上……

所以，你看，跟 AI 学语言很有意思的！假如你们哪天想要学一门"二外"，完全可以没事就去跟 AI 聊聊。省钱又快捷！

第二幕　AI 会做 PPT 吗？

花　椒　老师，我有个问题。我目前用的办公软件是 WPS，它的 PPT 制作功能项下有一个"一键美化"功能，即我只要用空白模板做个 PPT，然后点界面最下方的"一键美化"，它就可以很聪明地帮我选择配色、套模板甚至用图形的方式帮我体现要点。我用了这个功能之后，瞬间觉得大学时选修过的 PPT 制作课都白学啦。

鱼老师　所以，你是想问，这个功能算不算"AI 辅助 PPT 制作",对吗?

花　椒　我是想问,AI 能不能让我连"制作空白 PPT"这一步都省略了。我提交给它一个文档,让它自动给我生成 PPT,或者我跟它讲几句话,它自动制作一个 PPT 给我。

鱼老师　可以啊!相当一部分 AI 都有这个功能。咱们实验一下。

芋　头　好!正好我从来就没学过如何用 AI 制作 PPT!

鱼老师　好,那么你来试试。毕竟,网上相当一部分帖子都会跟你说,敲进去关键词,AI 就能帮你把资料找好、图配好,你拿着 PPT 去演讲即可。

芋　头　那么我来给 AI 一个题目:

"FTA 数字贸易规则的最新动向"。

然后,好像不大行。AI 倒是替我弄了个提纲,但这个提纲是这样的:

1. 数字贸易法的演变与 FTA 谈判

1.1 数字贸易监管的最新进展

1.1.1 优惠贸易协定中的数字贸易谈判增加

……

这也就算了。然后,后面是这种风格!

2. 中韩 FTA 谈判进展与数字贸易

2.1 中韩 FTA 第二阶段谈判的背景

2.1.1 中韩 FTA 第二阶段谈判的启动

……

3. WTO 电子商务谈判与 FTA

3.1 WTO 电子商务谈判的进展

3.1.1 90 个 WTO 成员结束部分数字贸易规则谈判

花　椒　哈哈,这倒是"最新动向"！问题是,没一点逻辑,全是事实罗列啊。

芋　头　对,也没啥法律色彩。

鱼老师　所以,正如 AI 不能仅凭一个题目就给我生成一篇论文,AI 也不能仅凭一句话就生成符合我要求的 PPT。

花　椒　老师,那么我继续尝试一下。我列提纲,甚至把内容都写好了,让 AI 只完成"PPT 制作"。

鱼老师　好,你试试。

花　椒　哈,还行！我是这么跟 AI 讲的:

我给你一个提纲和内容,请你做 PPT。标题:WTO 电子商务谈判的最新动向。下面分成三个部分:达成协议草案;就跨境数据流动等一系列条款达成一致;缺少美国参与。

还不错！AI 就这个提纲,帮我生成了一个更加详细的提纲！大概是这样的：

WTO 电子商务谈判的最新动向

1. 达成协议草案

1.1 协议草案的主要内容

1.1.1 草案涵盖的关键议题

协议草案包括电子认证和电子签名、电子合同、无纸化交易等 13 个关键议题，这些议题构成了 WTO 电子商务谈判的基础。

这些议题的共识标志着 WTO 成员在数字贸易规则制定方面迈出了重要一步，为全球电子商务的发展提供了法律框架。

1.1.2 草案对全球贸易的影响

协议草案的达成预示着全球电子商务规则的重大进展，将对全球贸易格局产生深远影响，特别是在数字服务贸易领域。

草案的实施将促进跨境电子商务的便利化，降低交易成本，提高贸易效率，对全球经济增长具有积极作用。

1.1.3 草案的未来挑战

尽管协议草案已达成，但仍面临诸多挑战，包括各国在实施过程中的差异性、技术标准的统一等问题。

草案的最终实施需要各国共同努力,克服技术和法律障碍,确保全球电子商务规则的一致性和有效性。

2. 就跨境数据流动等一系列条款达成一致

2.1 跨境数据流动的重要性

2.1.1 数据流动对数字经济的贡献

跨境数据流动是数字经济的核心,它促进了信息的自由流通,加速了全球商业活动的数字化转型。

数据流动的自由化有助于创新和竞争,对于提高生产效率和创造新的商业模式至关重要。

2.1.2 数据流动的监管挑战

跨境数据流动带来了监管挑战,包括数据隐私保护、国家安全等问题,需要各国在保护和自由化之间找到平衡。

各国在数据流动规则上的立场差异,增加了全球电子商务规则制定的复杂性,需要通过多边谈判寻求共识。

2.1.3 数据流动的未来趋势

随着数字技术的发展,跨境数据流动将继续增长,其在全球贸易中的作用将更加突出。

未来,数据流动规则的制定将更加注重数据安全和隐私保护，同时也要促进数据的自由流通，以支持全球数字经济的发展。

3. 缺少美国参与

3.1 美国在 WTO 电子商务谈判中的角色

3.1.1 美国的贸易政策及其对谈判的影响

美国作为全球最大的经济体之一，其在全球电子商务谈判中的立场和政策对谈判进程具有重要影响。

美国的缺席可能会影响谈判的进展和结果，特别是在涉及跨境数据流动、数字服务市场准入等关键议题上。

3.1.2 美国缺席的原因及影响

美国缺席 WTO 电子商务谈判可能与其国内政策和全球贸易战略有关，这可能会影响全球电子商务规则的制定和实施。

美国的缺席可能会导致全球电子商务规则在某些领域缺乏统一性，影响全球电子商务的协调发展。

3.1.3 其他国家对美国缺席的反应

其他国家可能会寻求在没有美国参与的情况下推进谈判，以确保全球电子商务规则的制定不会停滞不前。

同时，其他国家也在寻求与美国在双边或区域层面就电子商务规则进行谈判，以弥补美国在多边层面的缺席。

我觉得还行。还算准！那我生成 PPT 啦？

鱼老师 好。

花　椒 哈，还不错！它让我选择场景，比如，商务、高校、营销、党政宣传……我还可以选择模板和配色。

那我选择一个"高校"的"简约"风格，配色是蓝色，清爽一点儿。

然后，生成的 PPT 是这样的：

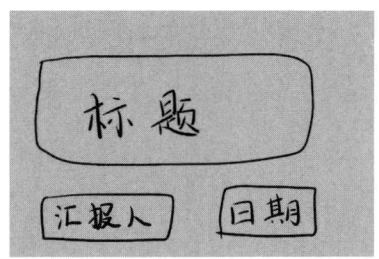

鱼老师 很好，够简约。你的风格选择得不错！

芋　头 老师，这有啥讲究不？

鱼老师 有，如果你们经常围观本科生小朋友的 PPT，就会发现，相当一部分小朋友比较偏好热热闹闹的 PPT 风格，比如，猫狗主题、卡通主题、动画主题，甚至明星主题。当然,如果仅仅是在上课时展现一下小组作业,什么风格其实没关系,但如果在学术会议上使用 PPT,那么最好使用比较简约的风格,或者用咱们学院的通用 PPT 模板也行。

然后,我们接着看,标题页后面一般是啥?

花　椒　目录啊!AI 生成的这个就很不错。说实在的,我都没想到 AI 还能给我加个目录!我以为它直接把文字放进 PPT 里就完事了呢。

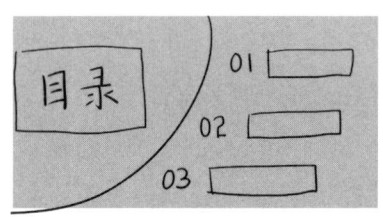

鱼老师　对,AI 还是很有眼光的,至少在设计方面可以省去我们大量时间。我们只需关注最核心的内容就可以了。

然后,下面就是正文页了,对吧?

花　椒　好像不是。还有这么一个小标题页,长这样的:

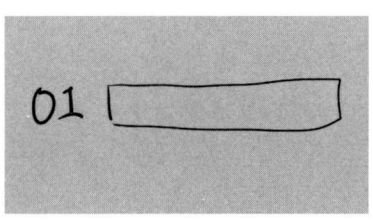

老师,这个一定要加吗？我觉得不一定吧,因为我一共就没几页 PPT,感觉不需要单独弄出来个小标题页。

鱼老师 随你,这个可加可不加。你把 AI 生成的 PPT 导出后删掉这页就行。

花　椒 好的! 然后下面终于是正文页了。AI 给我的正文页长这样:

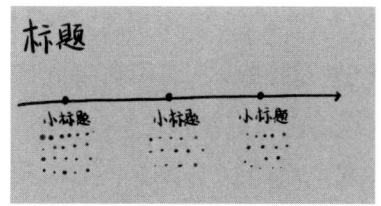

我觉得还不错,不是我的导师深恶痛绝的"满屏都是字"的设计方式。页面上的"留白"还是挺丰富的,而且还清晰地突出了我在这一页想要讲的三个要点。您看那三个小标题!

鱼老师 对,从审美的角度来讲,这个 PPT 的设计是很到位的。字体不花哨、对比度高、错落有致。但此处反倒需要你注意一个问题:采用这种"高度留白"设计的 PPT,可能会导致正文字体非常小。

花　椒 嗯,是哦! 所以,您是怕听众看不清,对吧?

鱼老师 对! 如果你把它用在线上会议,那倒没问题,听众们看电脑屏幕怎么都能看清。但假设你是在几十人,甚至上百人的大会场做主题发言,就会面临一个问题:假设会场的屏幕不是特别大,那么听众们就可能看不清你的小字,尤其是这种为了美观刻意设计的非常小的字。AI 设计 PPT 可能考虑不到这些特殊情况。

花　椒　老师,那我该怎么办?

鱼老师　没啥好办法,只能牺牲一下美观性了。方法之一是,直接把字放大,尤其是你要突出的内容。但这很可能导致你的 PPT 页数特别多。毕竟,每一页 PPT 能承载的字数少了,需要的页数就必然会多。方法之二是,做动画效果,即你点击一下某个文字块,那块文字就会放大成"全屏"或至少"半屏"给你看,再次点击鼠标,那块文字又会缩小成最开始的大小。这个技术你会不会?

花　椒　嗯,我大致知道咋做,但还得摸索下。

鱼老师　没事,你可以直接问 AI 怎么在 PPT 软件中实现这个动画功能。

花　椒　好的!我再看看后面的 PPT,似乎都是"小标题页"+"正文页"这个格局了,只不过正文页有 N 种布局方式。有上面那种左右排布的,有上下排布的,还有品字形排布的。这应该都没关系吧。最后还会有一个和标题页相呼应的"谢谢大家"。

鱼老师　没关系。具体怎么排布都成。不过,强烈建议你在正式使用这个 PPT 之前在自己的电脑上播放一遍。因为,你也不知道这个模板会不会自带一些奇奇怪怪的转场动画和音效。我从前见到过一个博士生小朋友的硕博论坛 PPT,两页之间的切换动画是"跳跃着弹出",即前一页 PPT 蹦蹦跳跳地越来越小,后一页 PPT 蹦蹦跳跳地进入视野。下面的听众都快笑疯啦。不仅如此,当这位同学播放到"致谢"页的时候,我们发现这一页还自带 BGM,给我们播放了一段歌曲!

花　椒　哈哈!明白!

第三幕　AI 起论文标题:帮你打开思路

鱼老师　咱们再探讨下 AI 的另一个功能——起论文标题。我非常喜欢这个功能。你们都知道论文标题应该在什么时候起,对吧?

芋　头　知道,全文写完之后再起标题!毕竟,我只有写完全文,才能明确自己论文的中心思想是什么,因而才能围绕这个中心思想去精准定位标题。

鱼老师　所以,咱们试试把论文中心思想扔给 AI,让它帮你想一个标题。在此需要特别强调,我是让你拿"中心思想"给AI,即你的观点,而非"论域"。知道为什么吗?

花　椒　知道啊,因为"论域"本身就是个很不精确的标题。比如,"论我国网络安全法对于跨境数据流动的适用"。这就是论域,我把这个扔给 AI,估计它也没法给我进一步加工。但如果我把我的核心观点扔给 AI,即"我国网络安全法中的跨境数据流动规则实现了自由与安全的平衡",AI 至少知道,在标题当中帮我突出"自由与安全的平衡"。

芋　头　对!哪怕我最终决定了的论文标题看上去还是像"论域",但依托核心观点拟定标题,至少能够在措辞中突出我的观点或者态度。我举个例子,"论离婚冷静期"肯定不是个好题目。但《离婚冷静期制度的生成逻辑及其反思》[①]就是个好题目,因为它至少能告诉读者,作者要探讨"生成逻辑",而且会有"反思",即作者认为这件事儿应该还有提升空间。或者《离婚是否真的需要冷静——对〈民法典〉第 1077 条的法理讨论》[②]也是个好题目,这直接体现了作者的观点。

鱼老师　所以,"在观点基础上拟论文题目"的优点在于,能够让标题呼应主要观点,让标题更精准、更吸引读者。

那么,我们来练习一下,写一篇论文主要观点,看看 AI 如何帮助我们拟定标题。

[①]　参见马智勇:《"离婚冷静期"制度的生成逻辑及其反思》,载《法学家》2022 年第 3 期,第 14—28 页。

[②]　参见张剑源:《离婚是否真的需要冷静——对〈民法典〉第 1077 条的法理讨论》,载《法学家》2022 年第 3 期,第 1—13 页、第 191 页。

芋　头　好,我随手写一个哈,尽管我对这个领域不大懂。

请帮我起一个论文标题,内容是数字平台从业者的劳动者权益保护。我想说的是,应当将其界定为"类雇员"并纳入劳动保护范围,扩大劳动法对所有劳动类型的覆盖。

然后,AI给了我这么多!

1.《数字平台工作者:探索"类雇员"概念下的劳动权益保护新框架》

2.《从边缘到核心:将数字平台从业者纳入劳动法保护范围的法律研究》

3.《平台经济下的劳动保护:重新定义"类雇员"及其权益》

4.《数字劳工的法律地位:构建"类雇员"的劳动权益保护体系》

5.《扩展劳动法的边界:为数字平台从业者提供"类雇员"保护的策略》

6.《平台工作者的权益之盾:确立"类雇员"地位与劳动法适用性的探讨》

7.《数字平台从业者的劳动法保护:界定"类雇员"身份的必要性与路径》

花　椒　我觉得,其中某些标题明显不靠谱啊。比如,标题2,"从边缘到核心"有点儿过了吧。我觉得劳动法应该不可能把数字平台从业者放到劳动法的核心地位。

但标题 5 和标题 6 应该都有参考价值。我再去问问 AI：

能不能仿照标题 6，进一步帮我拟几个风格类似的标题？

哈，AI 给了我这些：

理解您的偏好后，我为您提供以下几个与您喜欢的标题风格相似的论文标题选项：

1.《数字平台工作者的法律保护伞：探索"类雇员"地位的确立与劳动法适用》

2.《从边缘到包容：数字平台从业者"类雇员"地位的法律认定与权益保护》

3.《构建数字平台从业者的权益屏障："类雇员"概念的法律探讨》

4.《扩展劳动法的保护伞：数字平台"类雇员"工作者的权益保障研究》

5.《数字平台从业者的法律地位：确立"类雇员"身份与劳动法适用的路径》

6.《保护数字平台工作者权益："类雇员"概念下的劳动法适用性分析》

7.《数字平台工作者的权益之盾:界定"类雇员"地位与劳动法的现代挑战》

8.《劳动法的延伸:为数字平台"类雇员"工作者提供全面保护的法律框架》

9.《数字平台工作者的权益保障:"类雇员"地位的法律界定与实践》

希望这些建议能够满足您的需求,如果您需要进一步的定制或有其他问题,随时告诉我。

我觉得,这个论文标题可以直接拟定为《数字平台"类雇员"工作者的权益保障研究》了。咋样?

芋头 我觉得很好啊!AI 的风格是主副标题都有,但我觉得"主标题"本身没有太多创见,完全可以删去。

鱼老师 当然,你们也可以自行在 AI 拟定的标题上再加工。AI 的作用仅仅是给你提供灵感。AI 在"起标题"这件事上其实还有个功能:微调,即如果你对某个标题很满意,但对其中某个词不满意,还可以要求 AI 帮你调整这个词。

我举个例子:《数字平台从业者"类雇员"地位的法律认定与权益保护》,我觉得这个题目还不错,但我不喜欢"法律认定"这个词,我就可以问 AI,有没有意思类似但措辞不同的表述。

于是，AI 就给了我一大堆类似措辞的题目：

1.《数字平台从业者"类雇员"地位的法律地位与权益保护》

2.《数字平台从业者"类雇员"地位的法律规范与权益保护》

3.《数字平台从业者"类雇员"地位的法律界定与权益保护》

4.《数字平台从业者"类雇员"地位的法律识别与权益保护》

……

花　椒　然后我们就可以从中挑一个更有眼缘的了，比如，我觉得"法律界定"看着更加书面一点。

鱼老师　对！如果你是"选择困难症"患者，还可以继续问 AI：

你觉得上述题目中，"法律认定"和"法律界定"的区别是什么？

AI 会这么回答：

根据搜索结果，我们可以区分"法律界定"和"法律认定"，如下：

1. 法律认定

- 法律认定是指在法律程序中，通过对事实、证据和法律条款的分析和判断,确定某一法律关系、权利或义务的过程。它是法官或相关法律机关对案件事实的官方确认,为案件的裁决提供依据,确保法律适用的公正性和合法性。

2. 法律界定

- 法律界定指的是对相关概念和行为进行明确的定义和划分,以判断当事人的行为是否违法,以及如何适用法律。法律界定可以确保不同地区、不同法院对相同法律概念的理解和适用保持一致,避免出现同案不同判的情况,维护法律的权威性和公正性。

从这些定义中,我们可以看出"法律认定"更侧重于对案件事实的官方确认和对法律条款的适用,而"法律界定"则侧重于对法律概念和行为的明确定义和划分。因此,如果您对"法律认定"不满意,想要强调对概念和行为的明确定义和划分,那么使用"法律界定"会更加合适。

花　椒　Wow! 明白了,那么我选"法律界定"! 我想说的是"概念区分",不是"司法实践"。我不关心法官在个案中怎么判断,更关心的是立法上应该如何对此进行明确规定。这下就完全没疑问啦。

芋　头　我咋觉得我把我的小学语文老师请回来了呢。我记得小学的时候,我们就经常区分近义词,比如,"漂浮"和"飘浮"。

鱼老师　差不多吧。论文用词精准,肯定会在编辑那里加分的。同理,AI 还可以在中文标题的基础上生成英文标题。在不要求逐字对译的情况下,AI 甚至还会给你生成 N 个标题以供你参考!

花　椒　老师,我拿这个标题试试!

哈,AI 果然给了我好几个英文标题,而且看上去质量还不错。

> Research on the Rights and Interests Protection of "Quasi-Employees" on Digital Platforms

> Rights of Quasi-Employees: A Study on the Protection of Digital Platform Workers' Interests

> Rights Protection for the Gig: A Study on "Quasi-Employees" on Digital Platforms

鱼老师　第一、二个标题基本相同,只不过是语序发生了变化。大家来围观第三个标题,你们觉得咋样?

芋　头　老师,Gig 这个词我似乎见过,是……Gig Economy? 数字平台语境下的零工经济?

鱼老师　所以,论文标题的英文表述完全可以更时尚一些。这一点 AI 要比翻译软件更加智能。大家在使用 AI 进行翻译时,也完全可以告知 AI,在某些场合下可以使用更加地道的表述,不需要中英文一一对译。

芋　头　老师,我有个想法:我能不能让 AI 也替我翻译论文摘要啊?

鱼老师　可以,但有两个限制。其一,你必须告诉 AI 只能直译,不要意译,这是因为很多杂志是严格要求中英文摘要完全对应的。你意译的话,很可能会让编辑来找你麻烦。其二,AI 翻译完后,你一定要自己再看一遍并做调整。AI 很智能,但理解真的不见得正确!

第四幕　AI 能搞理论分析吗?

鱼老师　咱们今天来探讨一个比较时髦的问题:让 AI 替你做理论分析,即让 AI 提供一个理论框架,对某个个案问题进行分析。你们觉得这事儿靠谱不?

花　椒　老师,您先说说,为啥想到这个需求啊?

鱼老师　因为真的有小朋友拿着写完的案例分析过来问我:"老

师，我感觉我的案例分析是就事论事。您能不能给我提供一个理论视角，让我的论文理论性更上一层楼？"

花　椒　哈哈，这是拿您做人肉 AI 呢！不过这真是个好办法！那么，真正的 AI 能实现这个功能吗？

鱼老师　要不要试试？芋头，你提供一个例子，咱们验证一下，行不？

芋　头　好的！我记得咱们研究过欧盟"供应链指令"，那么我问 AI：

请提供一些可以用来分析欧盟"供应链指令"的理论框架。

啊！AI 提供的理论框架，我看不懂！是这样的：

政治风险分析框架：政治风险主要指因国家战争、社会冲突、革命或内乱、恐怖事件等的发生对供应链的冲击。这些风险不能使得人身安全得到保障，社会动荡会导致供应链无法正常运行。目标国政局稳定状况、与邻国或发达国家的政治关系、可能出现政治风险的概率都应成为供应链延伸过程中须评估的要素。

经济风险分析框架：经济是国家发展命脉，国家经济水平和市场环境直接影响企业效益，全球供应链上每个国家的对外开放程度、税务制度的变动、法律法规的限制、货币税率、汇率的波动都会影响供应链的稳定。因此，须时刻关注经济变化，对供应链节点的管理做出相适应的调整。

文化融合风险分析框架：不同的地缘环境、宗教信仰、种族、法制建设下，各国家、各民族的基本思想、民俗文化和看待问题的视角都存在较大差异。在全球供应链发展的过程中，须考虑某个国家或地区群众是否欢迎与支持外来企业的投资，企业进驻是否在扩大其规模的同时给当地政府和民众带来利益，有无威胁到当地产业的发展，企业文化有无和当地的宗教文化、民俗思想相互冲突。

SCOR 模型：SCOR 模型是一个集成供应链运营参考模型，它提供了一个评估和改进供应链管理性能的框架。该模型可以帮助企业分析供应链中的不同环节，并优化其性能。

网络层次分析法（ANP）：ANP 是一种决策分析工具，它可以用来分析和优化供应链中的各个环节。ANP

方法已在多个领域得到应用,包括供应链管理。

供应链韧性理论:现有供应链韧性的研究,最常采用的理论是资源基础观、动态能力理论、关系理论和复杂性理论/复杂自适应系统。这些理论可以帮助分析供应链在面对变化和冲击时的韧性和适应能力。

供应链管理理论:供应链管理理论的演进提供了多种方法和原理,如多赢互惠原理、以顾客为中心、强调企业的核心竞争力、相互协作的双赢理念、优化信息流程等,这些理论可以帮助分析供应链法对供应链管理的影响。

我认为 AI 说得很对,但很显然这些都不是我要的。

花　椒　这些都不是法学理论啊!所以我们无法判断这些理论究竟"对不对"。没准儿其中存在牵强附会或者以讹传讹呢。

芋　头　好吧,我的指令似乎给得不大对。那么,我细化一下:

欧盟通过了"供应链指令",请帮我先总结这个指令的核心内容,再用法学专业理论框架分析这一事件。

这下总行了吧。我把问题分成两步了:第一步是总结核心内容;第二步是用法学专业理论框架分析。

嗯,可能还是不太行!

欧盟"供应链指令"(Corporate Sustainability Due Diligence Directive，简称 CSDDD）的核心内容主要包括：

尽职调查义务：要求企业在商业活动中加强可持续性实践，减少对环境和人权的不利影响。企业必须进行尽职调查，识别并缓解其运营及供应链中的环境和人权风险。

适用范围：该指令适用于所有在欧盟运营的大型企业及部分第三国企业。具体来说，雇员总数至少为1000人、年销售额至少达到4.5亿欧元的母公司及其子公司都将受到该法律的管辖约束。

风险评估与预防：规制对象必须制定企业尽责政策，识别和评估上下游供应链中的人权和环境负面风险，并采取适当的预防和补救措施。

人权与环境风险：人权风险包括雇用童工、强迫劳动、不平等待遇等违反国际人权协定的行为；环境风险包括破坏生物多样性、危险废物越境转移等国际环境公约中禁止的行为。

上述内容涉及的理论问题包括：

企业社会责任（CSR）理论：CSDDD 强化了企业在供应链中承担社会责任的法律要求，与 CSR 理论相呼应，强调企业在追求经济利益的同时，也应承担起对社会和环境的责任。

尽职调查（Due Diligence）理论：尽职调查是企业识别、预防、缓解和会计其供应链中潜在风险的过程。CSDDD要求企业进行尽职调查，以识别和评估供应链中的人权和环境风险，并采取适当的预防和补救措施。

国际人权法：CSDDD涵盖了规制对象在生产、分销、销售商品或提供服务中的所有活动，以及其所有合作伙伴的销售、运输、储存或处置活动。它强制企业履行人权和环境尽责义务，包括识别和评估供应链中的人权和环境风险，并采取预防和补救措施。

我算是发现AI怎么帮我找理论框架的啦！它是按照关键词找的！它发现欧盟"供应链指令"中有"企业环境、人权责任"的表述，然后帮我匹配到了"企业社会责任理论"，发现"人权"二字，于是帮我匹配了"国际人权法"。

鱼老师　那么，你认为AI提供的理论框架靠谱不？

芋　头　我觉得有参考价值但不是特别大。AI的确提供了若干理论框架，而且我完全不否认这些框架可以用来分析欧盟"供应链指令"。但是，此处的问题恰恰在于，哪怕给我这个框架，我也无法完整架构出一篇论文。假设我导师现在就把我叫去，跟我讲，"我发现一个好题目，可以用A理论分析B问题，你去研究一下，写一篇论文给我"。老师，您觉得我写好这篇论文的可能性有多大？

鱼老师　50%？写好和写不好的可能性各占一半。

芋　头　老师您这是安慰我呢。可能性是0。因为在我没吃透某个理论的情况下,"现上轿现扎耳朵眼"地套用这个理论去分析问题,不就等于照猫画虎吗?

鱼老师　所以,把将要研究的内容丢给AI,让AI帮忙寻找理论框架,你觉得这事儿靠谱不?

芋　头　靠谱但有限。我可以让AI帮我找灵感,但不能真的指望AI给我提供一些我从没见过的理论,然后根据这些理论瞬间把论文水平提升至可以发表在《法学研究》级别的期刊上。

花　椒　那么,我有一个想法!咱们刚才的分析,是建立在"不懂理论就没法让AI做理论分析"的基础上。那么,如果我本身已经对某个理论有了深入地理解呢?我可不可以借用AI进行查漏补缺,完善我的"理论作用于实践"分析过程?

鱼老师　咱们试试。你对啥理论比较熟悉?

花　椒　咱们试试"布鲁塞尔效应"理论吧!

我这么问AI了哈:

> 请帮我用"布鲁塞尔效应"理论分析欧盟供应链指令。我需要你从"事实上的'布鲁塞尔效应'"和"法律上的'布鲁塞尔效应'"两方面分析上述该指令对国际社会产生的影响。

您看,我是真的懂这个理论的!我都告诉 AI 从哪些角度去分析啦。

然后,AI 给了我这个:

事实上的"布鲁塞尔效应"(de facto Brussels Effect)

— 全球供应链的标准化:根据"布鲁塞尔效应"理论,欧盟因其庞大的内部市场和严格的监管标准,能够促使跨国公司在全球范围内遵循其规则,以标准化其产品和服务。CSDDD 要求大型公司在欧盟运营中引入强制性的人权和环境尽责调查要求,这可能导致全球供应链中的企业为了进入欧盟市场而不得不遵循这些要求,从而实现全球供应链的标准化。

— 非自愿激励:由于担心违反欧盟监管所面临的高昂违规成本,外国公司可能会主动调整其合规政策和市场行为,以适应欧盟的强监管。CSDDD 的实施可能会增加全球供应链中企业的合规成本,迫使它们在全球范围内提升人权和环境标准,以避免潜在的法律风险和经济损失。

— 市场准入与合规:CSDDD 的实施可能会使得全球供应链中的企业为了保持对欧盟市场的准入,而不得不遵守该指令中的规定,即使这些规定超出了它们本国法律的要求。这种市场强制创造了非自愿激励,促使企业在全球范围内依据一套统一的规则进行生产和运营。

法律上的"布鲁塞尔效应"(de jure Brussels Effect)

- 立法模仿："布鲁塞尔效应"理论指出，跨国公司按照"欧盟模式"调整其全球行为后，也有动力游说本国采纳与欧盟相仿的规则和标准。CSDDD 可能会激发其他国家通过符合或类似的立法，以确保其企业在国际贸易中的竞争地位，从而在全球范围内推广欧盟的监管标准。

- 国际规则制定的影响：CSDDD 可能会在多大程度上单方面影响国际规则制定。欧盟通过该指令展示了其在供应链立法方面的领导地位，这可能会对其他国家的立法产生示范效应，促使它们在制定自己的供应链法规时参考或模仿欧盟的做法。

- 全球治理模式的转变：CSDDD 的实施可能会推动全球治理模式的转变，从合作或强制的监管趋同转向"非自愿激励"的监管全球化。这种模式下，欧盟并没有强迫其他国家采用其规则，但跨国公司考虑到自身的机会成本，通常会进行"不情愿地效仿"。

综上所述，欧盟的"供应链指令"可能会通过事实上的"布鲁塞尔效应"和法律上的"布鲁塞尔效应"，对国际社会产生深远的影响，推动全球供应链中的人权和环境标准提升，并可能促使其他国家在立法上模仿或遵循欧盟的监管模式。

鱼老师 花椒,你觉得上述分析靠谱不?

花　椒 还行,基本符合我的期望。所谓"事实上的'布鲁塞尔效应'",是指"跨国企业由于主动遵循欧盟立法而导致的欧盟法在欧盟境内的适用"。AI 对此的写作还算到位!它至少提到了跨国公司出于对违法后果的畏惧而在全球范围内遵循欧盟规则,也提到了这些跨国公司可能"非自愿但主动"遵循欧盟法。但"市场准入与合规"这一点明显和前面两点有所重复。

鱼老师 很好! 你是知道"事实上的'布鲁塞尔效应'"的若干要件的,所以能判断 AI 写得究竟到不到位,对吧?

花　椒 对啊! 我还知道,AI 写得对但不全面,因为"事实上的'布鲁塞尔效应'"还有若干构成要件。我甚至可以去问 AI! 您看,AI 都知道,"事实上的'布鲁塞尔效应'"生效要件还包括:

　　市场规模(Market Size):欧盟拥有庞大的内部市场,这使得跨国公司为了进入并利用这一市场,愿意遵循欧盟的法律法规。

　　监管能力(Regulatory Capacity):欧盟展现出强大的监管能力,能够制定和执行严格的监管标准。

　　强监管意愿(Preference for Strict Rules):欧盟倾向于制定和实施高标准的监管规则,这些规则往往比其他国家更为严格。

监管对象无弹性（Inelasticity of Regulatory Targets）：被监管的对象（如跨国公司）对欧盟市场的依赖性较高，难以找到替代市场，因此它们更可能接受和遵循欧盟的规则。

标准的不可分割性（Non-divisibility of Standards）：跨国公司无法针对不同地区应用不同的标准，因此它们在"被迫"采纳欧盟高标准的同时，必然将同一标准应用于全球经营。

所以，AI写的那段话中，"根据'布鲁塞尔效应'理论，欧盟因其庞大的内部市场和严格的监管标准，能够促使跨国公司在全球范围内遵循其规则，以标准化其产品和服务"。其实还是简写的版本。AI其实是基于完整的理论框架进行的有限拓展。它背后原本应该进行的完整推理应该是这样的：

AI写作的原文	对应的"布鲁塞尔效应"理论	AI本应进行（但没进行）的拓展
根据"布鲁塞尔效应"理论，欧盟因其庞大的内部市场	市场规模	根据"布鲁塞尔效应"理论，欧盟具有庞大的内部市场，跨国公司因而无法贸然舍弃欧盟市场可能带来的利益
	监管对象无弹性	且跨国公司严重依赖欧盟市场，因而难以通过寻找替代市场轻易放弃欧盟市场

(续表)

严格的监管标准	监管能力	欧盟具有监管能力，能够对跨国公司遵循供应链指令的情况进行监督
	强监管意愿	欧盟具有强监管意愿，因而严格执行供应链指令
能够促使跨国公司在全球范围内遵循其规则	标准的不可分割性	由于欧盟供应链指令能够对跨国公司的全球经营行为进行规制，跨国公司因而无法通过"分割行为准则"的方式，仅对涉欧盟业务执行较高的行为标准、对非欧盟业务实行低标准。跨国企业不得不在全球范围内统一遵循欧盟规则

鱼老师 所以，在对理论知识有所了解的情况下，使用 AI 辅助你写作的时候，你反而会发现 AI 的更多缺陷。

花　椒 对！我反而不会盲从 AI。而且我一定会写得比 AI 更加丰满。

芋　头 那么，师姐，我能不能这样理解：在"法律上的'布鲁塞尔效应'"这部分，AI 写得也不是特别准。

花　椒 对！

AI 刚才是这么替我写的：

> 立法模仿："布鲁塞尔效应"理论指出，跨国公司按照"欧盟模式"调整其全球行为后，也有动力游说本国采纳与欧盟相仿的规则和标准。CSDDD 可能会激

> 发其他国家通过符合或类似的立法,以确保其企业在国际贸易中的竞争地位,从而在全球范围内推广欧盟的监管标准。

AI 对于"法律上的'布鲁塞尔效应'"的理解是完全正确的。这个词的确是指"欧盟法被他国法律所效仿"。但,AI 写得不明白啊!"CSDDD 可能会激发其他国家通过符合或类似的立法,以确保其企业在国际贸易中的竞争地位"这句话明显存在逻辑断层。CSDDD 究竟如何激发其他国家通过类似的立法?或者说,他国是不是一定会效仿 CSDDD 立法?

鱼老师 说得很对!顺便说一句,我知道有的小朋友很怕写论文的"理论"部分,感觉写不出、没啥可写,翻来覆去,写的都是些车轱辘话。其实,上面那个表格已经很清楚地阐释了怎么写论文的"理论"部分啦!

> 第一步,首先确定要用什么理论解决这个问题。
>
> 第二步,使用你的理论知识,列举一下这个理论的主要内容。
>
> 第三步,把这个理论的要点结合着个案去写。比如,这个理论的核心思想是……这个核心思想在这个问题当中是如何彰显的。
>
> 第四步,综上,理论可以解释个案的成因。

当然,还可能有第五步:理论中提到了某某问题,但其在个案中没得到彰显,或个案的发展和理论有出入。

就这样!一点儿都不难!除非你要在理论上"开宗立派",提出一个前人从未论及的思想,否则上面这几步分析就足够啦。

芋　头　好的,新技能 get!

鱼老师　好,那么咱们总结一下今天的所有分析。AI 究竟能不能搞理论分析?

花　椒　能,但功能相对有限。

第一,AI 可以根据关键词或者说关键词的同义词匹配相应的理论,但"匹配"不代表"我能写"。在我完全不懂得某个理论的前提下,即便 AI 告诉我"某理论可用于解释某现象",对我而言,这也相当于"导师扔给我一个题目让我写"。

第二,如果我已经懂了某理论,我可以尝试让 AI 用那个理论分析某个议题。但在这个过程中,AI 的分析可能过于简略,可能漏掉某些要点,也可能逻辑过于跳跃。这就需要我使用自己的理论知识储备去评判 AI 的分析是否完善。

总之一句话,我懂,我就敢用 AI;我不懂,我真避免不了 AI 忽悠我!

芋 头　可是,师姐,如果我懂理论,我要 AI 干啥啊? 我自己分析不行吗? 如果我不懂相应的理论,我也不敢用 AI 啊!

鱼老师　所以咱们一直以来讨论的都是"AI 辅助科研"而非"AI 替你科研"?

芋 头　好吧,老师,我读书去了……

第五幕　AI 能帮我写发言稿吗?

鱼老师　咱们接下来讨论一个跟科研沾边儿的问题:让 AI 帮你写发言稿。咱们前面讨论过"让 AI 做 PPT"的问题;有的同学感觉,手中有 PPT 的话,自己就有信心上台发言了。但也有同学觉得,手中有 PPT 还不算靠谱,必须写个发言稿拿在手里才保险。

花 椒　老师,您从参加工作到现在也有十几年了,您现在参加学术会议要不要准备发言稿?

鱼老师　要,而且发言时间越短,越需要准备发言稿。

芋 头　哈哈,老师,是因为"短稿子写起来快"吗?

鱼老师　不是。是因为越短的发言越难控制时间。比如,"5 分钟陈述",绝大多数人都不可能踩着点儿完成;但"讲一节 45 分钟的课",绝大多数老师都可以在打下课铃的正负 10 秒之内结束当天的全部授课内容。

芋 头 所以,写个发言稿的功能是控制时间?

鱼老师 这是一方面。另一方面的功能是"让你心里不慌"。

花 椒 所以,老师,发言稿能不能用 AI 写?

鱼老师 能。不过在讲"用 AI 写发言稿"之前,咱们先分析一下,学术会议的发言稿有什么特点。

花 椒 严格限制时间,别超时!

鱼老师 对。这是要点之一。还有吗?

花 椒 必须保证讲完所有内容。我自己听学术讲座时偶尔会遇到这样一个现象:某位嘉宾前面讲得都非常好,但还剩下 10 分钟的时候突然开始迅速翻 PPT,一边翻一边表示,由于时间的关系,我这个就不讲了。这个也不讲了……可是,我想听啊!

鱼老师 好。还有吗?我提示一下,是关于语言风格的。

芋 头 啊,这个我知道!语言风格需要口语化,易懂。就算不在中间插入段子,也不能讲得跟"念论文"一样。所以,我认为,如果要写发言稿,那么最好把稿子也用口语化的方式写出来。

鱼老师 很好！这是新手博士生小朋友经常出现的一个问题，即过分注重学术发言的学术性了，直接结果是别人根本听不懂。

芋 头 所以，AI 能做到这些吗？

鱼老师 可以啊，你试试？

芋 头 好。那么我先随手写一个指令给 AI：

> 请帮我就"WTO 电子商务规则草案"问题写一个发言稿，内容包括三点：(1) 其中的成就；(2) 隐忧之一：个人信息保护条款的设计，和欧盟 FTA 范本中的非常类似，这个条款太强调缔约方保护个人信息的政策空间了，因此美国不一定接受；(3) 对于安全例外问题，美国也不一定同意。这个安全例外范围远远窄于美式 FTA，比如，美墨加协定的安全例外。
>
> 发言时间是 5 分钟。

花 椒 哈，你写得够口语化啊！不过，该有的要点都有了。至少你没有直接让 AI 帮你写"成就和隐忧"。我估计 AI 不知道所谓"隐忧"是什么。

芋 头 我也这么觉得，AI 又不会读心术。那么，我让 AI 给我生成发言稿了：

> 尊敬的各位代表，女士们、先生们：

今天,我想和大家探讨一下WTO电子商务规则草案的进展和其中的一些关键问题。这个议题对我们所有人来说都非常重要,因为它关系到全球电子商务的未来和我们如何共同塑造这个领域。

首先,让我们来谈谈WTO在电子商务规则草案中取得的成就。

WTO在电子商务领域的工作已经取得了一些实质性的进展。根据最新的报道,包括中美欧在内的90个WTO成员实质性结束了部分全球数字贸易规则谈判,并呼吁在2024年全面结束谈判。各参加方已就电子签名和认证、在线消费者保护、无纸贸易等13个议题形成基本共识。这些成就标志着WTO在全球电子商务治理中迈出了重要一步,特别是在提高透明度、增强WTO应对新挑战的能力方面。

接下来,我想谈谈隐忧之一:个人信息保护条款的设计。

WTO电子商务规则草案中的个人信息保护条款与欧盟FTA范本中的非常类似,这个条款过于强调缔约方保护个人信息的政策空间。根据最新的文本,参与者尚未就如何定义"个人信息"达成共识。欧盟提出的措辞主张"隐私权和个人数据保护",但美国和加拿大的措辞则更为谨慎,强调确保对个人信息跨境流动的所有限制均应遵守必要且与所带来的风险相称原则的重要性。这种差异可能导致美国不接受当前的个人信息保护条款，因为美国更倾向于灵活的数据流动政策，以促进贸易和技术发展。

最后，我们来讨论安全例外问题。

在安全例外问题上，WTO电子商务规则草案的范围远远窄于美式FTA，比如，美墨加协定（USMCA）的安全例外。USMCA在安全例外条款上给予了缔约方极大的自由裁量权，以国际法中"自裁决"性质的表述和对"基本安全利益"不进行限定的方式，使美国拥有极大的自由裁量权。这种宽泛的安全例外范围可能不被美国接受，因为它可能被视为采取单边措施的工具，同时也可能与其他国家的国家安全监管要求相冲突。

综上所述，WTO电子商务规则草案在推动全球电子商务发展方面取得了一些成就，但在个人信息保护和安全例外问题上，仍存在分歧和隐忧。我们需要继续关注这些问题的进展，并寻求平衡各方利益的解决方案。

谢谢大家。

咋样？

鱼老师 咱们先讨论下你给AI的指示问题。你觉得你给AI的指示够清楚了，对不？

芋　头　对。

鱼老师　那么,你回头看看 AI 写出来的东西,你觉得对不对?

芋　头　啊!出错了!"安全例外"这儿有问题!这个发言稿前面刚刚说,"WTO 电子商务规则草案的范围远远窄于美式 FTA,比如,美墨加协定(USMCA)的安全例外"后面又讲,"这种宽泛的安全例外范围可能不被美国接受"。这不是胡说吗?美国"不能接受"的应该是"更窄"的安全例外啊!这个稿子写拧啦!

我去跟 AI 强调一下!

然后,AI 给了我这个:

> 在国际贸易中,安全例外条款是保护各国国家安全的重要机制。然而,当我们比较 WTO 草案与美国自由贸易协定(FTA)中的安全例外条款时,可以发现一些显著的差异。WTO 电子商务规则草案中对安全例外的定义相对狭窄,这与美国 FTA 中的宽泛定义形成对比。例如,美墨加协定(USMCA)给予缔约方较大的自由裁量权,允许在广泛的"基本安全利益"的名义下采取行动。这种灵活性反映了美国在处理国家安全问题时的立场,即倾向于拥有更广泛的自主权。然而,WTO 草案中的限制性条款可能无法满足美国等国家的需求。这种差异可能导致一些国家,特别是美国,对 WTO 草案中的安全例外条款持保留态度。

字数略多，但意思总算对了。看来还是我给 AI 的指示不够精细！我需要更清晰地告诉 AI 我的核心观点是啥。

鱼老师　实质性内容讨论完了，咱们再来讨论时间问题。你们觉得这个稿子在 5 分钟内能讲完吗？

芋　头　没问题。我统计了一下，833 个字。如果每分钟讲 200 个字就是 4 分钟多一点点。留一点富余，挺好的。

鱼老师　好，那么时间分配呢？

芋　头　我觉得也还行。每个问题都照顾到了。三个要点的字数相差不太多，所以应该不会出现"讲到后来虎头蛇尾"的情况。

鱼老师　那么，我们再来看看语言风格。咱们先不考虑 AI 写出来的稿子的内容对不对，仅考虑语言风格问题。

芋　头　我觉得不太行。这个稿子的风格显然不算书面，但我觉得也不太算"口语"。我举个例子，开头这句：这个议题对我们所有人来说都非常重要，因为它关系到全球电子商务的未来和我们如何共同塑造这个领域。

我平时也不这么讲话，对吧？

我更可能这么说：这个议题的重要性不言而喻，因为它既关系到全球电子商务的未来，也关系到我们的路径选择。

花　椒　可是,我怎么觉得,原来那个表述也不必然就"不行",我感觉挺通顺的。

老师,您觉得呢?

鱼老师　我的经验是,适合自己的才是王道。或者说,AI 写出来的稿子对你而言仅仅是个参考。你怎么舒服怎么来。否则,有的同学上台讲话原本就紧张,再拿一份拗口的稿子,就很容易话都说不清楚。我给你们讲个笑话,我家有个亲戚,第一年参加公司年会,被选去代表新员工做年终致辞。其实也不是啥重要发言,就是"很荣幸加入某某公司,我这一年里学到了很多,生活很愉快,未来我愿意和公司一同成长"。但这个弟弟为了彰显一下重点大学毕业生的文采,特意找人写了一份特别有文采的发言稿。你们猜后来咋样了?

花　椒　背不下来稿子?

鱼老师　不仅如此,照着读都读了一身汗!尽管他回家之后的原话是,"台上灯光太足了,照明灯跟浴霸似的,热得我直冒汗"。

所以,强烈建议大家用自己最舒服的方式去写发言稿,给自己减轻心理障碍。

芋　头　老师,那么,您是建议我拿到 AI 版稿子,自己改写一遍,还是让 AI 多写几个版本,我从中挑一个?

鱼老师 我觉得可以折中一下，你让 AI 多提供几个版本，你在最满意的一版的基础上修改。

芋　头 好，那么我让 AI 分别帮我写一份"更口语化""更学术性"和"更活泼"的发言稿。

这个是"更口语化"的版本：

大家好！

今天我想和大家聊聊 WTO 电子商务规则草案这件事。首先得说，WTO 在这方面做得还真不错，取得了一些实质性的进展。比如说，他们搞定了电子签名、在线消费者保护这些听起来就很高科技的东西，还特别考虑到了无纸化贸易，这真的很前卫。

这个是"更学术性"的版本，其实跟最初那个版本差不太多：

尊敬的各位代表，女士们、先生们：

今天，我有幸在此就 WTO 电子商务规则草案的进展和其中的一些关键问题进行探讨。这一议题对我们所有人来说都非常重要，因为它关系到全球电子商务的未来和我们如何共同塑造这个领域。

首先，让我们来谈谈 WTO 在电子商务规则草案中取得的成就。

WTO 在电子商务领域的工作已经取得了一些实质

性的进展。根据最新的报道,包括中美欧在内的 90 个 WTO 成员实质性结束了部分全球数字贸易规则谈判,并呼吁在 2024 年全面结束谈判。各参加方已就电子签名和认证、在线消费者保护、无纸贸易等 13 个议题形成基本共识。这些成就标志着 WTO 在全球电子商务治理中迈出了重要一步,特别是在提高透明度、增强 WTO 应对新挑战的能力方面。

这个是"更活泼"的版本:

> 大家好!
>
> 今天,我想和大家聊聊 WTO 电子商务规则草案的那些事儿。这可是个热门话题,毕竟它关系到我们未来的网购生活和全球贸易的新规则。
>
> 先来说说 WTO 的成绩单。
>
> WTO 在电子商务这块做得还真不赖。他们搞定了电子签名、在线消费者保护这些听起来就很高科技的东西,还特别考虑到了无纸化贸易。这就像是给全球贸易装上了涡轮增压,让数据流得更快,让生意做得更顺。这些成就,就像是在全球电子商务的大考中,WTO 拿到了不错的分数。

咋样?

花　椒　我认为,让 AI 写出来一份完全满足我们需求的发言稿,难度非常大。原因之一是,它很可能无法掌控"口语化"和"不正经"之间的边界。比如,第三份"更活泼"版本,"真不赖"这个表述还真让人破防!而第一份"更口语化"版本的稿子当中,"前卫"这个表达我也感觉不大舒服。

鱼老师 也就是说,你个人更加倾向于稍微正式的风格?

花　椒 对,稍微正式些,但多用短句,少用长句。

芋　头 师姐,我更喜欢第一份"更口语化"版本的稿子。虽然其中有的措辞我不太喜欢,但我觉得在这份稿子上进行修改会更容易一些。

鱼老师 好,所以,咱们用 AI 写发言稿的注意事项是?

芋　头 第一,给 AI 要点,别让它自由发挥。必要时给关键词、关键资料。

第二,可以让 AI 出具 N 个风格的稿子,然后我们按需要挑一份进行修改。

鱼老师 好!从方法上讲,你基本上已经掌握了用 AI 写发言稿的流程。但咱们还需要说明的是,千万别盲目信任 AI!AI 写出来的稿子,千万要检查下,不要有知识性错误!

第六幕　AI能帮我申报项目吗?

花　椒　老师,我有个想法。我的微信这几天一直给我推帖子,内容是"AI帮你申报项目"。您觉得这事儿靠谱不?

鱼老师　咱们讨论AI辅助科研都讨论这么久啦,你觉得呢?

花　椒　我没申报过项目,所以不知道,但我看的那个"AI帮你申报项目"的帖子不靠谱。您知道吗,那个帖子是这么写的:某某AI,只要给它一个题目,它就能给你输出一篇5000字以上的项目申报书!

鱼老师　还有这等好事?把芋头同学叫来,咱们一块儿跟AI玩会儿。

花　椒　好的!

鱼老师　那么咱们开始,你先说,你看的那个帖子怎么教你用AI的?

花　椒　它让我告诉AI我的研究兴趣点,以及想要研究的领域,然后让AI帮我找一个题目。

鱼老师　你试试。

花　椒　好的!我跟AI说啦:

　　　　我是国际贸易法方向的,对于数字贸易很感兴趣,请在这个领域帮我找一个国际法的题目,我要申报国家社会科学基金(简称"国家社科基金")。

然后,AI 给了我这个:

根据您的专业背景和兴趣,以下是几个与数字贸易领域国际法相关的国家社科基金项目题目建议:

1. 数字贸易中跨境数据流动的国际法规制研究

– 该题目聚焦于跨境数据流动的国际法规制,探讨不同国家对于跨境数据流动的规制分歧,以及如何在 WTO、FTA 等框架下构建相对自由的法律框架,特别是个人数据保护和政府数据开放规则。

2. 国际数字贸易规则与中国数字贸易发展问题研究

– 该题目涉及国际数字贸易规则对中国数字贸易的影响,包括政策建议,如加强数字基础设施建设、制定和完善国内监管政策、积极参与国际规则建设等。

3. 数字贸易自由化义务与国际法

– 该题目探讨数字贸易自由化义务在国际规则谈判中的核心地位,分析贸易自由化的实现、市场准入扩大、避免歧视性待遇等问题,以及中国在数字贸易自由化进程中的策略和立场。

4. 全球数据跨境流动国际法规制现状、问题及解决

– 该题目分析全球数据跨境流动的国际法规制现

状,包括四种典型模式的形成和主要问题,如国际法律规制的碎片化、管辖冲突、国际规制的有限效力等,并提出解决方案。

5. 自由贸易协定的数字贸易规则研究

— 该题目系统调查 FTA 数字贸易规则对数字服务贸易的影响和影响机制,特别是争端解决和合作条款、数据管理条款和贸易促进条款对贸易促进的贡献。

6. CPTPP 数字贸易规则:制度博弈、规范差异与中国因应

— 该题目深入剖析中国接受 CPTPP 数字贸易规则的难点和重点问题,探索数字贸易国际规则在中国的可适用性及可行的方法与路径,特别是在数据跨境流动、计算设施本地化、源代码规则、数据内容流动等方面。

这些题目均涉及数字贸易领域的国际法规制,适合您作为国际贸易法方向的研究者进行深入研究和申报国家社科基金项目。您可以根据自己的研究兴趣和专业背景,选择相应的课题进行申报。

老师,这几个题目行不行?

鱼老师 你俩没申报过项目,对吧?

花椒 & 芋头 对!

鱼老师 那么我们简单谈谈,一个国家社科基金级别——或者至

少是教育部社科基金级别的题目,需要有哪些特点。

第一个特点:新鲜,即研究的人没那么多。这个特点咱们就不解释了,你们的博士学位论文题目也得新鲜。毕竟,国家是要给项目经费支持的,总不会把宝贵的金钱花在陈词滥调上。目前的国家社科基金申报书当中专门有一项填报内容是,"本项目与已立项项目之间的区别"。这意味着,国家社科基金项目申报是非常注重项目本身创新性的。

第二个特点:有用,即贴近我国实际。倒不是说"纯理论"题目就一定中不了项目,比如,《宋代〈春秋〉学研究》这个题目就已经获得了立项。但至少就法学专业而言,绝大多数论题都是要服务于我国法治建设的。

第三个特点:大小适中,即这个题目"你能写"。假设你在博士毕业的第一年,就兴冲冲地要去申报《论民法基本原则》,那么这个项目肯定中不了。

所以,你们按这些标准去衡量上述题目,有什么发现?

花　椒　老师,我觉得"有用"这个标准还好,毕竟这几个题目应该都和我国的法治实践有点儿关联。但这些题目说好听点儿是"热门",说不好听了是"不新鲜"啊!在知网一搜一大把!

鱼老师　差不多。这些题目能写,但不新鲜。你们猜为什么?

芋　头　因为,这些题目是 AI 拟的,AI 当然不可能发现"什么题目还没人写",只能发现"什么题目写的人很多"。

鱼老师　我认为是这个原因。对 AI 而言,它能"紧跟时事"就已经很厉害了,在选题阶段实在做不到选出一个"从来没有人输入服务器"的题目。毕竟,AI 可不能"无中生有"啊。不仅如此,你们再看看,刚才那些题目,大小究竟适中不?

芋　头　老师,我有个问题:您说的"适中",是针对谁的啊？我是博士生,我觉得《数字贸易自由化义务与国际法》这个题目很显然不是我能写的。但您是教授,没准儿您能写。

鱼老师　先回答你的第一个问题,所谓"适中",当然是针对项目申报人身份的。你们知道吧,国家社科基金项目是分为重点项目、青年项目和一般项目;教育部社科基金项目也差不多。

芋　头　所以,同一个题目,对于教授而言可能"正好",但对于刚毕业一年的"小青椒"而言就"太大"。

鱼老师　再回答你第二个问题,《数字贸易自由化义务与国际法》这个题目哪怕是拿给我写,也太大。它大概属于重大项目那一类了。

花　椒　所以,老师,AI 辅助项目申报的第一个问题应该是没法针对申报人的身份、知识背景等"量身定制"一个存在研究空白的选题。因为,AI 又不知道我的身份如何、发表过什么论文。

鱼老师 对。

花　椒 可是,老师,咱们可以给 AI 提供相应的资料啊。我能不能拿您的简历试试？我告诉 AI,您的职称、学历、工作年限,以及五年来已发表的论文,然后让 AI 在此基础上加工一下。

鱼老师 可以,你试试。我不介意。

花　椒 哈哈！老师,不行！我真的把您的简历喂给 AI 了,然后,AI 给了我这么个题目:

> 根据您的研究成果和搜索结果,我为您综合提出了一个国家社科基金申报题目,该题目涵盖了您之前研究的多个方面:
>
> 题目:《全球数字贸易规则重构下的中国战略:跨境数据流动、算法治理与非歧视待遇》
>
> 该题目综合了以下几个关键点:
>
> - 跨境数据流动与国家安全:您的研究已经涉及跨境数据流动的风险导向治理,以及个人信息保护国际法治冲突与对策。这些研究为探讨如何在保障国家安全的同时促进数据跨境流动提供了理论基础。
>
> - 数字贸易规则与国际协调:您的成果中提到了美国跨境电子取证与中国数据安全立法的冲突与对策,以

及欧盟数字市场治理规则"布鲁塞尔效应"的限度与中国因应。这些研究有助于分析在全球数字贸易规则重构中中国的立场和策略。

- 数字经济中的算法治理：您的研究涉及数字经济中的算法治理：美欧路径差异与中国策略，这对于理解不同国家和地区在算法治理上的差异及其对中国的影响至关重要。

- 数字产品非歧视待遇条款：您的研究还涉及数字产品非歧视待遇条款对我国国家利益的影响与对策，这对于探讨中国在全球数字贸易中的权益保护具有重要意义。

- 数据主权与个人信息保护：您的研究还关注了数据主权视角下的个人信息保护国际法治冲突与对策，这对于构建中国在全球数字治理中的策略至关重要。

AI 这是把您曾经发表过的所有论文都概括了一下，然后将一个能涵盖您发表的所有论文的"上位概念"作为国家社科基金申报题目！不过这个题目连我都能看得出不太行。《全球数字贸易规则重构下的中国战略》这个题目看着就很大且比较模糊，根本体现不出创新性。

我觉得，咱们使用 AI 的思路应该是对的，即从既有研究成果出发，总结自己在某一领域的研究心得，并借此提出一个更加综合的论断，作为申报项目的出发点。而不是"闭门造车"、闭着眼睛拍脑袋想出来一个"可能有创新"的题目,然后"无中生有"地畅想这个题目的创新点和意义。这样"有备而来"的项目申报才能言之有物。是这样吧,老师?

鱼老师　对。项目申报选题的两个要点,分别是"国家需要"和"我能提供",即一方面要强调题目本身有意义,另一方面也要强调我对此已经有所研究。毕竟,国家社科基金项目申报书当中还专门有一栏,要求申请人填报近年来的既有学术成果。所以,咱们使用 AI 的思路是恰当的,即 AI 未必能够告诉我们"国家需要什么",但至少能够总结"我能提供什么"。只不过,咱们必须在 AI 上述概括的基础上再加工就是了。

花　椒　好的!题目确定后,就应该撰写项目申报书了,那么 AI 能帮我写申报书吗?

鱼老师　我只能说,可以让 AI 写一份草稿,然后你反复锤炼。原因在于,申请国家社科基金项目的每一份申请书都是千锤百炼而来的。国家社科基金项目资助经费足足 25 万元,但申报书的活页正文却不得超过 7000 字。所以,哪一句表述不是经过反复琢磨而来的呢?而申报书这种"精雕细琢、高度凝练"的特性却又是与 AI 写东西"特别啰唆"的特性天然冲突。2023 年年底,我国科技部监督司曾经专门在《负责任研究行为规范指引(2023)》当中表示,"研究项目的申报材料应真实、准确、客观……不得使用生成式人工智能直接生成申报材料"。对此,我的感受是,即便允许使用 AI 直接生成申报材料,我也不敢相信它的质量啊!

第七幕　咱们聊聊 AI 辅助科研的学术道德问题

鱼老师　咱们今天来分析一件事儿,AI 辅助科研究竟是否有违学术道德? 这个问题,我说了不算,权威机关说了才算。我们来分析一下目前为止最权威的文件,就是中国科学院科研道德委员会于 2024 年 9 月 10 日印发的《关于在科研活动中规范使用人工智能技术的诚信提醒》。芋头,你来念念第一条。

芋　头　好的。

> 提醒一:在选题调研、文献检索、资料整理时,可借助人工智能技术跟踪研究动态,收集整理参考文献,并对人工智能生成信息的真实性、准确性、可靠性进行辨识;反对直接使用未经核实的由人工智能生成的调研报告、选题建议、文献综述等。

鱼老师　你觉得有道理不?

芋　头　有道理! 在此前的 AI 使用研习中,咱们曾无数次地发现 AI 的选题建议没法直接用,甚至和事实背道而驰。

至于文献综述,咱们也没法排除 AI 把人家的文献意思弄拧了啊!所以,把 AI 生成的东西直接放进自己的论文里,这当然不靠谱。"提醒一"当中要求对人工智能生成信息进行核实绝对没毛病!

鱼老师　的确!每一个使用 AI 的人首先应该注意的就是,AI 会胡说八道且不会为自己胡说的内容负责。

花椒,你来读读第 2 条。

花　椒　提醒二:在申报材料撰写时,如使用了由人工智能生成的内容,应对内容负责,并全面如实声明使用情况;反对直接使用未经核实的由人工智能生成的申报材料。

老师,我觉得这一条的后半句和第 1 条有点儿像,都是反对"将 AI 生成的内容直接放进材料里"。而前半句值得注意的是,"全面如实声明"的内容是"使用了人工智能生成的内容"而非"使用了人工智能辅助科研"。

鱼老师　对。辅助科研的范围有点儿广,甚至人工智能辅助参考文献格式调整也算辅助科研。但我相信应该没人在论文中声明"此论文参考文献格式由 AI 调整"。这里说的"AI 生成的内容",既可能是"给 AI 一个题目,让 AI 就此写出来的内容",也可能是"给 AI 一堆材料,让 AI 提炼出的内容"。但不论如何,应该会涉及 AI 对此的再加工。如果仅仅是 AI 进行了校对或者格式调整,那么相信这应该不会构成一个学术规范问题。

芋头，你把第 3 条至第 5 条一起解读一下。

芋　头　好的。

提醒三：在数据收集和使用时，如使用了由人工智能生成的模拟仿真数据、测试数据等，或使用人工智能技术对原始数据进行统计分析，应全面如实声明使用情况；反对将人工智能生成的数据作为实验数据。

提醒四：在音视频和图表制作时，可利用人工智能技术辅助完成，应对生成内容进行标识，并全面如实声明使用情况；反对使用人工智能直接生成音视频和图表。

提醒五：在成果撰写时，可使用人工智能技术辅助整理已有的理论、材料与方法等，可进行语言润色、翻译、规范化检查；反对将人工智能生成内容作为核心创新成果，反对使用人工智能生成整篇成果及参考文献。

这三条的内容主要是针对 AI 生成内容的。其中核心是，必须声明是"AI 创造的内容"，甚至是"虚构的内容"。AI 生成的数据、音视频、图表不能直接拿来用。"AI 辅助图表制作"，我认为问题不大，毕竟，把数据"喂"给 AI，让它做表，本质上和我雇用一个计算机专业的学生做这件事没啥差别。真正可能有学术道德之争的是，让 AI 无中生有地编出来一些数据。我从前学习 Excel 的时候，曾经为了练习，让 AI 给我制作几个虚拟的表格，其中有姓名、身份证号等信息。别说，AI 编得还真挺可信!

鱼老师 所以这才需要特别强调。至少就法学学科而言,应该不存在用人工智能技术造假的必要。但"反对使用人工智能生成整篇成果及参考文献"这一点还是需要解释下的。网上有大量的"教你 1 小时生成一篇 10 万字毕业论文"教程,那些教程的核心就是"教你如何用 AI 生成整篇成果"。当然,我知道你们博士生群体应该不可能做这种事,毕竟 AI 写出来的东西学术性相当差,语言表述也不怎么样,完全达不到发表在 CSSCI 期刊的要求。至于"生成参考文献",AI 在这方面不靠谱已是人所共知的了。不知道为什么,AI 特别擅长虚构参考文献!

那么,我们继续分析下一条:

提醒六:在同行评议中,反对使用人工智能技术撰写同行评议意见,不得将评议信息上传至未经评议组织者认可的工具平台。

你们觉得,这是为什么?

芋 头 我知道,人工智能技术撰写同行评议意见是一种不负责任的行为!所谓同行评议,不论评议的是论文还是职称评审,本质上都是一个人用他既有的学识去评价另一个人或其论文是否靠谱。这个工作交给人工智能去做,无疑是给了人工智能胡说八道的机会。

鱼老师 不只如此。你看后半句,"不得将评议信息上传至未经组织者认可的工具平台"。你猜,在人工智能使用的语境下,为什么要讨论上传评议信息的事儿?

花　椒　我知道!因为咱们使用AI,都是"把信息上传至平台"或者说"上传至互联网"的。至今,我就没见过一个在功能上能媲美联网络版AI的单机版AI。或者说,好用的单机版AI理论上可行,但所需要的电脑配置不是咱们能达到的!

鱼老师　那么,为什么不能把评议信息上传?

花　椒　担心泄密?

鱼老师　对!如果说某个评议人把需要评议的东西扔给人工智能是不负责任,那么,这个评议人放任被评议的东西上传至陌生的数字平台就是坑人了。曾经有新闻报道,人工智能可能把和A聊天时获得的信息展现给B。所以,假设某评议人把他人的项目成果扔给了AI,然后AI又把这个项目成果泄露给某竞争厂商……

花　椒　天哪!所以,我也不能把我的毕业论文整体上传到AI,让它帮我排版或者检查错别字。

鱼老师　从技术层面上讲,AI能做这活儿,但从保密层面上讲,我不建议让AI替你处理整篇论文。所以,我从来不给你们讲"如何用AI进行论文排版"等工作。很久以前,曾经有位博士生同学问我:"老师,您见没见过AI排版工具?也就是说,我能不能把博士学位论文上传到某个AI,然后请它帮我按照特定的格式排版整篇论文?"我对那位同学讲,我从未使用过这个功能且不论是否有此类 AI,我都强烈不建议他这样做。原因就是,我们无法保证这个 AI 究竟会不会对我们的论文"阅后即焚"。

好,咱们继续讨论,"提醒七"非常简单,应该不需要解读了。

提醒七:在科研活动中,如使用人工智能技术,应在注释、致谢、参考文献或附录等部分声明工具的名称、版本、日期及使用过程;反对未加声明直接使用。

芋 头 对,"声明"义务是非常清晰的。

鱼老师 我们最后来看看"提醒八"。

提醒八:在选择人工智能技术时,应使用经国家备案登记的服务工具;反对滥用人工智能技术危害数据安全,侵犯知识产权,泄露个人隐私等。

这一点你们没异议吧?

花 椒 没异议!咱们都是文科生,不大可能命令 AI 去当"黑客"。

芋 头 对,我也不敢用 AI 去"洗稿",把别人的论文修改一下变成自己的。我还不想拿自己的学术生涯开玩笑!

第八幕 从学术道德角度讲，科研活动中能使用 AI 吗？

芋　头　老师，我还想问一下，对于科研活动中能否使用 AI，是只有中国有要求，还是国际学术界都有要求？

鱼老师　肯定是都有要求啊。来，我们看这一段话，这是某 SSCI 杂志对作者的要求：

> Large Language Models (LLMs), such as ChatGPT, do not currently satisfy our authorship criteria. Notably an attribution of authorship carries with it accountability for the work, which cannot be effectively applied to LLMs. Use of an LLM should be properly documented in the Methods section (and if a Methods section is not available, in a suitable alternative part) of the manuscript. The use of an LLM (or other AI-tool) for "AI assisted copy editing" purposes does not need to be declared. In this context, we define the term "AI assisted copy editing" as AI-assisted improvements to human-generated texts for readability and style, and to ensure that the texts are free of errors in grammar, spelling, punctuation and tone. These AI-assisted improvements may include wording

> and formatting changes to the texts, but do not include generative editorial work and autonomous content creation. In all cases, there must be human accountability for the final version of the text and agreement from the authors that the edits reflect their original work.①

谁能来帮我概括下,这段话讲了哪些要点?

花　椒　首先,AI 不能作为"作者",因为它没法"文责自负"。

鱼老师　不错,你这个翻译很是传神!AI 当然不是民事主体,也无法对自己写出来的东西负责,更没法应对学界对其生成文本的质疑。所以,至少在论文的"作者"栏,是绝对不能写进去"ChatGPT"的。

芋　头　其次,如果在作品创作过程中使用了 AI,需要在"研究方法"中写明。我理解应该是这样的:比如,我使用 AI 进行了大数据统计或者案例筛选,我就应该在对统计方法的说明部分写明这一点。

鱼老师　差不多。当然,你这种说法有一个前提,就是 AI 替你做的仅仅是机械劳动。比如,从 100 个案例中替你找到"驳回原告全部诉讼请求"的案例。AI 可没替你创造几个案例。

芋　头　哈,老师,我哪敢让 AI 创造案例啊!AI 会胡说八道,

---

① 参见 https://link.springer.com/journal/10784/submission-guidelines,最后访问日期:2025 年 5 月 4 日。

这已经是常识了!

鱼老师 那么,根据上面这段学术规范的表述,AI 可以替我们干什么?

花　椒 可以帮我们润色文本!比如,替我们检查语法、拼写和标点用得对不对。嗯,"readability and style"是啥?还有"tone"呢?

鱼老师 Readability 是指文本的可读性,或者是文本好不好懂。我举个例子,你有没有读过"一句话从段落开始写到段落结束,共计 10 行,200 个字"?

花　椒 我见过,这不就是传说中的"一逗到底"嘛!

鱼老师 对。"文本可读性差"首先包含不断句、不分段,让读者看着心烦;还可能包括论文语法错误百出,让人不知所云;或者特别啰唆,说了半天还是在反复讲同一件事;又或者有的人故意卖弄文采,非得用一些佶屈聱牙的生僻词讲一个很浅显的道理。

花　椒 也就是说,我们可以使用 AI 改写一下初稿,让它的语言更流畅,更好懂。

鱼老师 根据上面的要求,可以啊。只要你保证 AI 没把你的意思弄拧。毕竟,如果一个初稿自身的可读性差,这就很可能意味着,不仅人类读起来别扭,AI 读起来也挺别扭,那么 AI 就很可能无法 get 到你的意思。

然后咱们再来讨论下"style"。这个好理解不？

芋头 这个我懂！比如，学术写作必然不能跟写小说是一个风格。可以用 AI 修改写作风格的意思是，我可以先随手写个初稿，然后让 AI 帮我调整成很正式的文风？

鱼老师 对。只要它不更改你的意思即可。你要不要猜猜，为什么 AI 修改语言风格是不违反学术规范的？

芋头 因为咱们中文里面讲究"文以载道"。论文真正要传递的是"道"，而不是要让读者感慨作者的行文多么华丽、对仗多么工整。因此，如果论文本身的立论、论证都很到位，仅仅是语言不够正式、不够"学术范儿"，这种状况其实是可以补救的。如果 AI 能做到这一点，让思想更清晰地呈现给读者，那么 AI 其实也没违反任何学术规范。

花椒 同意！如果这种行为都需要禁止，那么我在网上看到的专业论文润色公司就都应该被集体抵制啦。毕竟，不论是人工润色还是 AI 润色，其本质并没有什么不同，对吧？

鱼老师 总之，咱们使用 AI 应当秉持什么原则？

花椒 保证思想是自己的，数据和文献是真实的？别让 AI 替我思考。

鱼老师 很好！

第九幕 作为老师,
你会让自己的学生用 AI 写论文吗?

花　椒　老师,我想问个事儿。

鱼老师　啥?

花　椒　咱们说了那么多 AI 辅助科研,那么,如果是您自己的学生,您会允许他们用 AI 写论文吗?

鱼老师　用一个字回答,会!但具体什么情况下能用 AI、什么情况下不能用,我得在论文写作之前给他们列个单子,以免小朋友们一脸委屈来找我:"老师,您这是不教而诛!"

花　椒　那么,让我猜猜,什么情况下绝对不能用 AI。

第一种情况,给出一个领域,让 AI 直接生成选题。这绝对不行。这属于没有前期调研就盲目下手,可以粗略类比为不知道水里有没有鱼就下竿子。结果或者是"水里没鱼",或者是"水里有鳄鱼,把钓鱼的人给拽下去"。

鱼老师　对!选题本身可是个技术活儿,得建立在大量阅读相关文献的基础上。换言之,来跟老师谈选题,最理想的状态应该是"手握一堆资料"且对本学科相关进展有所了解。即便不了解"国际研究现状",至少也得读个几十篇中文文献吧?这活儿 AI 可没法干!就算 AI 替你干了,它可不保证它选的题是你一定能写的啊。

还有什么情况吗?

芋头 给 AI 一个题目,让 AI 列提纲。这不仅仅是由于 AI 列的提纲质量可能不够高或者把提纲列成流水账,更是由于,让 AI 列提纲存在学术不端的嫌疑。我认为,如果我照搬别人的提纲算抄袭,那么我照搬 AI 的提纲应该也算抄袭。只不过这个抄袭没法从"查重"的角度得到证实。

鱼老师 没错。不过,即便我没法通过"查重"的方式证实提纲是 AI 列的,但我完全可以通过简单的问答发现这名同学其实不知道提纲项下包括什么内容。所以,在开题阶段,你经常会看到老师们会现场追问某同学几个关于论文大纲的问题。这一方面可能是某老师要保证自己对学生大纲的理解没有发生偏差,另一方面也可能是某老师严重怀疑此提纲"看上去就不对劲儿"。比如,这个提纲看上去"太齐整"了,看上去就像未经调研仅凭逻辑思维列出来的。

芋头 所以,AI 列提纲和 AI 选题有着同样的风险,即 AI 觉得"能写",但拿到 AI 提纲的这位同学未必能写。

鱼老师 对。还有什么"绝对不能用 AI 做"的论文写作环节吗?

芋头 如果顺着刚才的思路去捋,我既然不能用 AI 列提纲,那么也不能自己列一个提纲,然后让 AI 生成次级、三级标题并帮我填充内容。

鱼老师　对。除去学术不端的事儿不谈,让 AI 生成内容最主要的问题在于,AI 会胡说。尽管现在的 AI 已经相当智能且能够自主从网页上爬取信息,但问题在于,AI 可能产生幻觉,对网页上的信息进行断章取义,甚至无中生有。作为一名论文指导教师,我可不想看到自己学生的论文中全是虚假信息,甚至脚注也是文不对题的。

花　椒　老师,我想问问,学生论文中"有虚假信息"这事儿,您能发现得了吗?

鱼老师　只能说,看运气。毕竟,我不可能读过学生引用的全部资料。如果是学生论文当中存在明显的错误,例如,"我国于 2022 年加入 WTO",那么我肯定能发现。但如果是"某某学者在某论文中写过……"这样的资料,那么,我未必能发现这是 AI 虚构的资料,只能辛苦一点,一一核实了。比如,在存疑时要求学生提供当初引用过的资料文本。如果学生表示"找不到了",那么,我可能要求这名学生从论文里撤除相关的资料。

　　　　　以上是我能想到的、绝对不能让 AI 代劳的论文写作流程。那么,你们要不要猜猜,什么流程是能让 AI 做的?

花　椒　哈,这个简单!让 AI 修改参考文献格式、找错别字、查找替换……总之所有事务性工作,都可以让 AI 做。反正这也不涉及知识产权问题,更不可能构成学术不端。

鱼老师　好,还有第三类内容,就是可以让 AI 做,但不能全让 AI

做的工作。这包括什么？

芋　头　我知道，咱们之前讨论过的，就是"我监督 AI 做且 AI 做完了我必须复核一遍"的内容。比如，我可以让 AI 帮我润色语言表述，但在 AI 润色之后必须瞅一遍，以免它写出什么奇怪的东西。再比如，我可以让 AI 帮我概括某资料大意，但这并不代表我就可以不读资料了。毕竟，AI 的理解可能出现偏差，也可能漏掉某些其实挺重要的资料。

鱼老师　对！咱们从前讨论了大量"AI 能做，但有局限性"的内容。这部分内容，就是我提倡的"让 AI 陪你做科研而非替你做科研"的部分。再换句话讲，AI 无法真正对你负责，毕竟就算它提供了错误答案，你最多也只能砸掉自己的电脑，但你得对 AI 生成的结果负责。

第十幕　AI 更新换代太快，我有点慌！

花　椒　老师，现在大火的 DeepSeek，您用过没？

鱼老师　当然啊！我挺喜欢试用先进技术的，尤其是可以"0 元试用"的那种先进技术。

花　椒　老师，您用着感觉咋样？

鱼老师　好用！我个人的观感是，即时问答的表现和国外主流 AI

大模型不相上下；对于长文本的处理和对话上下文的考虑都很出色，不容易发生"聊着聊着它就忘了前面跟你聊过啥"这种情况；深度思考功能也很棒，能让我清楚地看到它得出结论的全过程，因此我还能对它决策过程的瑕疵进行纠正。而且，有朋友还告诉我，尽管 DeepSeek 可以联网使用，但如果你处理的是高度保密性资料，你完全可以架设本地化部署方案。所以，某些特别注重资料隐私性、保密性，甚至一直以来都不得链接外网的单位，也完全可以在内部网络当中架设 DeepSeek！

花　椒　对哦，我就多次在新闻当中看到，诸如医院、政务中心等具有保密需求的单位都用上了 DeepSeek 大模型！那么，我回去也架设一个？

鱼老师　这得看你的电脑配置了。我身边也有人本地部署过，不过抱怨速度慢且没有联网版聪明。要么你折中一下，改用咱们学校自己部署的 DeepSeek。咱们学校发的通知里保证，你上传的内容绝对不会被发送到校园网以外的公网上去！

芋　头　老师，我有个问题哈，你们刚才讨论的内容，我听了有点晕。我在数字技术方面非常弱智，惯用的那个 AI 刚刚用熟了，结果发现又横空出世一个 DeepSeek！老师，技术更新换代这么快，我有点慌，生怕一不小心就落伍了……然后，AI 推送系统还经常给我推送一些危言耸听的帖子！比如，"AI 时代，博士生还用自己做科研吗？""1 小时时间，让 AI 给你生成一篇你的导师都惊叹的稿子！"我瞬间感觉我还没毕业就要失业了！我要被 AI 取代！或者说，即便我不被 AI 取代，也会被"会用 AI 的博士生"拍死在沙滩上。

鱼老师 好，那么咱们今天就来讨论一下这个问题。首先，你真的害怕"AI 做科研比你做得还好"吗？

芋　头 嗯，老师，其实我不怕。咱们一直都在讨论"AI 写论文怎么不靠谱"。假设未来真的有人能发明出来一种"能克服所有不靠谱"的 AI，那么我就认命啦。毕竟，到那个时候，AI 就要跟人类争夺主体资格了！那可就不是"失业"的事了！我是不是"人"都不一定啦。

花　椒 芋头，我觉得你可能科幻片看多了。

鱼老师 总之，你同意科研还得自己做，对吧？

芋　头 对！我就是陷入了"技术焦虑"，感觉自己拼命追赶技术的步伐实在太累。

鱼老师 其实，你根本没必要追赶技术的步伐啊！技术是为你服务的，不是你为技术服务的。

芋　头 老师，我不明白。

鱼老师 我举个例子，你现在已经形成了自己比较习惯的研究方法了，对吧？

芋　头　对！

鱼老师　假设今天有位学者来咱们学校做讲座,介绍了一种他认为非常高效、非常科学的研究方法,你要不要试一试?这名学者很出名哦！人家是著名学者,著作等身,而且风评特别好,不是言过其实那种人！

芋　头　可能会试一试吧?

鱼老师　但,你会不会彻底改变自己的研究方法,把自己变成那位学者的翻版?

芋　头　不一定。我可能会尝试一番,但如果发现我根本用不来那种方法,就一定会果断放弃的。毕竟,不论多贵的球鞋,只要不合脚,我穿着都会难受！

鱼老师　对！AI 技术是更新换代的,但你的科研方法基本上是恒定的。或者说,一旦某位学者形成了自己的研究进路,则如无重大变故,他极有可能相当长一段时间内都会沿用固定的思维方式。所以,回归到"AI 进步与科研"的问题,AI 归根结底是为你的研究服务的。AI 不论多么发达,对你而言,它的意义也只是"替我优化科研某一流程",而不会从根本上改变你的科研方式。所以,你大可不必担心"跟不上 AI 进展"会让你的科研过时,至多会让你的效率稍微低一点儿。

芋　头　所以,老师,我应该怎样看待 AI 的飞速发展呢?

鱼老师　你不想自我封闭在现代科技之外,对吧?

芋　头　不想!否则,那就等同于"放着打火机不用,非得去钻木取火"。

鱼老师　所以,你肯定要及时关注 AI 的最新动向。当然,这也不需要你事必躬亲,多阅读网上公众号也可以达到同样的效果。

芋　头　好的。"关注",这我没问题。

鱼老师　其次,勤于思考某项 AI 新进展能否优化你的科研进程。注意:在这个过程中请不要轻易改变传统科研进路,比如,擅长理论研究的同学一定不要听说"AI 建模很快"就跑去做大数据研究;擅长案例研究的同学也一定不要听说"AI 1 秒钟能生成 8 个理论框架"就改行去搞理论了。一定要"以我为主",思考问题的方式也应该是"AI 能怎么帮到我",而不是"AI 擅长啥,我就去搞啥"。

花　椒　哈哈,那不是削足适履嘛!灰姑娘的两个姐姐就是那么做的!可她们也没被王子看上啊!

芋　头　老师,能举几个例子不?比如,面对飞速发展的 AI 技术,您的科研在哪些方面被优化了?

鱼老师　可以啊!我从前一直想做拉美国家投资条约与争议解决的研究,但一直限于语言障碍难以下手。但目前,AI 可以替我整理资料了,甚至可以回答我的追问了。我的研究素材一下子增加了不少。

芋　头　但您从前的研究方法没变,对不?

鱼老师　没变。我还是在作案例研究。

芋　头　好的,我大概懂了。也就是说,当我看到 AI 新技术时,我需要再次审视自己的既有研究方法,并思考这个技术能否为我所用?

鱼老师　对。

花　椒　老师,我想抬个杠:您的意思是,AI 新技术的出现,是为我们的科研锦上添花的,新技术不必然取代旧技术,也不会让我们的科研方法过时。但 AI 新技术能否支持我们开发出全新的研究方法,进而让原有的研究方法失去价值?

鱼老师　我明白你的意思。比如,腹腔镜的出现导致很多传统手术的术式发生改变,因此某些只会"开大刀"的传统医生可能无手术可做。

花　椒　对!我觉得师弟担心的应该是这个。

鱼老师　提一个问题:腹腔镜的存在,能否从根本上解决一切问题?

花　椒　显然不是啊!技术再发达,医学生也不可能只学腔镜技术。他们的技能树很可能是这么点亮的:医学基础解剖—内外妇儿—外科课堂,老师讲授阑尾炎治疗的基本原理(把阑尾切了)——用手术刀怎么切,用腔镜怎么切。

所以,老师您的意思是,AI不论怎么发展,都无法根本性改变科研基本规律,至多是在局部优化?

鱼老师 差不多。当然,正如腔镜技术的发展会让很多传统意义上"不可能"开展的手术变得可能,在实践中也未必不会出现"将不可能变为可能"的AI技术。但此种技术的存在结果,将是"开辟一个新赛道"而非"取代原有赛道"。对于这个新赛道,如果你愿意参赛就可以去参加,正如传统医生也不是不能去学腔镜。但假如你死活学不会新技术或者感觉新技术不符合你的科研路数,那么,你可以保持原有赛道。再比如,数字法学兴起是不争的事实,但是否所有的传统法学家全都不假思索地介入了数字法学的研究?

花　椒 当然不是!我确定我的室友的导师没有!他研究的是农村土地制度!

芋　头 可是,老师,我还是有点担心。我还是存在一种对未知技术的恐惧。您说,会不会有一种AI技术是我真的需要且真的能提升我的科研水平的,但我就是学不会。

鱼老师 会。但你完全不用担心,因为现在的数字产业创业者嗅觉比你敏感得多。假设一个程序员发现,AI可以实现某一个功能,这个功能的用户必然很多,对专业人士而言实现"门槛"很低,但就是对新手不大友好。你猜,这个程序员可能干啥?

芋头 创业啊!弄出来一个傻瓜版!这个我懂!就好比 Photoshop"门槛"太高,但美图秀秀就容易多啦。甚至,如果有人嫌美图秀秀也难用,还可以在微信小程序里找到"一键换照片底色"的 App!

所以,老师,您的意思是,如果真有"我需要、我用得上但我不会"的技术,我只需坐等别人打包好的程序即可?

鱼老师 对!花椒,你对 DeepSeek 熟悉不?能给芋头同学举几个例子不。

花椒 可以啊!最简单的例子是,我不会写"文生图"提示词,那貌似挺复杂,有很多注意事项。网上也有很多教程专门讲这事儿,但我看得一头雾水。但某微信公众号推出了一个省事的联动方式:用自然语言,也就是我们平时讲话的方式——跟 DeepSeek 描述下我想要什么图,然后请 DeepSeek 生成"文生图"Prompt,我再把这个 Prompt 喂给 Midjourney 或者豆包!

鱼老师 好!这个例子很棒。还有吗?

花椒 有啊。DeepSeek 横空出世没几天,网上就有"用 DeepSeek 本地化部署搭建个人知识库"的教程,里面信誓旦旦地表示"只需 3 分钟,新手也学得会"。那个教程看得我心向往之,也想搭一个自己的知识库。但我发现,我连教程都看不懂！一句话里面有三个词我都不知道啥意思！我甚至无法判断我的电脑配置是不是符合教程里的"最低要求"！

芋　头　然后呢？你配置成功了吗？

花　椒　我没跟这东西死磕。过不了几天，就有帖子给我推腾讯的 IMA 个人知识库了。这里面直接接入了 DeepSeek 模型！我试用了一下，比此前一直用的印象笔记好用多了！传统的印象笔记只支持类似于 Word 中"查找"功能的知识搜索，根本不会替我思考和整理资料；但 IMA 会啊！DeepSeek 的功能，它也有！

芋　头　所以，我只要坐等新软件出台，就不用琢磨比较有技术门槛的 AI 实用技能了？

鱼老师　不只。花椒，你从前用印象笔记，对不？

花　椒　对！

鱼老师　2025 年 2 月 17 日，印象笔记正式宣布接入 DeepSeek 大模型啦。

花　椒　哇！也就是说，我在印象笔记中积累的资料，就不需要费时费力地转移到 IMA 中了？

鱼老师　所以，芋头同学，你还担心跟不上 AI 技术的脚步吗？

芋　头　不担心！一项好技术会把它自己打包好，端到我面前的。而且会把使用门槛下降到零！耶！

最后一幕　DeepSeek+个人知识库的联动效果

花　椒　老师，咱们上次见面，您提到了个人知识库？咋样？好用不？

鱼老师　好用！那么咱们就聊聊这事儿？

花　椒　好！芋头，过来！一起听！

鱼老师　个人知识库的功能其实不算是 DeepSeek 全新的创造，毕竟，诸如 NoteExpress、Zotero 等软件早就可以实现文献管理功能了。除此之外，知网研学、印象笔记的文献管理和分类功能也都很不错。甚至早在十几年前，我读博那会儿，我的导师就教过我们用 Word 和 Excel 建设资料库。但 DeepSeek 和文献管理软件的结合，直接把个人知识库的建设推上了一个新台阶。

芋　头　比如？

鱼老师　首先，DeepSeek 支持模糊搜索功能！也就是说，只要我确信某个文献就在我的知识库里存着，我就可以通过一点模糊的记忆，准确地找到我要援引的那一段出自哪篇文章的哪一页。

芋　头　老师，这是咋实现的？

鱼老师　方法很多啊！最基础的方式是，我在文献管理软件里呼唤它的内置 AI,然后对它说,请在知识库里帮我找到和"国际治理"相关的文献即可。它就会把相关的文献都给我列举出来啦。

芋　头　可是,这和 Word 中自带的"搜索"功能的区别是什么?

鱼老师　搜索功能只支持精确搜索！比如,假设我要搜索"非歧视待遇",搜索功能就不可能给我提供"非歧视原则"相关文献。这就很容易漏掉资料。

芋　头　老师,您搜索"非歧视"不就行了！

鱼老师　你说得容易。如果是更复杂的法学概念呢？比如,我想搜索"网络服务提供商责任限制"规则,但这个规则还有个名称叫作"安全港"规则。

芋　头　好吧,这俩概念在文字上真就没任何相似性。

鱼老师　不只！如果我搜索的是英文,问题就更大。举个例子,同一个单词有英式拼写还有美式拼写,这事儿你知道吧？

芋　头　知道啊。

鱼老师　所以,你建议我搜索"specialise"还是"specialize"？

芋　头　好吧。懂了。模糊搜索真的是个好功能。

鱼老师　当然,我知道,对于计算机高手来说,完全可以通过通配符实现普通"搜索功能"的模糊搜索效果。但那项技能对我而言太难了！因此,资料整理软件内置

	DeepSeek，对我而言首先解决了搜索难题。对了，再补充一句，在搜索资料方面，DeepSeek 还支持跨语言搜索，或者说，按文义而非字词搜索。举个例子，假设我的资料库里同时有中英文文献，我完全可以要求 AI 帮我搜索"国际治理"相关文献。当它遇到英文文献时，就会自动替我搜索"global governance"啦。
芋 头	哇！
花 椒	所以，DeepSeek 的第一个优点是，其对本地资料库的模糊搜索和语义搜索。
鱼老师	是。第二个优点是，基于资料本身的即问即答。也就是说，我完全可以一边看着资料，一边把不懂的东西挑出来扔给 DeepSeek，让它帮我解答。
花 椒	老师，这个功能，比较传统的 AI 不是也能吗？比如，我从前用 Kimi 的时候，它就支持"基于用户上传的文档的问答"。
鱼老师	没错！这个功能我也用过。但 DeepSeek 的先进之处在于，它是附随于文献阅读的，即你完全可以在悠闲地读文献的同时随手提问，而非"读文献—看到问题—上传文献—提问"。
芋 头	也就是说，搭载了 DeepSeek 的个人资料库，使用起来不会因为"用 AI"而打乱阅读节奏？

鱼老师　可以这么说。这可以粗略类比于"屏幕划词翻译"和"手动翻字典"的区别。

花　椒　好的,我也去试试。那么,即问即答的优点除了"不用频繁切换软件",还有啥？

鱼老师　你完全可以让 AI 在你读书的同时帮你记笔记。比如,当你读到"欧盟在反倾销问题中的实践"这一部分的时候,感觉这可能对你的某篇小论文很有用,你就可以随手命令 AI：请帮我就"欧盟在反倾销问题中的实践"问题概括作者的主要观点和论据,并标明引证。然后,你甚至还能一键把 AI 笔记保存成你自己的"读书笔记"！

芋　头　哇,这就可以解决我"记笔记会断掉阅读思路"的障碍！

鱼老师　不只如此。你还可以在读完一部分之后让 AI 给你概括,同时将你的理解与 AI 笔记相印证,看看你有没有读漏了什么。

芋　头　对哦。

鱼老师　你甚至还可以在读一篇文献的时候突然想到,可能在别的文献中看到过这件事儿,于是让 AI 在资料库中替你搜索还有什么文献做过类似的表述。

芋　头　啊！这不就是我的外置大脑嘛！

鱼老师　也不全是,毕竟下指令的是你,不是你的 AI 知识库。说

> 到这，我再多问一句，你们平时有没有手动建设过个人资料库？

花　椒　有啊！写论文之前当然要建个个人资料库。

鱼老师　所以，你一般是怎么建个人资料库的？

花　椒　搜集资料、归类整理；阅读、做笔记、摘抄。把摘抄的东西汇总、再次整理，最后用于论文写作。

鱼老师　所以，在这个过程中，起主导作用的仍然是你，AI 个人知识库虽然好用，但只能替你从事部分环节。举例来讲，搜集资料需要你亲自动手，AI 搜集的资料质量一般不咋样；归类整理部分倒是可以用 AI 完成，但即便如此，AI 整理的资料还是需要你亲自看一遍。阅读、笔记环节可以用 AI 提升记忆力，但"看"这个动作还是需要你自己完成的。

花　椒　老师，那么归类整理笔记环节呢？AI 可以在个人知识库中替我完成，对吗？

鱼老师　对！当你整理出来了一系列笔记，你完全可以把笔记喂给 AI，让它给你梳理一遍，比如，分类汇总等。但最终的"写作"环节还得你亲自去做。

花　椒　当然！

鱼老师　最后多说一句，AI 辅助下的个人知识库可不是"一锤子买卖"哦。我们假设，你的博士学位论文可能分为五章且每章之间或多或少有点儿关联。

花　椒　对，必然有关联啊。

鱼老师　所以，你的个人知识库建设可能是"滚雪球"式的。当你建设好了足以支持你博士学位论文第一章的知识库，在写第二章，甚至最后一章时，你就可以用 AI 调取从前的笔记，唤醒沉睡的记忆，即"资料复用"。

花　椒　好耶！

This book: 本部分的AI辅助科研功能清单

科研怎么做

HOW TO DO IT

AI可以教你学英语哦,"精读"那种学法!(当然,别的语种也没问题啦)上课/讲座用的PPT,你找AI就行啦。

论文标题不仅仅是对"论域"的反映,更重要的是需要体现作者的倾向性和观点。

写论文常常需要提升至"理论高度"。这个过程既可以是用某一理论框架解释论文中的问题,也可以是通过分析理论与现实的不匹配来揭示问题。

越短的会议发言越难准备,尤其需注意时间分配问题:不超时、不头重脚轻。

国家社科基金的申报,其实是"国家需要"和"我能提供"的结合。

不要担心AI更新换代会让你落伍。毕竟,不论AI如何更新换代,它都是你最擅长的科研方式的补充。你才是科研工作的核心,AI可不是哦!

This book： 本部分的AI辅助科研功能清单

AI 帮你做　　HELP TO DO IT

你给AI一段话，它能帮你解释其中的专业术语，还能教你地道的外文表达方式。

讲座大纲列出来，AI就能生成PPT。它的排版功能特别强，页面修饰超美的！

用一句话告诉AI你要论证的核心观点，让AI生成N个题目供你挑选/排列组合。甚至还可以让AI解释几种表达方式的细微差别。（此方法专治选择困难症！）

在你熟悉理论框架的情况下，你完全可以用自己的话描述这个框架，并且让AI替你用这个理论分析现实问题。

可以把你想要发言的主题和使用的资料列成提纲、扔给AI，要求它按照规定的时间分配方案给你写稿子；你甚至还可以让AI帮你调整语言风格。

如果你需要把你自己的既有研究做一个汇总、并在此基础上衍生出课题申报灵感，AI完全可以帮你找既有研究的共性进而进行题目的提炼，尽管这个提炼很可能存在范围过大、缺少理论深度等一系列问题。

别让AI做

DON'T DO IT

千万别只扔给AI一个题目让它给你生成PPT,包你不满意。

可别直接让AI给你推荐理论框架、或者把你完全不熟悉的理论名称扔给AI让它帮你写论文哈。AI大概率会在这一进程中犯错误(而且你还发现不了哒)。

AI写完的发言稿99%不会完全切合你的语言风格。哪怕是命令AI写一份"比较口语化"的稿子,也一定要对AI稿进行调整,保证稿子的用词习惯、长短句表达习惯完全符合你的风格。

别让AI帮你找"国家社科基金"级别的项目的选题,它这匹小马拉不了这么大的车啊。

关于AI辅助科研的学术道德问题,请记住如下两点:AI不应用于生成任何原始资料(除非你的研究内容就是"AI生成内容有多不靠谱"),以及非离线版AI不应处理任何有保密需求的资料。

后　记

亲爱的读者朋友们，这本书至此就告一段落啦，希望大家读书读得开心，未来的科研之路更加开心！

按照本书的一贯风格，这个后记仍然以 Q&A 的方式呈现。

Q：你觉得这本书最大的特点是啥？

A：寓教于乐，好懂，读着不累！读者朋友们喜欢看我画的漫画吗？虽然我的画技十分感人，我也知道透视、比例、人体结构……全都不对，但漫画中呈现的科研规律一定是对的！还有书中那么多小卡片，我做的时候都觉得挺对不起美工老师的。给我这一本书排版的工夫，都能给两本纯学术书籍排完版啦。

Q：你是怎么发现 AI 在科研中的这么多用途的？

A：世上无难事，只要肯祸害。我本人就挺热衷于尝试新鲜事物的，例如，可口可乐的各种奇奇怪怪的口味，只要是能买到的，我基本上都尝试过，唯一没敢尝试的是亮蓝色那款。AI 也是同理，自从我能合法使用 AI 的第一天起，我就一直在琢磨这东西还能有啥用。话说回来，好奇心是任何科研工作的推动力量，对吧？没有好奇心的人，肯定没有"问题意识"！

Q:说具体点,你究竟是咋"尝试"出 AI 各种功能的?

A:我直接问 AI 就行了。比如,"你会整理脚注格式吗?""你会做 PPT 吗?""你会生成视频文案吗?"然后让 AI 教我怎么使唤它给我干活。

Q:你平时真的用 AI 做科研吗?

A:用,而且经常能琢磨出新用法。书中相当一部分"AI 使用范例"就是我从自己的聊天记录里扒拉出来的。不过,我从来不让 AI 给我直接生成文字。原因正如本书当中所阐释的,AI 能当辅助,但直接生成的东西,永远达不到顶级学术期刊的要求。相信任何一位科研工作者都会以"精益求精"为终极目标,而不满足于 AI 的低水平重复。

Q:你介意自己的学生用 AI 辅助论文写作吗?

A:当然不介意!我还会时常跟他们分享下 AI 新用法,当然也有学生宝宝会在使用后反向分享给我他们的改进版 AI 使用方法。

Q:你在前言当中提到过,曾经组织硕博士生开展了一个 AI 辅助科研训练营,效果咋样?

A:效果非常好。一部分学生跟我反映:"真没想到 AI 使用起来这么简单!我从前还觉得这东西得多么高大上,所以从来没实践过。这么好的工具,我将来一定要多用!"另一部分学生跟我反映:"真没想到 AI 用起来这么麻烦!我对它下了八百回指令,它还是没法给我生成我想要的东西。看来'用 AI 生成毕业论文'只能停留在幻想中了!"还有位学生公开嘲笑 AI 列出来的提纲:"这水平,跟我当年第一版毕业论文提纲差不多!"但不论如何,学生们的眼界普遍有所提高。我已经不用担心他们会把用 AI 生成的一份自己都不满意的论文给我啦。

Q:那么……其他导师呢?你的书会不会导致他们收到大量用 AI 写出来的学生论文啊?

A:我觉得不会。事实上,我就没觉得导师们需要为辨认论文是否由 AI 写的而伤脑筋。毕竟,本书当中不止一次提到,AI 会虚构文献、概括不精准、提纲烦冗、写出来的段落啰唆……导师们只需要一如既往地坚持自己的学术标准,AI 写的论文就会自动由于学术不达标而被筛选掉啦。事实上,在我给自己的硕博士生上的 AI 培训课中,大约到了第五节课,学生们就已经开始抱怨"AI 没有人脑智能"了;到了第七节课,学生们就直接开始玩"找碴儿"了,他们的任务是把 AI 制造的问题一个个挑出来!连学生宝宝都能看出来的问题,导师们咋会看不出来呢?

Q:你写这本书的时候,担不担心会有新的 AI 技术问世,让你的书迅速过时?

A:不担心啊。本书共包含三大类内容,其中的"科研怎么做"部分,我有充足的理由相信它绝对不会过时。我本人 2002 年读大学、2012 年博士毕业,二十几年来先后经历过"纸笔写论文""电脑敲论文""AI 写论文"三个时代。但我并未感受到科研规律存在翻天覆地的变化。不仅如此,我还采访过比我大了 30 岁的科研界老前辈,人家也表示,做了一辈子科研,科研规律真没啥变化! 对于书中的"AI 帮你做"部分,哪怕未来出现了更加智能的 AI 且能够更高效率地辅助科研,本书当中的"基础"技巧也依然能用啊。例如,计算机界的编程语言更新换代得相当迅速,但谁敢说 Java 语言现在就没用了呢? 而对于书中反复强调的"别让 AI 做"部分,即 AI 辅助科研的能力边界,我觉得我已经把这个边界划到极限啦,一切需要人类智慧而非重复劳动方才能够实现的功能,我认为都是 AI 的能力边界。我认为,不论未来的 AI 如何更新换代,只要它没有诞生人类智慧,这个"边界"就不会变!

综上,请大家高效用 AI、快乐做科研、多多发论文,咱们 C 刊再见!

赵海乐(爬树鱼)

2025 年 6 月 26 日